2024 전기핵심완성 시리즈 **4**

회로이론
전기기사 필기

김명규 편저

2024
국가기술자격
검정시험대비

ENGINEER
ELECTRICITY

머리말

"기초수학부터 자격증 취득까지 여러분을 인도합니다."

전기공부는 산을 오르는 것과 같습니다. 급한 마음으로 공부한다면 어렵고 힘든 길이 되겠지만 좋은 교재로 차근차근 공부한다면 재미있게 실력을 키울 수 있습니다.

효과적인 학습과 수월한 목표 달성을 위하여 기본에 충실한 교재를 만들기 위해 노력하였습니다. 어려운 내용과 문제보다는 기초를 다진 후 이를 응용하고 적응할 수 있도록 내용을 구성하였습니다. 충분히 기초를 쌓아야 어려운 문제도 풀 수 있습니다.

본 교재는
-전기를 처음 접하는 수험생
-오래전에 전기를 공부한 수험생
-기초수학이 부족한 수험생
을 위해 꼭 필요한 내용을 담았으며 되도록 계산기를 이용하여 풀도록 하였습니다.

자격증 취득 시험은 100점을 맞아야 합격하는 시험이 아니라 60점 이상만 맞으면 합격하는 시험입니다. 문제를 보고 필요한 공식을 즉시 떠올려 적용하는 것이 빠른 합격의 지름길입니다. 이를 위해서는 내용을 여러 번 반복해야만 합니다. 이 교재는 합격에 필요한 내용을 효과적으로 반복할 수 있도록 하여 전기자격증 이라는 산의 정상에 쉽게 오를 수 있도록 돕는 길잡이가 될 것입니다.

본 교재의 다소 미흡한 부분은 추후 개정판을 통해 수정 보완해나갈 것을 약속드리며 출간을 위해 애써주신 예문사에 진심으로 감사드립니다.

저자 일동

시험 가이드 / GUIDE

❶ 전기기사 개요

전기를 합리적으로 사용하는 것은 전력부문의 투자효율성을 높이는 것은 물론 국가 경제의 효율성 측면에도 중요하다. 하지만 자칫 전기를 소홀하게 다룰 경우 큰 사고의 위험이 있기 때문에 전기설비의 운전 및 조작·유지·보수에 관한 전문 자격제도를 실시하여 전기로 인한 재해를 방지하고 안전성을 높이고자 자격제도를 제정하였다.

❷ 시험 현황

① 시행처 : 한국산업인력공단

② 시험과목

구분	시험유형	시험시간	과목
필기 (CBT)	객관식 4지 택일형 (총 100문항)	2시간 30분 (과목당 30분)	1. 전기자기학 2. 전력공학 3. 전기기기 4. 회로이론 및 제어공학 5. 전기설비기술기준
실기	필답형	2시간 30분 정도	전기설비설계 및 관리

② 합격기준
- 필기 : 100점을 만점으로 하여 과목당 40점 이상, 전과목 평균 60점 이상
- 실기 : 100점을 만점으로 하여 60점 이상

❸ 시험 일정

구분	필기접수	필기시험	합격자 발표	실기접수	실기시험	합격자 발표
정기 1회	24.1.23. ~24.1.26.	24.2.15. ~24.3.7.	24.3.13.	24.3.26. ~24.3.29.	24.4.27. ~24.5.12.	1차 : 24.5.29. 2차 : 24.6.18
정기 2회	24.4.16. ~24.4.19.	24.5.9. ~24.5.28.	24.6.5.	24.6.25. ~24.6.28.	24.7.28. ~24.8.14.	1차 : 24.8.28. 2차 : 24.9.10.
정기 3회	24.6.18. ~24.6.21.	24.7.5. ~24.7.27.	24.8.7.	24.9.10. ~24.9.13.	24.10.9. ~24.11.8.	1차 : 24.11.20 2차 : 24.12.11

※ 자세한 내용은 한국산업인력공단 홈페이지(www.q-net.or.kr)를 참고하시기 바랍니다.

❹ 검정현황

연도	필기			실기		
	응시	합격	합격률(%)	응시	합격	합격률(%)
2022	52,187	11,611	22.2	32,640	12,901	39.5
2021	60,500	13,365	22.1	33,816	9,916	29.3
2020	56,376	15,970	28.3	42,416	7,151	16.9
2019	49,815	14,512	29.1	31,476	12,760	40.5
2018	44,920	12,329	27.4	30,849	4,412	14.3

도서의 구성과 활용

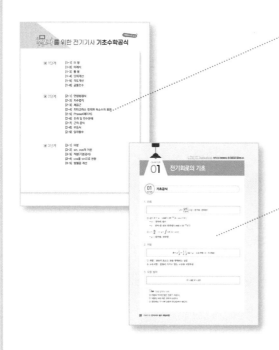

STEP 1 수포자를 위한 전기기사 기초수학공식

- 계산문제가 많은 전기기사 시험에 대비하기 위해 기반이 되는 수학공식을 수록하였습니다.
- 1~3단계로 나누어 체계적인 학습을 할 수 있도록 하였습니다.

STEP 2 핵심이론

- 효율적인 학습을 위해 최신 출제기준에 따라 핵심이론만을 정리·분석하여 체계적으로 수록하였습니다.
- 학습에 추가적으로 필요한 정보들을 [Tip]으로 제공하여 빠짐없는 학습이 가능하도록 하였습니다.

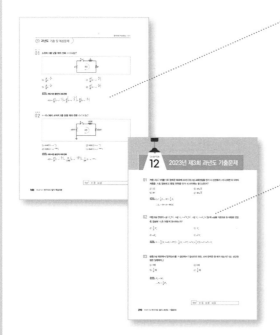

STEP 3 단원별 과년도 기출 및 예상문제

- 전기기사 및 산업기사의 과년도 기출문제를 철저히 분석하여 구성한 단원별 기출 및 예상문제를 제공합니다.
- 문제 아래 해설을 배치하여 빠른 학습이 가능하도록 구성했습니다.

STEP 4 과년도 기출문제

- 2023년 포함, 2020~2023년 기출문제를 수록하였습니다.
- 2022년도 2회 이후 CBT로 출제된 기출문제는 개정된 출제기준과 해당 회차의 기출 키워드 분석 등을 통해 완벽 복원하였습니다.

CBT 모의고사 이용 가이드

STEP 1 ▶ 로그인 후 메인 화면 상단의 [CBT 모의고사]를 누른 다음 시험 과목을 선택합니다.

STEP 2 ▶ 시리얼 번호 등록 안내 팝업창이 뜨면 [확인]을 누른 뒤 시리얼 번호를 입력합니다.

시리얼번호			
XXXX	XXXX	XXXX	XXXX

STEP 3 ▶ [마이페이지]를 클릭하면 등록된 CBT 모의고사를 [모의고사]에서 확인할 수 있습니다.

시리얼 번호

S136 - T3Z1 - D202 - V605

목차

수포자 를 위한 전기기사 **기초수학공식**

■ 1단계

1-1 │ 이항

1. +, − 의 이항

① +을 이항하면 −

② −를 이항하면 +

2. ×, ÷ 의 이항

① ×를 이항하면 ÷

② ÷를 이항하면 ×

3. +, − 곱의 계산

① $(+) \times (+) = +$

② $(-) \times (-) = +$

③ $(+) \times (-) = -$

④ $(-) \times (+) = -$

1-2 │ 비례식

1. $A : B = \dfrac{A}{B}$

2. $A : B = C : D \Rightarrow \underset{(\text{내항의 곱} = \text{외항의 곱})}{BC = AD} \Rightarrow \dfrac{A}{B} = \dfrac{C}{D}$

3. ① $\dfrac{\frac{A}{B}}{\frac{C}{D}} = \dfrac{AD}{BC}$ ② $\dfrac{A}{\frac{C}{D}} = \dfrac{\frac{A}{1}}{\frac{C}{D}} = \dfrac{AD}{C}$ ③ $\dfrac{\frac{A}{B}}{C} = \dfrac{\frac{A}{B}}{\frac{C}{1}} = \dfrac{A}{BC}$

1-3 통분(분모를 일치시킨다.)

1) 방법 1

① $\dfrac{m}{a} + \dfrac{n}{b} = \dfrac{m \times b + n \times a}{a \times b}$　　② $\dfrac{m}{a} - \dfrac{n}{b} = \dfrac{m \times b - n \times a}{a \times b}$

2) 방법 2

① $\dfrac{m}{a} + \dfrac{n}{b} = \dfrac{m \times b}{a \times b} + \dfrac{n \times a}{b \times a} = \dfrac{m\,b + n\,a}{a\,b}$

② $\dfrac{m}{a} - \dfrac{n}{b} = \dfrac{m \times b}{a \times b} - \dfrac{n \times a}{b \times a} = \dfrac{m\,b - n\,a}{a\,b}$

1-4 단위 계산

작은 값		큰 값	
c(센치)	10^{-2}		
m(밀리)	10^{-3}	K(킬로)	10^{3}
μ(마이크로)	10^{-6}	M(메가)	10^{6}
n(나노)	10^{-9}	G(기가)	10^{9}
p(피코)	10^{-12}		

※ $1[c\,m^2] = 10^{-4}[m^2]$

1-5	각도계산

1. 계산기 사용시 "Deg"로 사용하면 편하다.

$$\pi = 180°$$

1) [Rad]을 [Deg]로 표현하는 방법 : π 값 대신 180°을 대입한다.

$$\frac{\pi}{2}[\text{Rad}] = 90°[\text{Deg}]$$

$$\frac{\pi}{4}[\text{Rad}] = 45°[\text{Deg}]$$

$$\frac{\pi}{3}[\text{Rad}] = 60°[\text{Deg}]$$

$$\frac{\pi}{6}[\text{Rad}] = 30°[\text{Deg}]$$

2) 각도계산

$$\sin\frac{\pi}{2} = \sin\frac{180°}{2}$$

$$\sin\frac{\pi}{4} = \sin\frac{180°}{4}$$

$$\sin\frac{\pi}{3} = \sin\frac{180°}{3}$$

$$\sin\frac{\pi}{6} = \sin\frac{180°}{6}$$

1-6	공통인수 : 공통문자나 상수를 맨 앞으로 끄집어 낸다.

$$ma - mb + mc = m(a - b + c)$$

■ 2단계

2-1 | 연립 방정식

1. 가감법

$$119 = L_1 + L_2 + 2M$$
$$11 = L_1 + L_2 - 2M \quad (-$$
$$\overline{\rule{4cm}{0.4pt}}$$
$$108 = \qquad\quad 4M$$

$$\therefore M = \frac{108}{4} = 27$$

2. 대입법

예 $\lambda = \dfrac{2\pi}{\beta}$, $\beta = \omega \sqrt{\varepsilon \mu}$ 일 때, 파장 λ의 값을 구하면?

β에 $\beta = \omega \sqrt{\varepsilon \mu}$ 를 대입하면

$$\lambda = \frac{2\pi}{\beta} = \frac{2\pi}{\omega \sqrt{\varepsilon \mu}}$$

2-2 | 지수법칙

지수법칙은 계산기를 이용하는 것보다, 손으로 푸는 것이 더 빠르다.

1) $a^m \times a^n = a^{m+n}$

2) $a^m \div a^n = a^{m-n}$

3) $(a\,b)^m = a^m b^m$

4) $\left(\dfrac{a}{b} \right)^m = \dfrac{a^m}{b^m}$

5) $a^m = \dfrac{1}{a^{-m}}$, $a^{-m} = \dfrac{1}{a^m}$

6) $a^0 = 1$

7) $\sqrt[m]{a^n} = a^{\frac{n}{m}}$

8) $10^6 \times 10^{-6} = 10^3 \times 10^{-3} = 1$

2 - 3	제곱근

1) $X^2 = a \Rightarrow X = \sqrt{a}$

2) 제곱근의 성질

① $\sqrt{a^2} = a$, $\sqrt{a} = \sqrt[2]{a}$: 제곱근은 2가 생략된 것과 같다.

② $\sqrt{a^2 b} = a\sqrt{b}$: 제곱이 있으면 밖으로 나올 수 있다.

③ $\sqrt[3]{a^3 b} = a\sqrt[3]{b}$, $\sqrt[6]{a^6 b} = a\sqrt[6]{b}$

④ $(\sqrt{a})^2 = \sqrt{a}\,\sqrt{a} = a$

⑤ $\sqrt{a}\,\sqrt{b} = \sqrt{ab}$

⑥ $\sqrt{\dfrac{a}{b}} = \dfrac{\sqrt{a}}{\sqrt{b}}$

   ※ $\sqrt{\dfrac{a}{b}} = \dfrac{\sqrt{a}}{\sqrt{b}} = \dfrac{\sqrt{a}\,\sqrt{b}}{\sqrt{b}\,\sqrt{b}} = \dfrac{\sqrt{ab}}{b}$

⑦ $\sqrt[m]{a^n} = a^{\frac{n}{m}}$

3) 복소수

$i = \sqrt{-1}$, $i^2 = -1$

2-4 피타고라스 정리와 복소수 표현

1. 피타고라스 정리

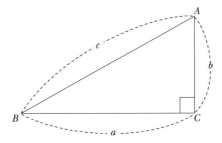

1) $c^2 = a^2 + b^2$

$c = \sqrt{a^2 + b^2}$

2) $\sin\theta = \dfrac{b}{c}$

$\cos\theta = \dfrac{a}{c}$

$\tan\theta = \dfrac{b}{a}$

3) $\sin^2\theta + \cos^2\theta = 1$

$\sin\theta = \sqrt{1 - \cos^2\theta}$

2. 복소수 표현

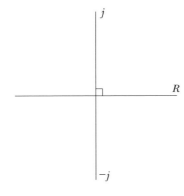

$j = \sqrt{-1} \ \Rightarrow \ j^2 = -1$

전기이론에서 많이 나오는 복소수

① **임피던스** : $Z = R + jX[\Omega]$

② **피상전력** : $P_a = P + jP_r$

2-5 | Phaser(페이저)

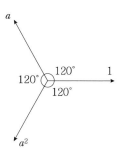

1) $a = 1 \angle 120° = -\dfrac{1}{2} + j\dfrac{\sqrt{3}}{2}$

2) $a^2 = 1 \angle 240° = 1 \angle -120° = -\dfrac{1}{2} - j\dfrac{\sqrt{3}}{2}$

3) $a = 1 \angle 360° = 1$

4) $a^2 + a + 1 = 0$

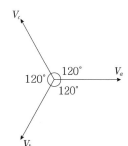

1) $V_a = V_a$

2) $V_b = a^2 V_a$

3) $V_c = a V_a$

2-6 | 전개 및 인수분해 공식

1) $(a + b)^2 = a^2 + 2ab + b^2$

2) $(a - b)^2 = a^2 - 2ab + b^2$

3) $(a + b)(a - b) = a^2 - b^2$

4) $(aX + b)(cX + d) = acX^2 + adX + bcX + bd$

2-7 근의 공식

1) 방정식 $ax^2 + bx + c = 0$를 푸는 방법

   ① 인수분해를 이용하는 방법

   ② 완전제곱식을 이용하여 푸는 방법

   ③ 근의 공식을 이용하여 푸는 방법

$$ax^2 + bx + c = 0 \qquad\qquad ax^2 + 2bx + c = 0$$

$$x = \frac{-b \pm \sqrt{b^2 - 4ac}}{2a} \qquad\qquad x = \frac{-b \pm \sqrt{b^2 - ac}}{a}$$

2) $i = \sqrt{-1}, \quad i^2 = -1$

2-8 부등식

1) S는 2보다 작고, 3보다 크다.

$$S < 2 \text{ 또는 } S > 3$$

2) S는 2보다 크고, 3보다 작다. 또는 S는 3보다 작고 2보다 크다.

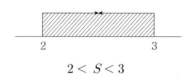

$$2 < S < 3$$

2-9 일차 함수

1) 원점을 지나는 1차 함수의 일반형

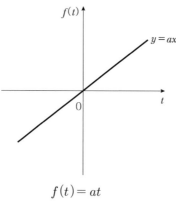

$$f(t) = at$$

$$a : 기울기$$

▣ 3단계

3 – 1	미분

1. 기본공식

1) $f(x) = ax^m$의 미분 $\Rightarrow \dfrac{d}{dx} ax^m = a \cdot m\, x^{m-1}$

2) $f(x) = a(상수)$의 미분 $\Rightarrow \dfrac{d}{dx} a = 0$

3) $f(t) = b\, e^{at}$의 미분 $\Rightarrow \dfrac{d}{dt} b e^{at} = b \cdot a\, e^{at}$

4) 편미분 : $\dfrac{\partial}{\partial x} f(x)$

3 – 2	sin, cos의 미분

1) $\dfrac{d}{dt} \sin \omega t = \omega \cos \omega t$

2) $\dfrac{d}{dt} \cos \omega t = -\omega \sin \omega t$

3 – 3	적분(기본공식)

1) 일반식 적분 : $\displaystyle \int a\, x^m dx = a\, \dfrac{1}{m+1} x^{m+1}$

2) 상수 적분 : $\displaystyle \int E\, dS = ES$

3) 지수함수 적분 : $\displaystyle \int e^x dx = e^x$

4) 지수함수 적분 : $\displaystyle \int e^{at} dt = \dfrac{1}{a} e^{at}$

5) $\displaystyle \int \dfrac{1}{x} dx = \ln x + c$

3 – 4	cos를 sin으로 변환하는 법

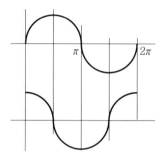

$$v = V_m \cos \omega t = V_m \sin (\omega t + 90°)$$

3 – 5	행렬

1) 단위행렬

$$I = \begin{bmatrix} 1 & 0 \\ 0 & 1 \end{bmatrix} = \begin{bmatrix} 1 & 0 & 0 \\ 0 & 1 & 0 \\ 0 & 0 & 1 \end{bmatrix} = 1$$

예 $s I - A = s \begin{bmatrix} 1 & 0 \\ 0 & 1 \end{bmatrix} - \begin{bmatrix} 0 & 1 \\ -3 & 4 \end{bmatrix} = \begin{bmatrix} s & 0 \\ 0 & s \end{bmatrix} - \begin{bmatrix} 0 & 1 \\ -3 & 4 \end{bmatrix} = \begin{bmatrix} s & -1 \\ 3 & s-4 \end{bmatrix}$

2) 곱 행렬 계산 : **칙칙폭폭, 칙칙폭폭, 곱하고, 더한다.**

$$\begin{bmatrix} I_a \\ I_b \\ I_c \end{bmatrix} = \begin{bmatrix} 1 & 1 & 1 \\ 1 & a^2 & a \\ 1 & a & a^2 \end{bmatrix} \begin{bmatrix} I_0 \\ I_1 \\ I_2 \end{bmatrix} = \begin{bmatrix} 1I_0 + 1I_1 + 1I_2 \\ 1I_0 + a^2I_1 + aI_2 \\ 1I_0 + aI_1 + a^2I_2 \end{bmatrix} = \begin{bmatrix} I_0 + I_1 + I_2 \\ I_0 + a^2I_1 + aI_2 \\ I_0 + aI_1 + a^2I_2 \end{bmatrix}$$

$$\begin{bmatrix} V_0 \\ V_1 \\ V_2 \end{bmatrix} = \frac{1}{3} \begin{bmatrix} 1 & 1 & 1 \\ 1 & a & a^2 \\ 1 & a^2 & a \end{bmatrix} \begin{bmatrix} V_a \\ V_b \\ V_c \end{bmatrix} = \frac{1}{3} \begin{bmatrix} 1V_a + 1V_b + 1V_c \\ 1V_a + aV_b + a^2V_c \\ 1V_a + a^2V_b + aV_c \end{bmatrix} = \frac{1}{3} \begin{bmatrix} V_a + V_b + V_c \\ V_a + aV_b + a^2V_c \\ V_a + a^2V_b + aV_c \end{bmatrix}$$

3−6	로그의 성질

1) $\log a^n = n\log a$

2) $\log 10 = 1$

3) $\log 1 = 0$

PART

01

전기기사 필기
핵심이론

전기기사 핵심완성 시리즈 – 4. 회로이론

CRAFTSMAN
ELECTRICITY

CHAPTER 01 전기회로의 기초

 기초공식

1. 전류

$$I = \frac{Q\,[\mathrm{C}]}{t\,[\mathrm{sec}]} \ (\,Q : 전기량,\ 전하량)$$

① $Q = It = n \cdot 1.602 \times 10^{-19}\,[\mathrm{A \cdot sec = C}]$
- n : 전자의 개수
- e : 전자 한 개의 전하량($1.602 \times 10^{-19}\,[\mathrm{C}]$)

② $i = \dfrac{dq}{dt} \ \Rightarrow q = \displaystyle\int i\,dt\,[\mathrm{A \cdot sec}]$
- q : 전기량, 전하량

2. 저항

$$R = \rho \frac{l}{A} = \frac{1}{k}\frac{l}{A}\,[\Omega] \ (\,\rho : 고유저항,\ k : 도전율)$$

① 저항 : 전류가 흐르는 것을 방해하는 성질
② 고유저항 : 물질이 가지고 있는 고유한 저항특성

3. 오옴 법칙

$$V = IR(\,V = IZ)$$

> **TIP** 오옴 법칙의 이해
> ① 저항이 작으면 많은 전류가 흐른다.
> ② 저항이 크면 적은 전류가 흐른다.
> ③ 양단에는 $V = IR$ 만큼의 전압강하가 생긴다.

4. 전력

$$P(\text{전력}) = VI = I^2 R = \frac{V^2}{R}[\text{W}]$$

※ $W(\text{와트}) = \dfrac{J}{s}\left[\dfrac{J}{\text{sec}}\right]$

⚡ 과년도 기출 및 예상문제

★☆☆

01 $i = 2t^2 + 8t\,[\mathrm{A}]$로 표시되는 전류를 도선에 3[sec] 동안 흘렸을 때 통과한 전기량은 몇 [C]인가?

① 18

② 48

③ 54

④ 61

해설 $q = \int_0^t i\,dt = \int_0^3 (2t^2 + 8t) = \left[2 \times \dfrac{1}{2+1}t^{2+1} + 8 \times \dfrac{1}{1+1}t^{1+1}\right]_0^3 = \left[\dfrac{2}{3}t^3 + 4t^2\right]_0^3$

$= (2 \times 3^2 + 4 \times 3^2) = 18 + 36 = 54\,[\mathrm{A \cdot sec}]$

별해 계산기 사용

$q = \int_0^t i\,dt = \int_0^3 (2X^2 + 8X)dX = 54\,[\mathrm{C}]$

★★☆

02 $i = 3,000(2t + 3t^2)\,[\mathrm{A}]$의 전류가 어떤 도선을 2[s] 동안 흘렀다. 통과한 전기량은 몇 $[\mathrm{A \cdot h}]$인가?

① 1.33

② 10

③ 13.3

④ 36

해설 $q = \int_0^t i\,dt = 3,000 \int_0^2 (2t + 3t^2) = 3,000\left[t^2 + t^3\right]_0^2 = 3,000(2^2 + 2^3) = 36,000\,[\mathrm{A \cdot sec}] = \dfrac{36,000}{3,600}\,[\mathrm{A \cdot h}]$

$= 10\,[\mathrm{A \cdot h}]$

별해 계산기 사용

$q = \int_0^t i\,dt = 3,000 \int_0^2 (2X + 3X^2)dX = 36,000\,[\mathrm{A \cdot sec}] = \dfrac{36,000}{3,600}\,[\mathrm{A \cdot h}] = 10\,[\mathrm{A \cdot h}]$

정답 | 01 ③   02 ②

SECTION 02 저항의 직렬 · 병렬 접속

1. 직렬연결

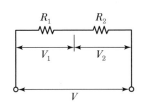

① $R = R_1 + R_2$

② 전류는 일정(같음)

③ $V = V_1 + V_2$

④ 전압은 자기 저항만큼 전압이 걸린다.

$$V_1 = \frac{R_1}{R_1 + R_2} \times V, \ V_2 = \frac{R_2}{R_1 + R_2} \times V$$

2. 병렬연결

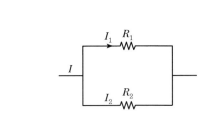

① $\frac{1}{R} = \frac{1}{R_1} + \frac{1}{R_2}$

② 전압은 일정(같음)

③ $I = I_1 + I_2$

④ 전류는 남의 저항만큼 전류가 흐른다.

$$I_1 = \frac{R_2}{R_1 + R_2} \times I, \ I_2 = \frac{R_1}{R_1 + R_2} \times I$$

⚡ 과년도 기출 및 예상문제

★★☆
01 단자 a–b에 30[V]의 전압을 가했을 때 전류 I 는 3[A]가 흘렀다고 한다. 저항 r[Ω]은 얼마인가?

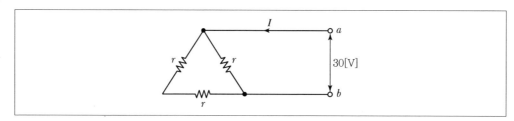

① 5   ② 10

③ 15   ④ 20

해설 ▸ • $\dfrac{1}{R}=\dfrac{1}{2r}+\dfrac{1}{r}=\dfrac{3}{2r}$ ∴ $R=\dfrac{2r}{3}$ [Ω]

• $V=IR$ 에서 $30=3\times\dfrac{2r}{3}$

∴ $r=15$[Ω]

★☆☆
02 내부저항 0.1[Ω]인 건전지 10개를 직렬로 접속하고 이것을 한 조로 하여 5조 병렬로 접속하면 합성 내부저항은 몇 [Ω]인가?

① 5   ② 1

③ 0.5   ④ 0.2

해설 ▸ 직렬연결이므로 합성저항은 $r=0.1\times10=1$[Ω]이고, 5조 병렬저항은 $\dfrac{1}{R}=\dfrac{5}{1}$ 이다.

∴ $R=\dfrac{1}{5}=0.2$[Ω]

★☆☆
03 10[Ω]의 저항 5개를 접속하여 얻을 수 있는 합성저항 중 가장 작은 값은 몇 [Ω]인가?

① 10   ② 5

③ 2   ④ 0.5

해설 ▸ • 직렬연결일 때 합성저항은 $R=10\times5=50$[Ω]

• 병렬연결일 때 합성저항은 $\dfrac{1}{R}=\dfrac{5}{10}$ ∴ $R=\dfrac{10}{5}=2$[Ω]

∴ 최대는 50[Ω], 최소는 2[Ω]

정답	01 ③ 02 ④ 03 ③

★☆☆
04 20[Ω]과 30[Ω]의 병렬회로에서 20[Ω]에 흐르는 전류가 6[A]이라면 전체 전류 I[A] 는?

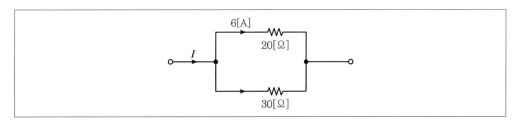

① 3

② 4

③ 9

④ 10

해설 병렬연결은 전압이 같다.
- $V = I_1 R_1 = 6 \times 20 = 120[\text{V}]$
- $V = I_2 R_2 [\text{V}]$ 에서

  $120 = I_2 \times 30 \quad \therefore I_2 = \dfrac{120}{30} = 4[\text{A}]$
- $I = I_1 + I_2 = 6 + 4 = 10[\text{A}]$

★★☆
05 그림에서 a, b 단자에 200[V]를 가할 때 저항 2[Ω]에 흐르는 전류 I_1[A]는?

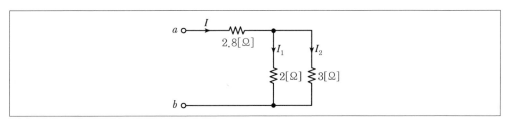

① 40

② 30

③ 20

④ 10

해설

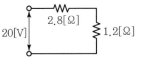

- $\dfrac{1}{R_\text{병}} = \dfrac{1}{2} + \dfrac{1}{3} = \dfrac{3+2}{2\times3} = \dfrac{5}{6} \quad \therefore R_\text{병} = \dfrac{6}{5} = 1.2[\Omega]$

- $V_\text{병} = \dfrac{1.2}{2.8+1.2} \times 200 = 60[\text{V}], \quad 60 = I_1 \times 2 \quad \therefore I_1 = 30[\text{A}]$

  별해 $I = \dfrac{V}{R} = \dfrac{200}{2.8+1.2} = 50[\text{A}]$

  $I_1 = \dfrac{3}{2+3} \times 50 = 30[\text{A}]$

정답 | 04 ④ 05 ②

06 그림의 a와 b 간에 25[V]의 전압을 가할 때 5[A]의 전류가 흐른다. r_1 및 r_2에 흐르는 전류비를 1:3으로 하려면, r_1 및 r_2의 저항[Ω]은 각각 얼마인가?

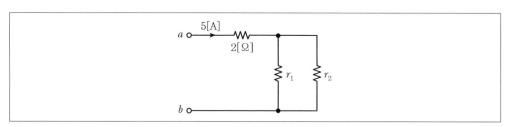

① $r_1 = 12$, $r_2 = 4$

② $r_1 = 4$, $r_2 = 12$

③ $r_1 = 6$, $r_2 = 2$

④ $r_1 = 2$, $r_2 = 6$

해설 전류비가 $I_1 : I_2 = 1 : 3$이므로 저항비는 $r_1 : r_2 = 3r : 1r$

r_1에 흐르는 전류 $I_1 = \dfrac{r}{3r+r} \times 5 = \dfrac{5}{4}$ [A], r_2에 흐르는 전류 $I_2 = \dfrac{3r}{3r+r} \times 5 = \dfrac{15}{4}$ [A]

r_1, r_2에는 15[V]가 걸리므로 $V = IR$에서 $15 = \dfrac{5}{4} \times 3r$에서 $r = 4$ 또는 $15 = \dfrac{15}{4} \times r$에서 $r = 4$

∴ $r_1 = 3r = 3 \times 4 = 12[Ω]$, $r_2 = r = 4[Ω]$

CHAPTER

02 정현파 교류

01 정현파
SECTION

1. 정현파의 각속도(각주파수)와 주기

① 각속도 : $\omega = 2\pi f = \dfrac{2\pi}{T}[\mathrm{rad/sec}]$

② 주기 : $T = \dfrac{1}{f} = \dfrac{2\pi}{\omega}[\mathrm{sec}]$

③ 위상 : $\theta = \omega t$

2. 여러 가지 정현파의 그래프와 Phaser(페이저)

① 원점에서 출발

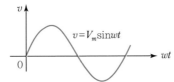

$v = V_m \sin\omega t = V_m \angle 0[°]$

② 늦음

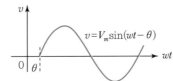

$v = V_m \sin(\omega t - \theta) = V_m \angle -\theta$

③ 앞섬

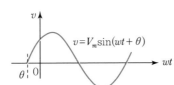

$v = V_m \sin(\omega t + \theta) = V_m \angle \theta$

⚡ 과년도 기출 및 예상문제

★☆☆
01 $v = 141 \sin \left(377t - \dfrac{\pi}{6} \right)$ 인 파형 주파수[Hz]는?

① 377

② 100

③ 60

④ 50

> **해설** v(순시전압)$= V_m \sin (\omega t + \theta)$에서 $\omega = 2\pi f$
> $\omega = 377$, $2\pi f = 377$
> $\therefore f = \dfrac{377}{2\pi} = 60\,[\mathrm{Hz}]$

★☆☆
02 어느 회로에 전압 $v = 6 \cos (4t + 30[°])\,[\mathrm{V}]$를 가했다. 이 전원의 주파수[Hz]는?

① 2

② 4

③ 2π

④ $\dfrac{2}{\pi}$

> **해설** v(순시전압)$= V_m \sin (\omega t + \theta)$에서 $\omega = 2\pi f$
> $\omega = 4$, $2\pi f = 4$
> $\therefore f = \dfrac{4}{2\pi} = \dfrac{2}{\pi}$

★★☆
03 다음과 같은 파형의 순시값은?

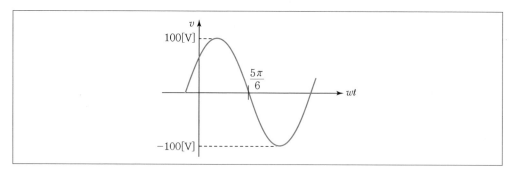

① $v = 100\sqrt{2} \sin \omega t$

② $v = 100\sqrt{2} \cos \omega t$

③ $v = 100 \sin \left(\omega t + \dfrac{\pi}{6} \right)$

④ $v = 100 \sin \left(\omega t - \dfrac{\pi}{6} \right)$

> **해설** 앞선다.
> 그러므로 $v = V_m \sin (\omega t + \theta)$의 형태이다.

정답	01 ③ 02 ④ 03 ③

★☆☆

04 $i_1 = I_m \sin \omega t$ [A]와 $i_2 = I_m \cos \omega t$ [A]인 두 교류의 위상차는 얼마인가?

① $0[°]$　　　　　　　　　　　② $30[°]$

③ $60[°]$　　　　　　　　　　　④ $90[°]$

해설 위상차를 구하기 위해서 sin으로 일치시킨다.
- $i_1 = I_m \sin \omega t = I_m \sin (\omega t + 0[°])$ [A]
- $i_2 = I_m \cos \omega t = I_m \sin (\omega t + 90[°])$ [A]

위상차 $\theta = 90 - 0 = 90[°]$

★☆☆

05 어느 소자에 걸리는 $v = 3\cos 3t$ [V]이고, 흐르는 전류 $i = -2\sin(3t - 10[°])$ [A]이다. 전압과 전류 간의 위상차는?

① $10[°]$　　　　　　　　　　　② $30[°]$

③ $70[°]$　　　　　　　　　　　④ $100[°]$

해설 위상차를 구하기 위해서 sin으로 일치시킨다.
- $v = 3\cos 3t = 3\sin(3t + 90[°])$ [V]
- $i = -2\sin(3t - 10[°])$ [A]

위상차 $\theta = 90 - (-10) = 100[°]$

★★★

06 교류회로에서 역률이란 무엇인가?

① 전압과 전류의 위상차의 정현　　　　② 전압과 전류의 위상차의 여현

③ 임피던스와 리액턴스의 위상차의 여현　④ 임피던스와 리액턴스의 위상차의 정현

해설 사인파는 정현이라 하며, 코사인파는 여현이라 한다.

★☆☆

07 교류전류 $i_1 = 50\sin\left(\omega t + \dfrac{\pi}{6}\right)$, $i_2 = 50\sqrt{3}\sin\left(\omega t - \dfrac{\pi}{3}\right)$가 있다. 합성전류 $i_1 + i_2$은 얼마인가?

① $100\sin\left(\omega t + \dfrac{\pi}{6}\right)$　　　　　② $141\sin\left(\omega t - \dfrac{\pi}{6}\right)$

③ $100\sin\left(\omega t - \dfrac{\pi}{6}\right)$　　　　　④ $141\sin\left(\omega t + \dfrac{\pi}{6}\right)$

해설 계산기 사용
- $v = 50\angle 30[°] + 50\sqrt{3}\angle -60[°] = 100\angle -30[°]$
- $v = 100\angle -30[°]$을 순시값으로 고치면
  $v = 100\sin(\omega t - 30[°])$

정답 | **04** ④　**05** ④　**06** ②　**07** ③

02 SECTION 평균값과 실횻값

1. 평균값(평균치) : 가동 코일형

① $V_a = \dfrac{1}{T}\displaystyle\int_0^T v(t)dt = \dfrac{2}{\pi}V_m = 0.637\,V_m$

② $I_a = \dfrac{1}{T}\displaystyle\int_0^T i(t)dt = \dfrac{2}{\pi}I_m = 0.637\,I_m$

2. 실효치(RMS ; Root Means Square) : 가동 철편형(열선형 계기)

① $I = \sqrt{\dfrac{1}{T}\displaystyle\int_0^T i^2 dt} = \dfrac{I_m}{\sqrt{2}} = 0.707\,I_m$

② $V = \sqrt{\dfrac{1}{T}\displaystyle\int_0^T v^2 dt} = \dfrac{V_m}{\sqrt{2}} = 0.707\,V_m$

3. 최댓값 > 실횻값 > 평균값

4. 파형에 따른 그래프

파형	그래프	실횻값	평균값	파고율	파형률
구형파		V_m	V_m	1	1
반파 구형파		$\dfrac{V_m}{\sqrt{2}}$	$\dfrac{V_m}{2}$	1.414	1.414
정현파		$\dfrac{V_m}{\sqrt{2}}$	$\dfrac{2}{\pi}V_m$	1.414	1.11
반파 정현파		$\dfrac{V_m}{2}$	$\dfrac{V_m}{\pi}$	2	1.57
삼각파		$\dfrac{V_m}{\sqrt{3}}$	$\dfrac{V_m}{2}$	1.73	1.15

① 반파 실횻값 : $\times \dfrac{1}{\sqrt{2}}$

② 반파 평균값 : $\times \dfrac{1}{2}$

③ 파고율 $= \dfrac{\text{최댓값}}{\text{실횻값}}$, 파형율 $= \dfrac{\text{실횻값}}{\text{평균값}}$

    ㉠ 파고율 : 각종 파형의 날카로움의 정도를 나타내기 위한 것

    ㉡ 파형율 : 비정현파의 파형 평활도를 나타내는 것

⚡ 과년도 기출 및 예상문제

★☆☆
01 $v_1 = 30\sqrt{2}\sin\omega t\,[\mathrm{V}]$, $v_2 = 40\sqrt{2}\cos\left(\omega t - \dfrac{\pi}{6}\right)[\mathrm{V}]$일 때 $v_1 + v_2$의 실횻값은 몇 [V]인가?

① 50

② 70

③ $10\sqrt{7}$

④ $10\sqrt{37}$

해설 • $\sin$ 으로 일치시킨다.

$$v_2 = 40\sqrt{2}\cos\left(\omega t - \frac{\pi}{6}\right) = 40\sqrt{2}\sin\left(\omega t - \frac{\pi}{6} + 90[°]\right) = 40\sqrt{2}\sin\left(\omega t + 60[°]\right)[\mathrm{V}]$$

• 계산기 사용

정현파 실횻값은 $V = \dfrac{\text{최댓값}}{\sqrt{2}}$ 이므로

$$V(\text{실횻값}) = 30\angle 0 + 40\angle 60[°] = 10\sqrt{37}\,\angle 34.7[°] = \sqrt{3,700}\,\angle 34.7[°]$$

★☆☆
02 어떤 회로에 $i = 10\sin\left(314t - \dfrac{\pi}{6}\right)$의 전류가 흐른다. 이를 복소수로 표시하면?

① $6.12 - j3.54$

② $17.32 - j5$

③ $3.54 - j6.12$

④ $5 - j17.32$

해설 복소수는 실횻값이다.

$$I = \frac{10}{\sqrt{2}}\left(\cos\frac{\pi}{6} - j\sin\frac{\pi}{6}\right) = 6.12 - j3.54$$

별해 계산기 사용

$$I = \frac{10}{\sqrt{2}}\angle -\frac{\pi}{6} = 6.12 - j3.54$$

★☆☆
03 정현파 교류 $i = 10\sqrt{2}\sin\left(\omega t + \dfrac{\pi}{3}\right)[\mathrm{A}]$를 복소수의 극좌표형으로 표시하면 어느 것인가?

① $10\sqrt{2}\angle\dfrac{\pi}{3}$

② $10\angle 0$

③ $10\angle\dfrac{\pi}{3}$

④ $10\angle -\dfrac{\pi}{3}$

해설 복소수의 극좌표형는 실횻값이다.

정현파의 실횻값 $I = \dfrac{I_m}{\sqrt{2}}$ 이므로

$$I = \frac{10\sqrt{2}}{\sqrt{2}}\angle\frac{\pi}{3} = 10\angle\frac{\pi}{3}$$

정답	01 ④ 02 ① 03 ③

★★☆
04 $e^{j\frac{2}{3}\pi}$ 와 같은 것은?

① $-\dfrac{1}{2} - j\dfrac{\sqrt{3}}{2}$ 　　　　　　　② $\dfrac{1}{2} - j\dfrac{\sqrt{3}}{2}$

③ $-\dfrac{1}{2} + j\dfrac{\sqrt{3}}{2}$ 　　　　　　　④ $\cos\dfrac{2}{3}\pi + \sin\dfrac{2}{3}\pi$

해설 $e^{j\theta}$ 는 실횻값이다.
$$e^{j\frac{2}{3}\pi} = 1e^{j120[°]} = 1\angle 120[°] = \cos\frac{2}{3}\pi + j\sin\frac{2\pi}{3}$$

별해 $e^{j\frac{2}{3}\pi} = 1\angle 120[°] = -\dfrac{1}{2} + j\dfrac{\sqrt{3}}{2}$

★☆☆
05 어떤 회로에 $i(t) = 3\sqrt{2}\sin\left(377t - \dfrac{\pi}{6}\right)$ 의 전류가 흐른다. 이 전류의 평균값은 몇 [A]인가?

① 1.35 　　　　　　　② 2.7

③ 4.35 　　　　　　　④ 5.4

해설 **정현파의 평균값**
$$I_a \equiv \frac{2}{\pi}I_m = \frac{2}{\pi} \times 3\sqrt{2} = 2.7$$

★★★
06 그림과 같은 $i = I_m\sin\omega t$ 인 정현파 교류의 반파 정류 파형의 실횻값은?

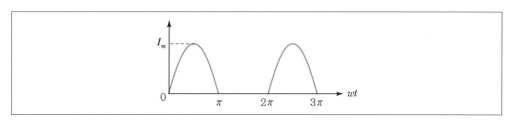

① $\dfrac{I_m}{\sqrt{2}}$ 　　　　　　　② $\dfrac{I_m}{\sqrt{3}}$

③ $\dfrac{I_m}{2\sqrt{2}}$ 　　　　　　　④ $\dfrac{I_m}{2}$

해설 그림은 반파 정현파의 형태이다.

정답 ┃ 04 ③ 05 ② 06 ④

★☆☆
07 삼각파의 최대치가 1이라면 실효치, 평균치는 각각 얼마인가?

① $V=\dfrac{1}{\sqrt{2}}$, $V_{av}=\dfrac{1}{\sqrt{3}}$

② $V=\dfrac{1}{\sqrt{3}}$, $V_{av}=\dfrac{1}{2}$

③ $V=\dfrac{1}{\sqrt{2}}$, $V_{av}=\dfrac{1}{2}$

④ $V=\dfrac{1}{\sqrt{3}}$, $V_{av}=\dfrac{1}{3}$

해설 • 실효치 $V=\dfrac{V_m}{\sqrt{3}}=\dfrac{1}{\sqrt{3}}$

• 평균치 $V_{av}=\dfrac{V_m}{2}=\dfrac{1}{2}$

★★★
08 어떤 정현파 전압의 평균값이 191[V]이면, 최댓값[V]은 약 얼마인가?

① 450

② 300

③ 230

④ 115

해설 평균값 $V_{av}=\dfrac{2}{\pi}V_m$ 에서

$V_m=\dfrac{\pi}{2}V_{av}=\dfrac{\pi}{2}\times191≒300[\text{V}]$

★☆☆
09 정현파 교류전압의 실횻값에 어떠한 수를 곱하면 평균값을 얻을 수 있는가?

① $\dfrac{2\sqrt{2}}{\pi}$

② $\dfrac{\sqrt{3}}{2}$

③ $\dfrac{2}{\sqrt{3}}$

④ $\dfrac{\pi}{2\sqrt{2}}$

해설 • 실횻값 $V=\dfrac{V_m}{\sqrt{2}}$

∴ $V_m=V\times\sqrt{2}$

• 평균값 $=\dfrac{2\,V_m}{\pi}=\dfrac{2\times V\times\sqrt{2}}{\pi}=\dfrac{2\sqrt{2}}{\pi}\times V$ (실횻값)

★★☆
10 파고율의 관계식이 바르게 표시된 것은?

① $\dfrac{최댓값}{실횻값}$

② $\dfrac{실횻값}{최댓값}$

③ $\dfrac{평균값}{실횻값}$

④ $\dfrac{실횻값}{평균값}$

정답 | 07 ② 08 ② 09 ① 10 ①

해설 ·파고율 $= \dfrac{\text{최댓값}}{\text{실횻값}}$

·파형률 $= \dfrac{\text{실횻값}}{\text{평균값}}$

★★★
11 구형파의 파고율은 얼마인가?

① 1.0

② 1.414

③ 1.732

④ 2.0

해설 파고율 $= \dfrac{\text{최댓값}}{\text{실횻값}} = \dfrac{V_m}{V_m} = 1$

★☆☆
12 교류의 파형률이란?

① $\dfrac{\text{실횻값}}{\text{평균값}}$

② $\dfrac{\text{평균값}}{\text{실횻값}}$

③ $\dfrac{\text{실횻값}}{\text{최댓값}}$

④ $\dfrac{\text{최댓값}}{\text{실횻값}}$

해설 ·파고율 $= \dfrac{\text{최댓값}}{\text{실횻값}}$

·파형률 $= \dfrac{\text{실횻값}}{\text{평균값}}$

★☆☆
13 최댓값이 E_m인 정현파의 파형률은?

① 1

② 1.11

③ 1.41

④ 2

해설 파형률 $= \dfrac{\text{실횻값}}{\text{평균값}} = \dfrac{\dfrac{E_m}{\sqrt{2}}}{\dfrac{2E_m}{\pi}} = \dfrac{\pi E_m}{\sqrt{2} \times 2E_m} = \dfrac{\pi}{2\sqrt{2}} = 1.11$

정답 | 11 ① 12 ① 13 ②

CHAPTER 03 기본교류회로

01 교류회로에서의 R, L, C
SECTION

1. 교류회로에서의 오옴 법칙

① $v = iZ$

② $i = Yv$

③ 역률($\cos\theta$)

2. R, L, C의 표현

① 저항[Ω]

② 인덕턴스[H]

③ 정전용량(커패시턴스)[F]

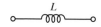

$Z = R$

$Z = j\omega L$

$Z = \dfrac{1}{j\omega C} = -j\dfrac{1}{\omega C}$

㉠ X_L(유도성 리액턴스) $= wL$ [Ω]

㉡ X_c(용량성 리액턴스) $= \dfrac{1}{\omega C}$ [Ω]

3. R, L, C만의 회로

(1) R만의 회로

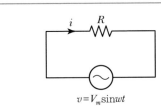

① $Z = R = R\angle 0°$

② $i = \dfrac{v}{Z} = \dfrac{V_m}{R}\sin wt$

③ 위상 : 동상(전압과 전류가 같이 흐른다.)

(2) L만의 회로

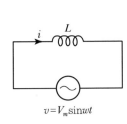

① $Z = jwL = jX_L = X_L\angle\dfrac{\pi}{2}$

② $i = \dfrac{v}{Z} = \dfrac{V_m}{X_L}\sin\left(wt - \dfrac{\pi}{2}\right)$

 ※ 전류가 전압보다 90[°] 느리다(지상 전류).

③ $e = L\dfrac{di}{dt}$: 전류 i을 급격히 변화시킬 수 없다.

④ $W = \dfrac{1}{2}LI^2\,[\text{J}]$

(3) C만의 회로

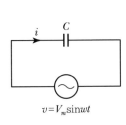

① $Z = \dfrac{1}{jwC} = -j\dfrac{1}{wC} = -jX_c = X_c\angle -\dfrac{\pi}{2}$

② $i = \dfrac{v}{Z} = \dfrac{V_m}{X_c}\sin\left(wt + \dfrac{\pi}{2}\right)$

 ※ 전류가 전압보다 90[°] 빠르다(진상 전류).

③ $i = C\dfrac{de}{dt}$: 전압 e를 급격히 변화시킬 수 없다.

④ $W = \dfrac{1}{2}CV^2\,[\text{J}]$

과년도 기출 및 예상문제

★☆☆

01 어떤 회로 소자에 $e = 125\sin 377t\,[\text{V}]$를 가했을 때 전류 $i = 25\sin 377t\,[\text{A}]$가 흐른다. 이 소자는 어떤 것인가?

① 다이오드　　　　　　　　② 순저항
③ 유도 리액턴스　　　　　　④ 용량 리액턴스

해설 위상차가 없다. 그러므로 순저항 회로이다.

★☆☆

02 어느 소자에 전압 $e = 125\sin 377t\,[\text{V}]$를 가했을 때 전류 $i = 50\cos 377t\,[\text{A}]$가 흘렀다. 이 회로의 소자는 어떤 종류인가?

① 순저항　　　　　　　　　② 용량 리액턴스
③ 유도 리액턴스　　　　　　④ 저항과 유도 리액턴스

해설 $i = 50\cos 377t = 50\sin(377t + 90[°])\,[\text{A}]$이므로 전류가 전압보다 $90[°]$ 빠르다. 그러므로 용량 리액턴스이다.

★☆☆

03 정전용량 $C\,[\text{F}]$의 회로에 기전력 $e = E_m \sin \omega t\,[\text{V}]$을 가할 때 흐르는 전류 $i\,[\text{A}]$는?

① $i = \dfrac{E_m}{\omega C}\sin(\omega t + 90[°])$　　　　② $i = \dfrac{E_m}{\omega C}\sin(\omega t - 90[°])$

③ $i = \omega C E_m \sin(\omega t + 90[°])$　　　　④ $i = \omega C E_m \cos(\omega t + 90[°])$

해설
- $Z = -j\dfrac{1}{\omega c} = -jX_L = X_c \angle -90[°]$, $e = E_m \sin \omega t = E_m \angle 0[°]$
- 계산기 사용

$$i = \frac{e}{Z} = \frac{E_m \angle 0[°]}{X_c \angle -90[°]} = \frac{E_m}{X_c}\angle 90[°]\left(\frac{\angle 0[°]}{\angle -90[°]} = \frac{1\angle 0[°]}{1\angle -90[°]} = 1\angle 90[°]\right)$$

- $i \equiv \dfrac{E_m}{X_c}\angle 90[°]$을 순시값으로 표현하면

$$i \equiv \frac{E_m}{X_c}\angle 90[°] = \frac{E_m}{X_c}\sin(\omega t + 90[°]) = \frac{E_m}{\frac{1}{\omega C}}\sin(\omega t + 90[°]) = \omega C E_m \sin(\omega t + 90[°])$$

정답 | 01 ② 02 ② 03 ③

★★★
04 314[mH]의 자기 인덕턴스에 120[V], 60[Hz]의 교류전압을 가하였을 때 흐르는 전류[A]는?

① 10

② 8

③ 1

④ 0.5

> **해설** $Z = jX_L = j\omega L = j2\pi fL$, $I = \dfrac{V}{Z} = \dfrac{V}{X_L}$
>
> $I = \dfrac{V}{j2\pi fL} = \dfrac{120}{j2\pi \times 60 \times 314 \times 10^{-3}} = 1.01 \angle -90[°][A]$

★★★
05 인덕턴스 $L = 20[\text{mH}]$인 코일에 실횻값 $V = 50[V]$, 주파수 $f = 60[\text{Hz}]$인 정현파 전압을 인가했을 때 코일에 축적되는 평균 자기에너지 $W_L[J]$은?

① 6.3

② 0.63

③ 4.4

④ 0.44

> **해설** • $I = \dfrac{V}{jX_L} = \dfrac{V}{j2\pi fL} = \dfrac{50}{j2\pi \times 60 \times 20 \times 10^{-3}} = 6.63 \angle -90[°] \fallingdotseq 6.63$
>
> • $W_L = \dfrac{1}{2}LI^2 = \dfrac{1}{2} \times 20 \times 10^{-3} \times 6.63^2[J] = 0.44[J]$

★★☆
06 정전용량 C만의 회로에 100[V], 60[Hz]의 교류를 가하니 60[mA]의 전류가 흐른다. C는 얼마인가?

① 5.26[μF]

② 4.32[μF]

③ 3.59[μF]

④ 1.59[μF]

> **해설** • $X_c = \dfrac{V}{I}$, $\dfrac{1}{\omega C} = \dfrac{V}{I}$, $\omega C = \dfrac{I}{V}$
>
> • $C = \dfrac{I}{\omega V} = \dfrac{I}{2\pi fV} = \dfrac{60 \times 10^{-3}}{2\pi \times 60 \times 100} = 1.59 \times 10^{-6}[F] = 1.59[\mu F]$

★★☆
07 3[μF]인 캐패시턴스를 50[Ω]의 용량 리액턴스로 사용하면 주파수는 몇 [Hz]인가?

① 2.06×10^3

② 1.06×10^3

③ 3.06×10^3

④ 4.06×10^3

> **해설** • $X_c = \dfrac{1}{\omega C} = 50[Ω]$, $\dfrac{1}{2\pi fC} = 50$, $2\pi fC = \dfrac{1}{50}$
>
> • $f = \dfrac{1}{2\pi C \times 50} = \dfrac{1}{2\pi \times 3 \times 10^{-6} \times 50} = 1,061 = 1.06 \times 10^3[\text{Hz}]$

정답 | **04** ③ **05** ④ **06** ④ **07** ②

★★☆
08 어떤 콘덴서를 300[V]로 충전하는 데 9[J]의 에너지가 필요하였다. 이 콘덴서의 정전용량은 몇 $[\mu F]$인가?

① 100

② 200

③ 300

④ 400

> **해설** $W[\text{J}] = \dfrac{1}{2}CV^2$ 에서
>
> $$C = \frac{2 \times W}{V^2} = \frac{2 \times 9}{300^2} = 2 \times 10^{-4} = 200[\mu F]$$

★☆☆
09 커패시터와 인덕터에서 물리적으로 급격히 변화할 수 없는 것은?

① 커패시터와 인덕터에서 모두 전압

② 커패시터와 인덕터에서 모두 전류

③ 커패시터에서 전류, 인덕터에서 전압

④ 커패시터에서 전압, 인덕터에서 전류

> **해설** • $e = L\dfrac{di}{dt}$: 전류 i을 급격히 변화시킬 수 없다.
>
> • $i = C\dfrac{de}{dt}$: 전압 e을 급격히 변화시킬 수 없다.

정답 | 08 ② 09 ④

02 SECTION 직렬연결과 병렬연결

1. 직렬연결(임피던스, Z)

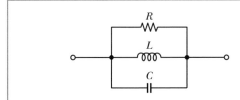

$$Z = R + jwL + \frac{1}{jwC} = R + jwL - j\frac{1}{wC}$$

① $\cos\theta$는 $Z(Y)$, P_a에서 구한다. $\left(\cos\theta = \dfrac{R}{Z},\ \cos\theta = \dfrac{P}{P_a}\right)$

② 계산기(shift → ② → ③ → =)

2. 병렬연결(어드미턴스, Y)

$$Y = Y_1 + Y_2 + Y_3 = \frac{1}{R} + \frac{1}{jwL} + \frac{1}{\dfrac{1}{jwC}}$$

$$= \frac{1}{R} - j\frac{1}{wL} + jwC$$

① $\cos\theta$는 $Z(Y)$, P_a에서 구한다.

② 계산기(shift → ② → ③ → =)

⚡ 과년도 기출 및 예상문제

★☆☆

01 $R = 20[\Omega]$, $L = 0.1[H]$의 직렬회로에 60[Hz], 115[V]의 교류전압이 인가되어 있다. 인덕턴스에 축적되는 자기에너지의 평균값은 몇 [J]인가?

① 0.36
② 3.64
③ 0.75
④ 4.52

해설 • 피타고라스 정리을 이용한다.

$$Z = \sqrt{20^2 + (2\pi \times 60 \times 0.1)^2} = \sqrt{20^2 + 37.7} = 42.675$$

$$\therefore I = \frac{V}{Z} = \frac{115}{42.676} = 2.69[A]$$

• 계산기를 이용하여 전류를 구한다.

$$I = \frac{V}{Z} = \frac{V}{R + j\omega L} = \frac{115}{20 + j2\pi \times 60 \times 0.1} = 2.69 \angle -62.1 \fallingdotseq 2.69$$

$$\therefore W(J) = \frac{1}{2}LI^2 = \frac{1}{2} \times 0.1 \times 2.69^2 = 0.361[J]$$

★☆☆

02 그림과 같은 회로에서 E_1과 E_2는 각각 100[V]이면서 60[°]의 위상차가 있다. 유도 리액턴스의 단자전압은 몇 [V]인가? (단, $R = 10[\Omega]$, $X_L = 30[\Omega]$이다.)

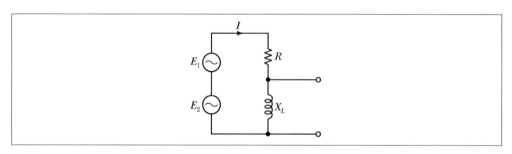

① 164
② 174
③ 200
④ 150

해설 • $I = \dfrac{E}{Z} = \dfrac{100 + 100 \angle 60}{10 + j30} = \sqrt{30} \angle -41.56[A]$

• $V = I \times X_L = \sqrt{30} \angle -41.56 \times j30 = 30\sqrt{30} \angle 48.43 = 164.316 \angle 48.43$

별해 전압은 자기 저항만큼 걸린다. 계산기를 사용하여 바로 계산하면

$$V_L = \frac{jX_L}{R + jX_L} = \frac{j30}{10 + j30} \times (100 + 100 \angle 60) \equiv 30\sqrt{30} \angle 48.43 = 164.316 \angle 48.43 [V]$$

정답 | 01 ① 02 ①

★☆☆

03 $R = 100[\Omega]$, $C = 30[\mu \mathrm{F}]$의 직렬회로에 $f = 60[\mathrm{Hz}]$, $V = 100[\mathrm{V}]$의 교류전압을 가할 때 전류[A]는 얼마인가?

① 0.42   ② 0.64

③ 0.75   ④ 0.87

해설 계산기 사용

$$Z = R + \frac{1}{j\omega C} = R - j\frac{1}{\omega C} = 100 - j\frac{1}{2\pi \times 60 \times 30 \times 10^{-6}} = 100 - j88.42[\Omega]$$

$$I = \frac{V}{Z} = \frac{100}{100 - j88.46} = 0.75 \angle 41.5[\mathrm{A}]$$

★☆☆

04 다음 회로에서 전압 V를 가하니 20[A]의 전류가 흘렀다고 한다. 이때 역률은 얼마인가?

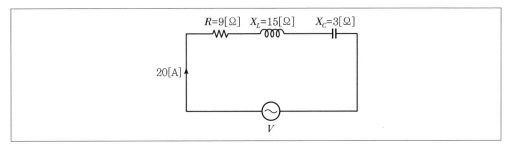

① 0.8   ② 0.6

③ 0.9   ④ 1.0

해설 역률은 Z, Y, 피상전력에서 구한다.

- $Z = R + jwL + \dfrac{1}{jwC} = R + jwL - j\dfrac{1}{wC} = 9 + j15 - j3 = 15 \angle 53.1[°]$
- 역률은 $\cos \theta$ 이므로

$$\cos \theta = \cos 53.1 = 0.6$$

★☆☆

05 저항 $\dfrac{1}{3}[\Omega]$, 유도 리액턴스 $\dfrac{1}{4}[\Omega]$가 병렬로 연결되어 있다. 이 $R - L$ 병렬회로의 합성 어드미턴스는 얼마인가?

① $3 + j4$ ② $3 - j4$

③ $\dfrac{1}{3} + j\dfrac{1}{4}$ ④ $\dfrac{1}{3} - j\dfrac{1}{4}$

해설 $Y = \dfrac{1}{Z} = \dfrac{1}{Z_1} + \dfrac{1}{Z_2} = \dfrac{1}{\frac{1}{3}} + \dfrac{1}{j\frac{1}{4}} = 3 + \dfrac{4}{j} = 3 - j4$

정답   03 ③   04 ②   05 ②

★★★

06 저항 30[Ω], 용량성 리액턴스 40[Ω]의 병렬회로에 120[V]의 정현파 교번 전압을 가할 때의 전전류[A]는 얼마인가?

① 3 　　　　　　　　　　　　　　　② 4

③ 5 　　　　　　　　　　　　　　　④ 6

해설 병렬에서는 전압이 같다. 따라서 30[Ω], 40[Ω]에 걸리는 전압이 같다.

그러므로 $I_R = \dfrac{E}{Z} = \dfrac{120}{30} = 4$, $I_L = \dfrac{E}{Z} = \dfrac{120}{-j40} = j3$

$\dot{I} = \dot{I}_R + j\dot{I}_c = \dfrac{120}{30} + \dfrac{120}{-j40} = 4 + j3 = 5\angle 36.86$

별해 계산기 사용

$I = YV = \left(\dfrac{1}{Z_1} + \dfrac{1}{Z_2}\right)V = \left(\dfrac{1}{30} + \dfrac{1}{-j40}\right) \times 120 = 5\angle 36.86$

정답 | 06 ③

03 SECTION 교류회로에서의 오옴 법칙

1. 교류회로에서의 오옴 법칙

① $v = IZ$

② $i = Yv$

③ 역률 : $\cos\theta(\cos^2\theta + \sin^2\theta = 1)$

    ㉠ $\cos\theta$는 $Z(Y)$, P_a에서 구한다.

    ㉡ 계산기($\text{shift} \rightarrow \boxed{2} \rightarrow \boxed{3} \rightarrow = $)

과년도 기출 및 예상문제

★★★

01 저항과 리액턴스의 직렬회로에 $V = 14 + j38$[V]인 교류전압을 가하니 전류가 $I = 6 + j2$[A] 흐른다. 이 회로의 저항과 리액턴스는 얼마인가?

① $R = 4$[Ω], $X_L = 5$[Ω]　　　　　　② $R = 5$[Ω], $X_L = 4$[Ω]

③ $R = 6$[Ω], $X_L = 3$[Ω]　　　　　　④ $R = 7$[Ω], $X_L = 2$[Ω]

해설 $Z = \dfrac{V}{I} = \dfrac{14 + j38}{6 + j2} = \dfrac{(14 + j38)(6 - j2)}{(6 + j2)(6 - j2)} = \dfrac{160 + j200}{40} = 4 + j5$[Ω]

★☆☆

02 어떤 회로의 전압 및 전류의 순시값이 $v = 200\sin 314t$[V], $i = 10\sin\left(314t - \dfrac{\pi}{6}\right)$[A]일 때, 이 회로의 임피던스를 복소수[Ω]로 표시하면?

① $17.32 + j12$　　　　　　② $16.30 + j11$

③ $17.32 + j10$　　　　　　④ $18.30 + j9$

해설 $v = 200\angle 0$[°], $i = 10\angle -\dfrac{\pi}{6} = 10\angle -30$[°]

- 계산기를 이용하면 : $Z = \dfrac{v}{i} = \dfrac{200\angle 0[°]}{10\angle -30[°]} = 17.32 + j10$

- 공식을 이용하여 풀면 : $Z = \dfrac{v}{i} = \dfrac{200\angle 0[°]}{10\angle -30[°]} = 20\angle 30[°]$

$$= 20(\cos 30[°] + j\sin 30[°]) = 20 \times \dfrac{\sqrt{3}}{2} + j20 \times \dfrac{1}{2} = 17.32 + j10$$

★☆☆

03 저항 R와 리액턴스 X의 직렬회로에서 $\dfrac{X}{R} = \dfrac{1}{\sqrt{2}}$ 일 경우 회로의 역률은?

① $\dfrac{1}{\sqrt{2}}$　　　　　　② $\dfrac{1}{\sqrt{3}}$

③ $\sqrt{\dfrac{2}{3}}$　　　　　　④ $\dfrac{\sqrt{3}}{2}$

해설 $\dfrac{X}{R} = \dfrac{1}{\sqrt{2}}$ 이므로 $X = 1$, $R = \sqrt{2}$

$\therefore \cos\theta = \dfrac{R}{Z} = \dfrac{R}{R + jX} = \dfrac{R}{\sqrt{R^2 + X^2}}$

$\cos\theta = \dfrac{\sqrt{2}}{\sqrt{(\sqrt{2})^2 + 1^2}} = \dfrac{\sqrt{2}}{\sqrt{3}} = \sqrt{\dfrac{2}{3}}$

정답	01 ① 02 ③ 03 ③

별해 계산기 사용

$$Z = R + jX = \sqrt{2} + j1 = \sqrt{3} \angle 35.26[°]$$

$$\therefore \cos\theta = \cos 35.26 = 0.816 = \sqrt{\frac{2}{3}}$$

★★★

04 $R = 50[\Omega]$, $L = 200[\mathrm{mH}]$의 직렬회로에 주파수 $f = 50[\mathrm{Hz}]$의 교류에 대한 역률[%]은?

① 52.3 ② 82.3

③ 62.3 ④ 72.3

해설 $Z = R + j\omega L = 50 + j2\pi \times 50 \times 200 \times 10^{-3} = 50 + j62.8$

$$\therefore \cos\theta = \frac{R}{\sqrt{R^2 + X_L^2}} = \frac{50}{\sqrt{50^2 + 62.8^2}} = 0.623 = 62.3[\%]$$

별해 계산기 사용

$Z = R + j\omega L = 50 + j2\pi \times 50 \times 200 \times 10^{-3} = 50 + j62.8 = 80.29 \angle 51.3$

$$\therefore \cos\theta = \cos 51.3 = 0.623 = 62.3[\%]$$

★☆☆

05 $R = 30[\Omega]$, $L = 0.127[\mathrm{H}]$의 직렬회로에 $v = 100\sqrt{2}\sin 100\pi t[\mathrm{V}]$의 전압이 인가되었을 때 이 회로의 역률은 약 얼마인가?

① 0.2 ② 0.4

③ 0.6 ④ 0.8

해설 $Z = R + j\omega L = 30 + j100\pi \times 0.127 = 30 + j39.898$

$$\therefore \cos\theta = \frac{R}{\sqrt{R^2 + X_L^2}} = \frac{30}{\sqrt{30^2 + 40^2}} = 0.6$$

별해 계산기 사용

$Z = R + j\omega L = 30 + j100\pi \times 0.127 = 30 + j39.898 = 49.918 \angle 53.06$

$$\therefore \cos\theta = \cos 53.06 = 0.6$$

★☆☆

06 100[V], 50[Hz]의 교류전압을 저항 100[Ω], 커패시턴스 $10[\mu\mathrm{F}]$의 직렬회로에 가할 때 역률은?

① 0.25 ② 0.27

③ 0.3 ④ 0.35

해설 $Z = R + X_C = 100 - j\dfrac{1}{2\pi fC} = 100 - j\dfrac{1}{2\pi \times 50 \times 10 \times 10^{-6}} = 100 - j318.47$

$$\therefore \cos\theta = \frac{R}{\sqrt{R^2 + X_c^2}} = \frac{100}{\sqrt{100^2 + 318.47^2}} = 0.299 = 0.3$$

정답 | 04 ③ 05 ③ 06 ③

$$Z = R + X_C = 100 - j\frac{1}{2\pi f C} = 100 - j\frac{1}{2\pi \times 50 \times 10 \times 10^{-6}} = 100 - j318.47 = 333.64\angle - 72.56$$

$$\therefore \cos\theta = \cos(-72.56) = 0.299 = 0.3$$

★★☆

07 $R = 15[\Omega]$, $X_L = 12[\Omega]$, $X_C = 30[\Omega]$의 병렬로 접속된 회로에 120[V]의 교류전압을 가하면 전원에 흐르는 전류와 역률은 각각 얼마인가?

① 22[A], 85[%]

② 22[A], 80[%]

③ 22[A], 60[%]

④ 10[A], 80[%]

해설 ・ $I_R = \dfrac{E}{R} = \dfrac{120}{15} = 8[A]$, $I_L = \dfrac{E}{jX_L} = \dfrac{120}{j12} = -j10[A]$, $I_C = \dfrac{120}{-jX_C} = j\dfrac{120}{30} = j4[A]$

$\therefore I = 8 - j10 + j4 = 8 - j6 = 10\angle - 36.87[A]$ 또는 $I = \sqrt{8^2 + 6^2} = 10[A]$

・ 역률 $\cos\theta = \dfrac{I_R}{I} = \dfrac{8}{10} = 0.8 = 80[\%]$

별해 계산기를 이용하면

$$I = YV = \left(\frac{1}{Z_R} + \frac{1}{Z_L} + \frac{1}{Z_C}\right)V = \left(\frac{1}{15} + \frac{1}{j12} + \frac{1}{-j30}\right) \times 120 = 10\angle - 36.87$$

$$\therefore \cos\theta = \cos(-36.87) = 0.8 = 80[\%]$$

$R-L-C$ 직렬

1. $R-L-C$ 직렬

$$Z = R + jwL + \frac{1}{jwC} = R + jwL - j\frac{1}{wC}$$

$$|Z| = \sqrt{R^2 + \left(\omega L - \frac{1}{\omega C}\right)^2}$$

2. 직렬 공진 조건과 공진주파수

① 직렬 공진 조건 : $\omega L = \dfrac{1}{\omega C}$

② 공진주파수 : $f_r = \dfrac{1}{2\pi \sqrt{LC}}$

3. 직렬 공진의 특징

① 전압과 전류가 동상이다.
② 역률이 1이다.
③ 전류가 최대가 된다.
④ 주파수와 무관한 조건이 된다.

4. 선택도

공진곡선의 첨예도, 공진시 전압 확대비, 공진시 저항에 대한 리액턴스 비

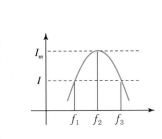

- $Q = \dfrac{f_2}{f_3 - f_1} = \dfrac{w_2}{w_3 - w_1} = \dfrac{V_L}{V} = \dfrac{V_C}{V} = \dfrac{wL}{R} = \dfrac{\frac{1}{wC}}{R} = \dfrac{1}{R}\sqrt{\dfrac{L}{C}}$

- 선택도의 유도 : $Q = \dfrac{wL}{R}$

$$Q = \dfrac{\frac{1}{wC}}{R} = \dfrac{1}{wRC}$$

변변끼리 곱하면 : $Q^2 = \dfrac{1}{R^2}\dfrac{L}{C}$

$$\therefore \ Q = \dfrac{1}{R}\sqrt{\dfrac{L}{C}}$$

⚡ 과년도 기출 및 예상문제

★☆☆

01 $R = 5[\Omega]$, $L = 10[\text{mH}]$, $C = 1[\mu\text{F}]$의 직렬회로에서 공진주파수 $f_r[\text{Hz}]$는 약 얼마인가?

① 3,181

② 1,820

③ 1,592

④ 1,432

해설 $f_r = \dfrac{1}{2\pi\sqrt{LC}} = \dfrac{1}{2\pi\sqrt{10\times10^{-3}\times1\times10^{-6}}} = 1591.55$

★☆☆

02 $R - L - C$직렬회로에서 공진 시의 전류는 공급전압에 대하여 어떤 위상차를 갖는가?

① 0[°]

② 90[°]

③ 180[°]

④ 270[°]

해설 직렬회로 공진 시 R만의 회로가 된다.

★★☆

03 $R = 5[\Omega]$, $L = 20[\text{mH}]$ 및 가변 용량 C로 구성된 $R - L - C$직렬회로에 주파수 1,000[Hz]인 교류를 가한 다음, C를 가변하여 직렬 공진시켰다. C의 값은 어느 것이 가장 가까운가?

① $1.27[\mu\text{F}]$

② $2.54[\mu\text{F}]$

③ $3.52[\mu\text{F}]$

④ $4.99[\mu\text{F}]$

해설 $\omega L = \dfrac{1}{\omega C}$ 에서

$$C = \frac{1}{\omega^2 L} = \frac{1}{(2\pi f)^2 L} = \frac{1}{(2\pi\times1,000)^2 \times 20\times10^{-3}} = 1.266\times10^{-6} = 1.266[\mu\text{F}]$$

★☆☆

04 $R - L - C$직렬회로에서 전원 전압을 V라하고 L 및 C에 걸리는 전압을 각각 V_L 및 V_c라 하면 선택도 Q를 나타내는 것은 어느 것인가? (단, 공진주파수는 ω이다.)

① $\dfrac{CL}{R}$

② $\dfrac{\omega R}{L}$

③ $\dfrac{V_L}{V}$

④ $\dfrac{V}{V_c}$

해설 Q(공진도)=전압확대비=첨예도=선택도

$$Q = \frac{V_L}{V} = \frac{V_c}{V} = \frac{\omega L}{R} = \frac{\frac{1}{\omega C}}{R} = \frac{1}{R}\sqrt{\frac{L}{C}}$$

정답	01 ③ 02 ① 03 ① 04 ③

★★★

05 $R = 2[\Omega]$, $L = 10[\text{mH}]$, $C = 4[\mu\text{F}]$의 직렬 공진 회로의 Q는?

① 25

② 45

③ 65

④ 85

[해설] $Q = \dfrac{1}{R}\sqrt{\dfrac{L}{C}} = \dfrac{1}{2}\sqrt{\dfrac{10 \times 10^{-3}}{4 \times 10^{-6}}} = 25$

★☆☆

06 $R - L - C$ 직렬회로에서 자체 인덕턴스 $L = 0.02[\text{mH}]$와 선택도 $Q = 60$일 때 코일의 주파수 $f = 2$ [MHz]였다. 이 코일의 저항은 몇 $[\Omega]$인가?

① 2.2

② 3.2

③ 4.2

④ 5.2

[해설] $Q = \dfrac{V_L}{V} = \dfrac{V_c}{V} = \dfrac{\omega L}{R} = \dfrac{\frac{1}{\omega C}}{R} = \dfrac{1}{R}\sqrt{\dfrac{L}{C}}$ 에서

$Q = \dfrac{\omega L}{R}$ 이므로

$R = \dfrac{\omega L}{Q} = \dfrac{2\pi \times 2 \times 10^6 \times 0.02 \times 10^{-3}}{60} = 4.188$

CHAPTER

04 단상 교류전력

01 단상 교류전력
SECTION

1. 피상전력

$$P_a = VI = I^2 Z = \frac{V^2}{Z} = P + jP_r [\text{VA}]$$

2. 유효전력

$$P = VI\cos\theta = P_a\cos\theta = I^2 R [\text{W}] \, (평균전력 = 유효전력)$$

3. 무효전력

$$P_r = VI\sin\theta = P_a\sin\theta = I^2 X [\text{Var}]$$

- $\sin^2\theta + \cos^2\theta = 1$
- $\cos\theta$: 역률
- $\sin\theta$: 무효율$(= \sqrt{1 - \cos^2\theta})$

4. 전력량

$$전력량 = P \cdot t = VI \cdot t = I^2 R \cdot t = \frac{V^2}{R} \cdot t [\text{J}]$$

$$= 0.24 VI \cdot t = 0.24 I^2 R \cdot t = 0.24 \frac{V^2}{R} \cdot t [\text{cal}]$$

- $1[\text{cal}] = 4.2[\text{J}]$
- $1[\text{J}] = 0.24[\text{cal}]$
- $1[\text{Wh}] = 860[\text{cal}]$

과년도 기출 및 예상문제

★★★

01 피상전력이 22[kVA]인 부하가 역률 0.8이라면 무효전력[kVar]은?

① 16.6

② 17.6

③ 15.2

④ 13.2

해설 $P_r = VI\sin\theta = 22\sin\theta = 22 \times 0.6 = 13.2[\text{kVar}]$

$\sin\theta = \sqrt{1 - \cos^2\theta} = \sqrt{1 - 0.8^2} = 0.6$

★☆☆

02 어떤 회로에서 유효전력 80[W], 무효전력 60[Var]일 때 역률은?

① 0.8%

② 8%

③ 80%

④ 800%

해설 $P_a(\text{피상전력}) = P + jP_r = 80 + j60 = 100\angle 36.87[\text{VA}]$

$\cos\theta = \cos 36.87 = 0.8 = 80[\%]$

★☆☆

03 어떤 회로의 유효전력이 300[W], 무효전력이 400[Var]이다. 이 회로의 복소전력의 크기[VA]는?

① 350

② 500

③ 600

④ 700

해설 $P_a(\text{피상전력}) = P + jP_r = 300 + j400 = 500\angle 53.1[\text{VA}]$

★☆☆

04 어떤 교류전동기의 명판에 역률 0.6, 소비전력 120[kW]로 표시되어 있다. 이 전동기의 무효전력 [kVar]은?

① 80

② 100

③ 140

④ 160

해설 $P_r = P_a \sin\theta = \dfrac{P}{\cos\theta} \times \sin\theta = \dfrac{120}{0.6} \times 0.8 = 160[\text{kVar}]$

정답 | 01 ④　02 ③　03 ②　04 ④

★☆☆

05 저항 $R = 6[\Omega]$, 유도리액턴스 $X = 8[\Omega]$이 직렬로 접속된 회로에 $v = 200\sqrt{2}\sin\omega t[V]$을 인가하였을 때 소비되는 전력[kW]은?

① 1.2

② 2.0

③ 2.4

④ 3.2

> **해설** 계산기를 사용
>
> $$P_a = \frac{V^2}{Z} = \frac{200^2}{6 + j8} = 2,400 - j3,200$$
>
> • 유효전력 : $2,400[W] = 2.4[kW]$
> • 무효전력 : $3,200[Var] = 3.2[kVar]$

★☆☆

06 다음 회로의 정상상태에서 저항에서 소비되는 전력[W]은? (단, $R = 50[\Omega]$, $L = 50[H]$ 이다.)

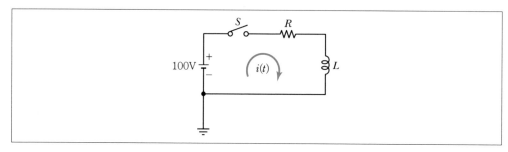

① 50

② 100

③ 150

④ 200

> **해설** • 직류일 때
>
> $t = \infty$일 때 단락과 같으므로 R만의 회로가 된다.
>
> • $P = \dfrac{V^2}{R} = \dfrac{100^2}{50} = 200[W]$

복소전력

1.
$$P_a = V^*I = VI^*$$

① 부하를 대표하는 유도전동기는 코일로 되어있다.
② 즉 지상 부하이므로 지상 무효전력을 "+" 로 표현하는 $P_a = VI^*$를 사용한다.
③ V, I값은 실횻값이다.

2.
$$P_a = VI^* = P \pm P_r$$

① $+P_r$: 유도성
② $-P_r$: 용량성

3.
$$P_a = V^*I = P \pm P_r$$

① $+P_r$: 용량성
② $-P_r$: 유도성

⚡ 과년도 기출 및 예상문제

★★★
01 어떤 부하에 $V = 40 + j30\,[\text{V}]$ 의 전압을 가하여 $I = 30 + j10\,[\text{A}]$ 인 전류가 흘렀다면, 이 부하의 역률은?

① 0.949

② 0.831

③ 0.764

④ 0.651

해설 계산기 사용
- $P_a = VI^* = (40 + j30)(30 + j10)^* = (40 + j30)(30 - j10) = 1,500 + j500 = 1,581.138 \angle 18.43$
- 역률은 $\cos\theta$ 이므로
  $\therefore \cos\theta = \cos 18.43 = 0.9487$

★☆☆
02 어떤 회로에 $V = 100 \angle \dfrac{\pi}{3}\,[\text{V}]$ 의 전압을 가하니 $I = 10\sqrt{3} + j10\,[\text{A}]$ 의 전류가 흘렀다. 이 회로의 무효전력[Var]은?

① 0

② 1,000

③ 1,732

④ 2,000

해설 $P_a = VI^* = 100 \angle \dfrac{\pi}{3} \cdot (10\sqrt{3} + j10)^* = 100 \angle \dfrac{\pi}{3} \times (10\sqrt{3} - j10) = 1,732 + j1,000$

★☆☆
03 어떤 회로에 $e = 50\sin(wt + \theta)[\text{V}]$ 를 인가했을 때 $i = 4\sin(wt + \theta - 30[°])[\text{A}]$ 가 흘렀다면 유효전력[W]은?

① 50

② 57.7

③ 86.6

④ 100

해설 위상차 $\theta = 0 - (-30[°]) = 30[°]$

$$P = EI\cos\theta = \frac{50}{\sqrt{2}} \times \frac{4}{\sqrt{2}} \times \cos 30 = 50\sqrt{3} = 86.6[\text{W}]$$

별해 $P_a = \dfrac{50}{\sqrt{2}} \times \left(\dfrac{4}{\sqrt{2}} \angle -30[°] \right)^* = \dfrac{50}{\sqrt{2}} \times \dfrac{4}{\sqrt{2}} \angle 30 = 86.6 + j50$

- 유효전력 : $86.6[\text{W}]$
- 무효전력 : $50[\text{Var}]$

정답 | **01** ① **02** ② **03** ③

★★☆

04 어떤 부하에 $e = 100\sin\left(100\pi t + \dfrac{\pi}{6}\right)$[V]의 기전력을 인가하니 $i = 10\cos\left(100\pi t - \dfrac{\pi}{3}\right)$[A]인 전류가 흘렀다. 이 부하의 소비전력은 몇 [W]인가?

① 250

② 433

③ 500

④ 866

해설 $i = 10\cos\left(100\pi t - \dfrac{\pi}{3}\right) = 10\sin(100\pi t - 60[°] + 90[°]) = 10\sin(100\pi t + 30[°])$[A]

$P = EI\cos\theta = \dfrac{100}{\sqrt{2}} \cdot R\dfrac{10}{\sqrt{2}} \cdot \cos 0[°] = 500$[W]

별해 $P_a = \dfrac{100}{\sqrt{2}}\angle 30[°] \times \left(\dfrac{10}{\sqrt{2}}\angle 30[°]\right)^* = \dfrac{100}{\sqrt{2}}\angle 30[°] \times \dfrac{10}{\sqrt{2}}\angle -30[°] = 500 = 500 + j0$

• 유효전력 : 500[W]

• 무효전력 : 0[Var]

★☆☆

05 회로에서 $I_1 = 2e^{-j\frac{\pi}{6}}$[A], $I_2 = 5e^{j\frac{\pi}{6}}$[A], $I_3 = 5.0$[A], $Z_3 = 1.0$[Ω]일 때 부하(Z_1, Z_2, Z_3) 전체에 대한 복소 전력은 약 몇 [VA]인가?

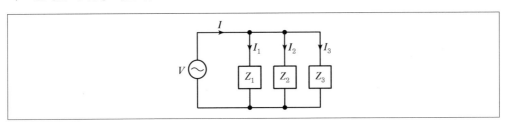

① $55.3 - j7.5$

② $55.3 + j7.5$

③ $45 - j26$

④ $45 + j26$

해설 • 병렬일 때는 전압이 같다. $V = I_3 Z_3 = 5 \times 1 = 5$[V]

• $I = I_1 + I_2 + I_3 = 2\angle -30[°] + 5\angle 30[°] + 5\angle 0[°] = 11.163\angle 7.722[°]$[A]

• $P_a = VI^* = 5 \times (11.163\angle 7.722[°])^* = 5 \times 11.163\angle -7.722[°] = 55.3 - 7.499$[VA]

정답 | 04 ③ 05 ①

03 SECTION 최대전달조건

1. 조건 : $Z_g = Z_L$

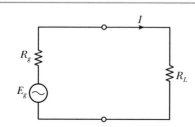

① 조건 : $R_g = R_L$

② $I = \dfrac{E_g}{R_g + R_L}$

③ $P_{\max} = I^2 R_L = \left(\dfrac{E_g}{R_g + R_L} \right)^2 \cdot R_L = \dfrac{E_g^2}{4 R_L}$

2. 조건 : $|R_L| = \sqrt{R_g^2 + X_g^2}$

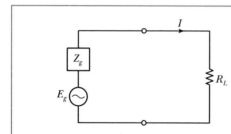

조건 : $|R_L| = \sqrt{R_g^2 + X_g^2}$

$(Z_g = R_g + j X_g)$

3. 조건 : $Z_L = Z_g^*$

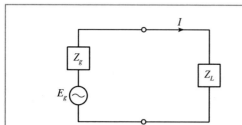

조건 : $Z_g = Z_L^*$

과년도 기출 및 예상문제

★☆☆

01 그림과 같이 전압 E, 저항 R로 된 회로의 단자 a, b 간에 적당한 저항을 R_L로 접속하여 R_L에서 소비되는 전력을 최대로 되게 하고자 한다. 이때 R_L을 어떻게 하면 되는가?

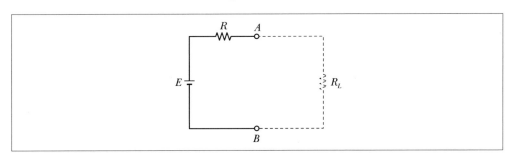

① R

② $\dfrac{3}{2}R$

③ $\dfrac{1}{2}R$

④ $2R$

해설 최대전력조건 : $R = R_L$

★☆☆

02 기전력 E, 내부저항 r인 전원으로부터 부하저항 R_L에 최대 전력을 공급하기 위한 조건과 그때의 최대 전력 P_m은?

① $R_L = r$, $P_m = \dfrac{E^2}{4r}$

② $R_L = r$, $P_m = \dfrac{E^2}{3r}$

③ $R_L = 2r$, $P_m = \dfrac{E^2}{4r}$

④ $R_L = 2r$, $P_m = \dfrac{E^2}{3r}$

해설 최대전력조건 : $r = R_L$이므로

- $I = \dfrac{E}{r + R_L} = \dfrac{E}{r + r} = \dfrac{E}{2r}$

- $P = I^2 r = \left(\dfrac{E}{2r}\right)^2 \cdot r = \dfrac{E^2}{4r}$

정답 | 01 ① 02 ①

★☆☆
03
어떤 전원의 내부저항이 저항 R과 리액턴스 X로 구성되어 있다. 외부에 부하 R_L을 연결하여 최대 전력을 소모시키고 싶다. R_L의 값은 얼마이어야 하는가?

① R ② $R+X$

③ $\sqrt{R^2-X^2}$ ④ $\sqrt{R^2+X^2}$

해설 $R_L = \sqrt{R^2+X^2}$

즉, 내부 임피던스가 부하 R_L과 같을 때 그때의 최대전력이 된다.

★★☆
04
내부 임피던스 $Z_g = 0.3 + j2\,[\Omega]$인 발전기에 임피던스 $Z_l = 1.7 + j3\,[\Omega]$인 선로를 연결하여 부하에 전력을 공급한다. 부하 임피던스 $Z_0\,[\Omega]$이 어떤 값을 취할 때 부하에 최대 전력이 전송되는가?

① $2 - j5$ ② $2 + j5$

③ 2 ④ $\sqrt{2^2+5^2}$

해설 $Z_g + Z_\ell = 0.3 + j2 + 1.7 + j3 = 2 + j5$

$Z_L = (Z_g + Z_\ell)^* = (2+j5)^* = 2 - j5$

CHAPTER 05 결합회로

SECTION 01 자기인덕턴스

1. 인더턴스

① 인덕턴스는 코일의 자체 유도 능력 정도를 나타내는 양을 말한다(회로로 쇄교하는 자속수).

② $Z = j\omega L = SL\,[\Omega]$

③ 역기전력 : $e = -N\dfrac{d\varnothing}{dt} = -L\dfrac{di}{dt}\,[\text{V}]$

④ $e_1 = -L\dfrac{di_1}{dt}, \ e_2 = -M\dfrac{di_1}{dt}$

⑤ $M = k\sqrt{L_1 L_2}, \ 0 \leq k \leq 1 \ (k : 결합계수)$

2. 직렬접속

(1) 가동접속(가극성)

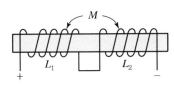

$$L_0 = L_1 + L_2 + 2M = L_1 + L_2 + 2k\sqrt{L_1 L_2}$$

(2) 차동접속(감극성)

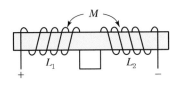

$$L_0 = L_1 + L_2 - 2M = L_1 + L_2 - 2k\sqrt{L_1 L_2}$$

3. 병렬접속

(1) 가동접속(가극성)

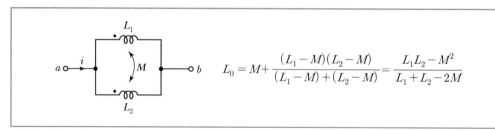

$$L_0 = M + \frac{(L_1 - M)(L_2 - M)}{(L_1 - M) + (L_2 - M)} = \frac{L_1 L_2 - M^2}{L_1 + L_2 - 2M}$$

(2) 차동접속(감극성)

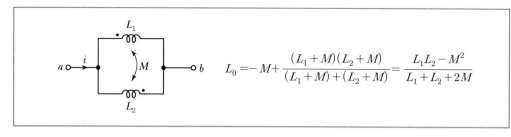

$$L_0 = -M + \frac{(L_1 + M)(L_2 + M)}{(L_1 + M) + (L_2 + M)} = \frac{L_1 L_2 - M^2}{L_1 + L_2 + 2M}$$

과년도 기출 및 예상문제

★☆☆

01 어떤 코일에 흐르는 전류를 0.5[ms] 동안에 5[A] 변화시키면 20[V]의 전압이 생긴다. 자체 인덕턴스 [mH]는?

① 2 　　　　　　　　　　　② 4
③ 6 　　　　　　　　　　　④ 8

해설 $e = L\dfrac{di}{dt}$

$$20 = L\frac{5}{0.5 \times 10^{-3}} = L\frac{5}{5 \times 10^{-4}} = L \times 10^{4}$$

$$\therefore L = \frac{20}{10^{4}} = 2 \times 10^{-3} = 2[\text{mH}]$$

★★☆

02 상호 인덕턴스 100[mH]인 회로의 1차 코일에 3[A]의 전류가 0.3초 동안에 18[A]로 변화할 때 2차 유도 기전력[V]은?

① 5 　　　　　　　　　　　② 6
③ 7 　　　　　　　　　　　④ 8

해설 $e = M\dfrac{di}{dt} = 100 \times 10^{-3} \times \dfrac{18 - 3}{0.3} = 5[\text{V}]$

★☆☆

03 인덕턴스가 각각 5[H], 3[H]인 두 코일을 모두 dot 방향으로 전류가 흐르게 직렬로 연결하고 인덕턴스를 측정하였더니 15[H]이었다. 상호 인덕턴스[H]는?

① 3.5 　　　　　　　　　　② 4.5
③ 7 　　　　　　　　　　　④ 9

해설 $L_0 = L_1 + L_2 + 2M$

$$\therefore 15 = 5 + 3 + 2M, \ M = \frac{15 - 8}{2} = 3.5$$

정답 | **01** ① **02** ① **03** ①

★★☆

04 자기 인덕턴스가 L_1, L_2이고 상호 인덕턴스가 M인 두 회로의 결합계수가 1이면 다음 중 옳은 것은?

① $L_1 L_2 = M$

② $L_1 L_2 < M^2$

③ $L_1 L_2 > M^2$

④ $L_1 L_2 = M^2$

> **해설** $M = k\sqrt{L_1 L_2}$ 에서
> $k = 1$ 이면 $M = \sqrt{L_1 L_2}$
> 양변을 제곱하면 $M^2 = (\sqrt{L_1 L_2})^2$
> $\therefore M^2 = L_1 L_2$

★☆☆

05 10[mH]의 두 자기 인덕턴스가 있다. 결합 계수를 0.1부터 0.9까지 변화시킬 수 있다면 이것을 접속시켜 얻을 수 있는 합성 인덕턴스의 최댓값과 최솟값의 비는?

① 9 : 1

② 13 : 1

③ 16 : 1

④ 19 : 1

> **해설** $L_0 = L_1 + L_2 \pm 2k\sqrt{L_1 L_2}$
> • 최대 : $L_0' = 10 + 10 + 2 \times 0.9\sqrt{10 \times 10} = 38$
> • 최소 : $L_0 = 10 + 10 - 2 \times 0.9\sqrt{10 \times 10} = 2$
> $\therefore$ 최대와 최소의 비는 $38 : 2 = 19 : 1$

★☆☆

06 회로에서 a, b 간의 합성 인덕턴스 L_0[H]의 값은? (단, M[H]은 L_1, L_2 코일 사이의 상호 인덕턴스이다.)

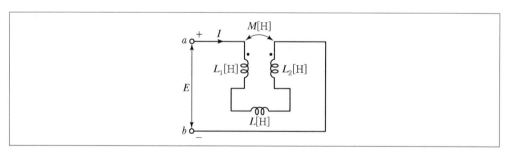

① $L_1 + L_2 + L$

② $L_1 + L_2 - 2M + L$

③ $L_1 + L_2 + 2M + L$

④ $L_1 + L_2 - M + L$

> **해설** 그림은 차동접속이다.

★☆☆
07 자기인덕턴스가 각각 L_1, L_2인 두 코일을 서로 간섭이 없도록 병렬로 연결했을 때, 그 합성 인덕턴스는?

① $L = L_1 + L_2$ ② $L = L_1 - L_2$

③ $L = \dfrac{L_1 + L_2}{L_1 L_2}$ ④ $L = \dfrac{L_1 L_2}{L_1 + L_2}$

해설 $L = \dfrac{L_1 L_2 - M^2}{L_1 + L_2 - 2M}$ 에서

두 코일을 서로 간섭이 없는 것은 $M = 0$ 이므로

$L = \dfrac{L_1 L_2}{L_1 + L_2}$

★★★
08 그림의 회로에서 합성 인덕턴스는?

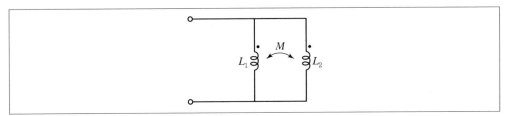

① $\dfrac{L_1 L_2 + M^2}{L_1 + L_2 - 2M}$ ② $\dfrac{L_1 L_2 - M^2}{L_1 + L_2 - 2M}$

③ $\dfrac{L_1 L_2 + M^2}{L_1 + L_2 + 2M}$ ④ $\dfrac{L_1 L_2 - M^2}{L_1 + L_2 + 2M}$

해설 **병렬가동접속**

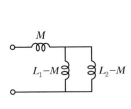

$$L_0 = M + \frac{(L_1 - M)(L_2 - M)}{(L_1 - M) + (L_2 - M)}$$

$$= M \times \frac{L_1 + L_2 - 2M}{L_1 + L_2 - 2M} + \frac{L_1 L_2 - L_1 M - L_2 M + M^2}{L_1 + L_2 - 2M}$$

$$= \frac{L_1 M + L_2 M - 2M^2 + L_1 L_2 - L_1 M - L_2 M + M^2}{L_1 + L_2 - 2M}$$

$$= \frac{L_1 L_2 - M^2}{L_1 + L_2 - 2M}$$

정답 | 07 ④   08 ②

09 직렬로 유도 결합된 회로이다. 단자 a – b에서 본 등가 임피던스 Z_{ab}를 나타낸 식은?

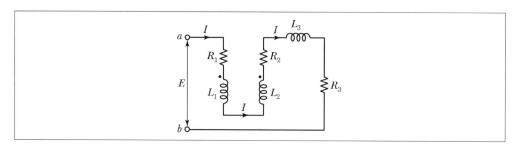

① $R_1 + R_2 + R_3 + jw(L_1 + L_2 - 2M)$

② $R_1 + R_2 + jw(L_1 + L_2 + 2M)$

③ $R_1 + R_2 + R_3 + jw(L_1 + L_2 + L_3 + 2M)$

④ $R_1 + R_2 + R_3 + jw(L_1 + L_2 + L_3 - 2M)$

해설 ▶ 그림은 차동접속이다.

휘스톤 브리지의 원리

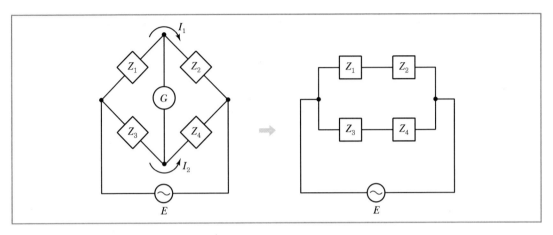

$Z_1 I_1 = Z_3 I_2$, $Z_2 I_1 = Z_4 I_2$(검류계에 전류가 $I = 0$가 되며 병렬연결과 같다.)

$$\frac{I_1}{I_2} = \frac{Z_3}{Z_1} = \frac{Z_4}{Z_2}$$

$\therefore Z_1 Z_4 = Z_2 Z_3$

⚡ 과년도 기출 및 예상문제

★☆☆
01 그림과 같은 브리지회로에서 Z_0에 흐르는 전류가 0이 되기 위한 각 임피던스의 조건은?

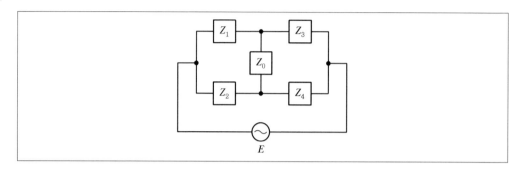

① $Z_1 Z_2 = Z_3 Z_4$

② $Z_1 Z_2 = Z_3 Z_0$

③ $Z_2 Z_3 = Z_1 Z_0$

④ $Z_2 Z_3 = Z_1 Z_4$

해설 휘스톤 브리지의 원리
대각선 곱의 합은 같다.

★★★
02 그림과 같은 브리지 회로가 평형하기 위한 Z_4의 값은?

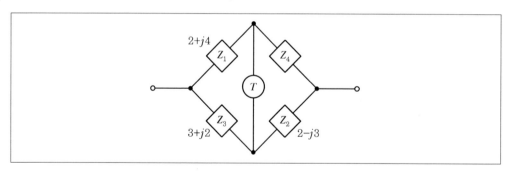

① $2 + j4$

② $-2 + j4$

③ $4 + j2$

④ $4 - j2$

해설 $Z_4 \times (3 + j2) = (2 + j4) \times (2 - j3)$
$$\therefore Z_4 = \frac{(2+j4)(2-j3)}{3+j2} = \frac{(16+j2)(3-j2)}{(3+j2)(3-j2)} = 4 - j2$$

정답 | 01 ④ 02 ④

★☆☆

03 그림과 같은 브리지의 평형 조건은?

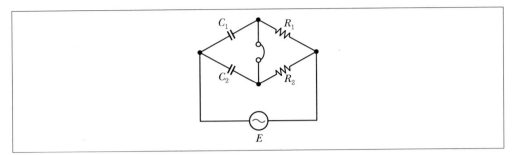

① $\dfrac{1}{C_1 C_2} = R_1 R_2$

② $C_1 C_2 = R_1 R_2$

③ $C_1 R_2 = C_2 R_1$

④ $C_1 R_1 = C_2 R_2$

해설 ▶ 단위를 같게 한다.

$$R_1 \cdot \frac{1}{j\omega C_2} = R_2 \cdot \frac{1}{j\omega C_1}$$

$$R_1 \frac{1}{C_2} = R_2 \frac{1}{C_1}$$

$$\therefore R_1 C_1 = R_2 C_2$$

★★★

04 그림과 같은 회로에서 단자 a, b 사이의 합성저항은?

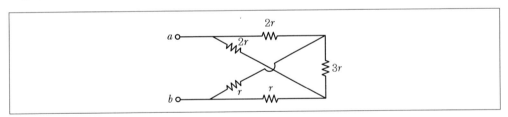

① r

② $\dfrac{3}{2}r$

③ $\dfrac{1}{2}r$

④ $3r$

해설 ▶

브리지 회로의 평형상태이므로

$$R = \frac{3r \times 3r}{3r + 3r} = \frac{9r^2}{6r} = \frac{3}{2}r\,[\Omega]$$

CHAPTER 06 선형 회로망

01 SECTION 능동소자(전압원, 전류원)

1. 전압원

① 이상적인 전압원은 부하와 관계없이 $E_g = V$가 된다.

② 그러나 실질적으로 다음 그림과 같이 $E_g > V$가 되어 전압원의 내부에는 저항 성분이 존재함을 알 수 있다.

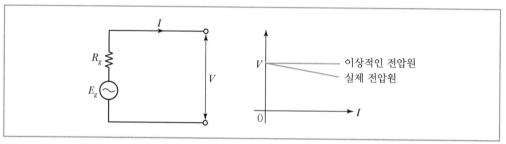

③ 따라서 내부저항 R_g을 전원에 직렬 연결한 형태로 표현되어야 한다.

   $V = E_g - R_g I$ (R_g가 작을수록 이상적이다.)

2. 전류원

① 부하에 전기 에너지를 공급하여 주는 것으로 이상적인 전원은 부하와 관계없이 $I_g = I_L$가 된다.

② 그러나 실질적으로 다음 그림과 같이 $I_g > I_L$이 되어 전류원의 내부에는 저항성분이 있음을 알 수 있다.

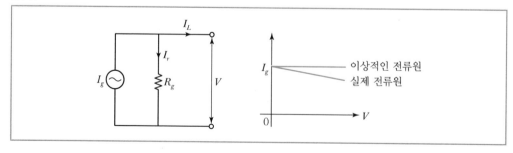

③ 따라서 내부저항 R_g를 전원에 병렬형태로 표현되어야 한다.

$$I_L = I_g - I_r = I_g - \frac{V}{R_g} \; (R_g가 \; 클수록 \; 이상적이다.)$$

※ 이상적인 전원 : 전압원의 내부저항은 0, 전류원의 내부저항은 ∞

키르히호프 법칙(Kirch hoff's law)

1. 제1법칙 : 전류의 법칙(KCL)

특징 : 임의의 한 절점(node)에서 유입, 유출하는 전류의 합은 같다.

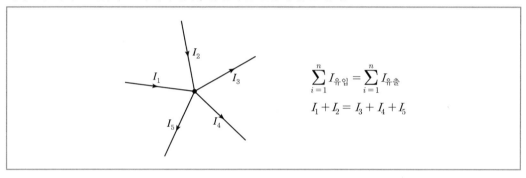

$$\sum_{i=1}^{n} I_{유입} = \sum_{i=1}^{n} I_{유출}$$
$$I_1 + I_2 = I_3 + I_4 + I_5$$

2. 제2법칙 : 전압의 법칙(KVL)

특징 : 회로망의 임의의 폐회로에서 기전력의 합은 전압강하의 함과 같다.

$$\sum V = \sum IR$$
$$V_1 + (-V_2) = IR_1 + IR_2$$

⚡ 과년도 기출 및 예상문제

★☆☆
01 이상적인 전압·전류원에 관하여 옳은 것은?

① 전압원의 내부저항은 ∞이고 전류원의 내부저항은 0이다.
② 전압원의 내부저항은 0이고 전류원의 내부저항은 ∞이다.
③ 전압원, 전류원의 내부저항은 흐르는 전류에 따라 변한다.
④ 전압원의 내부저항은 일정하고 전류원의 내부저항은 일정하지 않다.

해설 전압원은 내부저항이 작을수록, 전류원은 내부저항이 클수록 이상적이다.

★☆☆
02 그림에서 i_5 전류의 크기 [A]는?

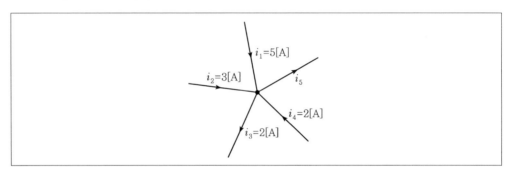

① 3
② 5
③ 8
④ 12

해설 **키르히호프 제1법칙(KCL)**

$$\sum_{i=1}^{n} I_{유입} = \sum_{i=1}^{n} I_{유출}$$

$$5+3+2 = 2+i_5$$

$$\therefore i_5 = 8[A]$$

★☆☆

03 그림에서 전류계는 0.4[A], 전압계 V_1은 3[V], V_2는 4[V]를 지시했다. 저항 R_3의 값[Ω]은? (단, 전류계 및 전압계의 내부저항은 무시한다.)

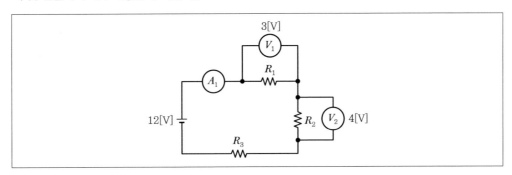

① 5

② 11

③ 12.5

④ 13.7

> **해설** **키르히호프 제2법칙(KVL)**
> - $V = V_1 + V_2 + V_3$
> $12 = 3 + 4 + IR_3$
> - $5 = IR_3$
> $\therefore R_3 = \dfrac{5}{I} = \dfrac{5}{0.4} = 12.5[\Omega]$

★☆☆

04 회로에서 E_{30}과 E_{15}는 몇 [V]인가?

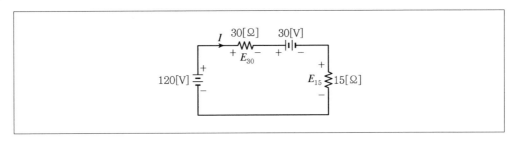

① 60, 30

② 70, 40

③ 80, 50

④ 50, 40

> **해설** - $\sum V = \sum IR$
> $120 - 30 = I(30 + 15)$
> $90 = I45$
> $I = \dfrac{90}{45} = 2$
> - $E_{30} = 2 \times 30 = 60$
> $E_{15} = 2 \times 15 = 30$

03 테브낭의 정리와 노튼의 정리

1. 테브낭의 정리(능동회로망 → 직렬)

① 정의 : 하나의 전압원과 하나의 임피던스가 직렬로 접속한 회로
② 전압원 : a, b를 개방했을 때의 개방전압
③ 등가임피던스 : 능동회로망의 모든 전압원은 단락, 전류원은 개방시킨 후 a, b에서 측정한 값

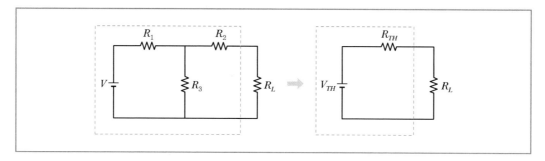

2. 노튼의 정리(능동회로망 → 병렬)

① 정의 : 하나의 전류원과 하나의 어드미턴스가 병렬로 접속한 회로
② 전류원 : 단자 a, b를 단락시켰을 때 흐르는 전류
③ 어드미턴스 : 능동회로부의 모든 전압원을 단락, 전류원은 개방시킨 후 a, b에서 측정한 값

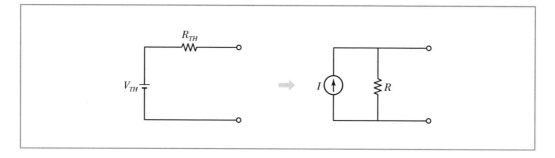

과년도 기출 및 예상문제

★★☆

01 그림의 회로에서 a − b 사이의 전압 E_{ab} 값은?

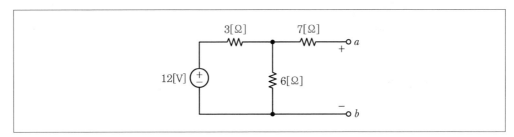

① 8[V]

② 10[V]

③ 12[V]

④ 14[V]

해설 테브낭의 정리

- 능동회로망 → 하나의 전압과 하나의 임피던스가 직렬로 접속한 것
- 테브낭 전압 : a, b를 개방했을 때의 개방전압 $E_{ab} = \dfrac{6}{3+6} \times 12 = 8[V]$
- 임피던스(전압원은 단락) : a, b에서 바라본 임피던스 $\dfrac{1}{R} = \dfrac{1}{3} + \dfrac{1}{6} = \dfrac{3}{6}$ 에서 $R = 2$

  ∴ $R_{ab} = 2 + 7 = 9[\Omega]$

★★☆

02 회로를 테브난(Thevenin)의 등가 회로로 변환하려 한다. 이때 테브난의 등가저항[Ω] R_T와 등가전압[V] V_T는?

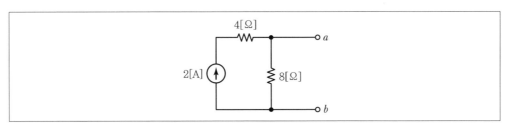

① $R_T = \dfrac{8}{3}$, $V_T = 8$

② $R_T = 6$, $V_T = 12$

③ $R_T = 8$, $V_T = 16$

④ $R_T = \dfrac{8}{3}$, $V_T = 16$

해설 테브낭의 정리

- 능동회로망 → 하나의 전압과 하나의 임피던스가 직렬로 접속한 것
- 테브낭 전압 : a, b를 개방했을 때의 개방전압으로 $V_T = 2 \times 8 = 16[V]$
- 전류원을 개방하고 a, b에서 바라본 저항 $R_T = 8[\Omega]$

정답 | 01 ① 02 ③

03 ★☆☆ 그림 (a)와 (b)의 회로가 등가 회로가 되기 위한 전류원 $I[A]$와 임피던스 $Z[\Omega]$의 값은?

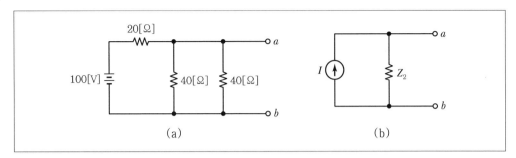

① 5[A], 10[Ω] ② 2.5[A], 10[Ω]
③ 5[A], 20[Ω] ④ 2.5[A], 20[Ω]

해설 ▸ **테브낭의 정리**

- 능동회로망 → 하나의 전압과 하나의 임피던스가 직렬로 접속한 것
- 테브낭 전압 : a, b를 개방했을 때의 개방전압으로 $E_{ab} = \dfrac{20}{20+20} \times 100 = 50[V]$
- 병렬부분의 합성저항 : $\dfrac{1}{R} = \dfrac{1}{40} + \dfrac{1}{40} = \dfrac{2}{40} = \dfrac{1}{20}$ $\therefore R = 20[\Omega]$
- 테브낭 저항(전압원은 단락) : a, b에서 바라본 합성저항 $\dfrac{1}{R_{ab}} = \dfrac{1}{20} + \dfrac{1}{20} = \dfrac{2}{20} = \dfrac{1}{10}$ $\therefore R_{ab} = 10[\Omega]$

노튼의 정리

- $I = \dfrac{E_{ab}}{R_{ab}} = \dfrac{50}{10} = 5[A]$
- $R = 10[\Omega]$(전압원 단락)

04 ★★☆ 테브낭의 정리와 쌍대의 관계가 있는 것은 다음 중 어느 것인가?

① 밀만의 정리 ② 중첩의 원리
③ 노튼의 정리 ④ 보상의 정리

해설 ▸ 테브낭의 정리 ↔ 노튼의 정리

05 그림에서 직류전압계를 그림과 같은 극성으로 연결할 때 전압계의 지시 값 [V]는?

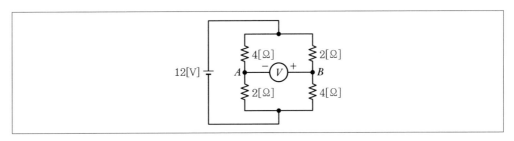

① 4

② -4

③ 8

④ -8

해설 • 병렬일 때 전압이 같다.

－A점의 전위는 $V_A = \dfrac{2}{2+4} \times 12 = 4[\text{V}]$

－B점의 전위는 $V_B = \dfrac{4}{2+4} \times 12 = 8[\text{V}]$

• 전압은 B에서 A로 흐른다.

－전류는 전압이 높은 곳에서 낮은 곳으로 흐른다.

－전위차는 $V_{BA} = 8 - 4 = 4[\text{V}]$

06 그림에서 저항 $0.2[\Omega]$에 흐르는 전류[A]는?

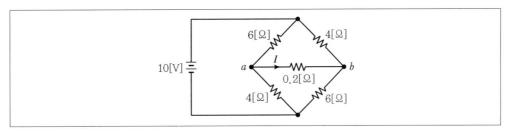

① 0.1

② 0.2

③ 0.3

④ 0.4

해설 **테브낭의 정리**

• $0.2[\Omega]$를 제거하면

－개방전압

a점의 전위는 $V_a = \dfrac{4}{6+4} \times 10 = 4[\text{V}]$

b점의 전위는 $V_b = \dfrac{6}{4+6} \times 10 = 6[\text{V}]$

$$V_{ab} = V_b - V_a = 6 - 4 = 2[\text{V}]$$

정답 | 05 ①　06 ④

- 등가 임피던스(전압원 단락)

$$\frac{1}{R_1} = \frac{1}{6} + \frac{1}{4} \,,\; R_1 = \frac{6 \times 4}{6+4} = 2.4$$

$$\frac{1}{R_2} = \frac{1}{4} + \frac{1}{6} \,,\; R_2 = \frac{4 \times 6}{4+6} = 2.4$$

$$\therefore\; R = R_1 + R_2 = 2.4 + 2.4 = 4.8[\Omega]$$

• 따라서 $I = \dfrac{2}{4.8+0.2} = \dfrac{2}{5} = 0.4[\text{A}]$

SECTION 04 중첩의 정리

1. 중첩의 정리

① 오직 선형회로에서만 성립한다.

② 2개의 전압원 또는 전류원이 포함된 회로망의 특정한 가지에 흐르는 전류 또는 두 점 사이의 전압은 각각의 전압이 단독으로 가해졌을 때 흐르는 전류 또는 전압을 중첩한 것과 같다.

③ 전압원 : 단락(short)

④ 전류원 : 개방(open)

※ 전압 · 전류에 따라 값이 변화하지 않는 저항이나 인덕턴스, 정전용량 등의 소자로 되어있는 것이 선형회로이며, 변화하는 소자로 되어있는 것이 비선형회로이다.

⚡ 과년도 기출 및 예상문제

★★☆
01 선형회로에 가장 관계가 있는 것은?

① 키르히호프의 법칙   ② 중첩의 원리
③ 테브난의 정리   ④ 패러데이의 전자유도 법칙

해설 중첩의 원리는 선형회로에서만 성립한다.

★★★
02 그림과 같은 회로에서 저항 15[Ω]에 흐르는 전류는 몇 [A]인가?

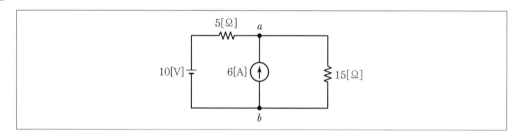

① 8   ② 5.5
③ 2   ④ 0.5

해설 **중첩의 정리**

- 전압원 단락 : $I_1 = \dfrac{5}{15+5} \times 6 = 1.5[\text{A}]$

- 전류원 개방 : $I_2 = \dfrac{10}{15+5} = 0.5[\text{A}]$

$\therefore\ I = I_1 + I_2 = 1.5 + 0.5 = 2[\text{A}]$

★☆☆
03 그림과 같은 회로의 a, b 단자 간의 전압은?

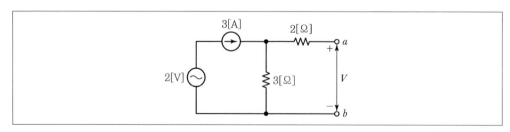

① 2[V]   ② 3[V]
③ 6[V]   ④ 9[V]

정답 | 01 ② 02 ③ 03 ④

해설 **중첩의 정리**

- 전압원 단락 : $V_1 = IR = 3 \times 3 = 9[\text{V}]$
- 전류원 개방 : $V_2 = IR = 0 \times 3 = 0[\text{V}]$

$\therefore V_{ab} = V_1 + V_2 = 9 + 0 = 9[\text{V}]$

★★☆

04 회로에서 7[Ω]의 저항 양단의 전압은 몇 [V]인가?

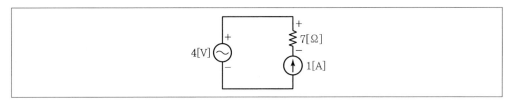

① 7

② −7

③ 4

④ −4

해설 **중첩의 정리**

- 전압원 단락 : $V_1 = IR = -1 \times 7 = -7[\text{V}]$
  - 전류원 존재 시에만 전류가 흐르게 되므로 7[Ω]에 걸리는 전압은 7[V]이다.
  - 전류원의 방향과 전압원의 방향이 반대이므로 $V = -7[\text{V}]$가 된다.
- 전류원 개방 : $V_2 = IR = 0 \times 7 = 0[\text{V}]$

$\therefore V_{ab} = V_1 + V_2 = -7 + 0 = -7[\text{V}]$

★★☆

05 그림에서 10[Ω]의 저항에 흐르는 전류는?

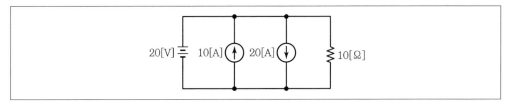

① 2[A]

② 12[A]

③ 30[A]

④ 32[A]

해설 **중첩의 정리**

- 전류원 모두 개방 : $I_1 = \dfrac{V}{R} = \dfrac{20}{10} = 2[\text{A}]$

- 전압원 단락, 20[A] 전류원 개방 : $I_2 = \dfrac{0}{0+10} \times 10 = 0[\text{A}]$

- 전압원 단락, 10[A] 전류원 개방 : $I_3 = \dfrac{0}{0+10} \times 20 = 0[\text{A}]$

$\therefore I = I_1 + I_2 + I_3 = 2 + 0 + 0 = 2[\text{A}]$

정답 | **04** ② **05** ①

★☆☆

06 그림과 같은 회로에서 전압 $V[\text{V}]$는?

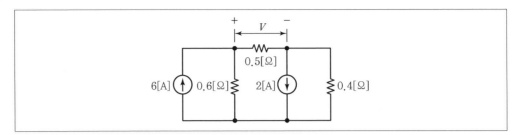

① 약 0.93

② 약 0.6

③ 약 1.47

④ 약 1.5

해설 **중첩의 정리**

- 2[A] 전류원 개방(전류는 남의 저항만큼 흐른다.)

$$I_1 = \frac{0.6}{0.6+0.9} \times 6 = 2.4[\text{A}]$$

$$V_1 = 0.5 \times 2.4 = 1.2[\text{V}]$$

- 6[A] 전류원 개방(전류는 남의 저항만큼 흐른다.)

$$I_2 = \frac{0.4}{1.1+0.4} \times 2 = 0.53[\text{A}]$$

$$V_2 = 0.5 \times 0.53 = 0.265[\text{V}]$$

$$\therefore \ V = V_1 + V_2 = 1.2 + 0.265 = 1.465[\text{V}]$$

정답 | 06 ③

05 SECTION 밀만의 정리

1. 밀만의 정리

① 개념 : 내부 임피던스를 가진 전압원이 여러 개 병렬로 연결되어 있을 때, 그 병렬 접속점에 나타나는 합성 전압은 개개의 전원을 단락하였을 때 흐르는 전류 총합을 개개의 전원 내부 어드미턴스의 총합으로 나누어 준 것과 같다.

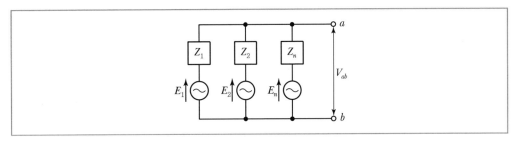

② 개개의 전원을 단락 시 흐르는 전류의 총합

$$I = \frac{E_1}{Z_1} + \frac{E_2}{Z_2} + \cdots + \frac{E_n}{Z_n} = Y_1 E_1 + Y_2 E_2 + \cdots + Y_n E_n$$

③ 개개의 전원 내부 어드미턴스의 총합

$$Y = \frac{1}{Z_1} + \frac{1}{Z_2} + \cdots + \frac{1}{Z_n} = Y_1 + Y_2 + \cdots + Y_n$$

$$V_{ab} = \frac{I}{Y} = \frac{Y_1 E_1 + Y_2 E_2 + \cdots + Y_n E_n}{\frac{1}{Z_1} + \frac{1}{Z_2} + \cdots + \frac{1}{Z_n}}$$

⚡ 과년도 기출 및 예상문제

★★★
01 그림에서 단자 a, b에 나타나는 전압 V_{ab}는 약 몇 [V]인가?

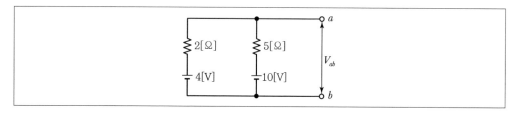

① 5.7[V]

② 6.5[V]

③ 4.3[V]

④ 3.4[V]

해설 밀만의 정리

$$V_{ab} = \frac{I}{Y} = \frac{YE}{Y} = \frac{\dfrac{1}{2} \times 4 + \dfrac{1}{5} \times 10}{\dfrac{1}{2} + \dfrac{1}{5}} = 5.71[V]$$

★☆☆
02 그림에서 $E_1 = 110[V]$, $E_2 = 120[V]$, $R_1 = 1[Ω]$, $R_2 = 2[Ω]$일 때 a, b 단자에 5[Ω]의 R_3를 접속하였을 때 a, b 간의 전압 $V_{ab}[V]$은?

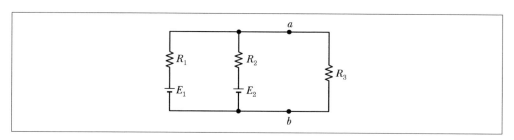

① 85

② 90

③ 100

④ 105

해설 밀만의 정리

$$V_{ab} = \frac{I}{Y} = \frac{YE}{Y} = \frac{\dfrac{1}{1} \times 110 + \dfrac{1}{2} \times 120 + \dfrac{1}{5} \times 0}{\dfrac{1}{1} + \dfrac{1}{2} + \dfrac{1}{5}} = 100[V]$$

정답 | **01** ① **02** ③

★★☆

03 그림과 같은 불평형 Y형 회로에 평형 3상 전압을 가할 경우 중성점의 전위는? (단, Y_1, Y_2, Y_3는 각 상의 어드미턴스이다.)

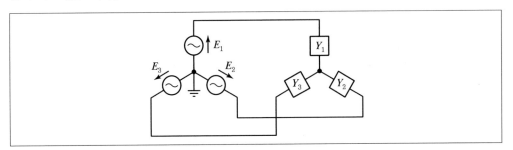

① $\dfrac{E_1 + E_2 + E_3}{Z_1 + Z_2 + Z_3}$

② $\dfrac{Z_1 E_1 + Z_2 E_2 + Z_3 E_3}{Z_1 + Z_2 + Z_3}$

③ $\dfrac{E_1 + E_2 + E_3}{Y_1 + Y_2 + T_3}$

④ $\dfrac{Y_1 E_1 + Y_2 E_2 + Y_3 E_3}{Y_1 + Y_2 + Y_3}$

해설 밀만의 정리

$$V_0 = \frac{\dfrac{E_1}{Z_1} + \dfrac{E_2}{Z_2} + \dfrac{E_3}{Z_3}}{\dfrac{1}{Z_1} + \dfrac{1}{Z_2} + \dfrac{1}{Z_3}} = \frac{Y_1 E_1 + Y_2 E_2 + Y_3 E_3}{Y_1 + Y_2 + Y_3}$$

정답 | 03 ④

CHAPTER 07 다상교류

01 SECTION △결선과 Y결선

1. △결선＝삼각 결선＝환상 결선

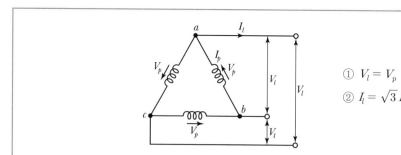

① $V_l = V_p$

② $I_l = \sqrt{3}\, I_p$

> **참고** n상일 때 선전류
>
> $$I_l = 2\sin\frac{\pi}{n} I_p \angle -\frac{\pi}{2}\left(1-\frac{2}{n}\right)$$

2. Y결선＝스타 결선＝성형 결선

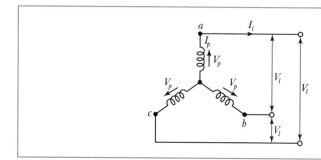

① $I_l = I_p$

② $V_l = \sqrt{3}\, V_p$

> **참고** n상일 때 선간전압
>
> $$V_l = 2\sin\frac{\pi}{n} V_p \angle \frac{\pi}{2}\left(1-\frac{2}{n}\right)$$

⚡ 과년도 기출 및 예상문제

★★★
01 전원과 부하가 다 같이 △결선된 3상 평형 회로가 있다. 전원 전압이 200[V], 부하 임피던스가 $6+j8$ [Ω]인 경우 선전류[A]는?

① 20

② $\dfrac{20}{\sqrt{3}}$

③ $20\sqrt{3}$

④ $10\sqrt{3}$

해설 전원과 부하가 다같이 △결선이므로 상전류 $I_p = \dfrac{V}{Z} = \dfrac{200}{\sqrt{6^2+8^2}} = 20[A]$

$\therefore I_l = \sqrt{3}\,I_p = 20\sqrt{3} = 34.6[A]$

별해 $I_\ell = I_p = \dfrac{V_p}{Z} = \dfrac{200}{6+j8} = 20\angle -53.1[A]$

$\therefore I_l = \sqrt{3}\,I_p = \sqrt{3}\times 20 = 20\sqrt{3} = 34.6[A]$

★★★
02 대칭 3상 Y결선에서 선간전압이 $100\sqrt{3}$[V]이고 각 상의 임피던스 $Z=30+j40$[Ω]의 평형 부하일 때 선전류[A]는?

① 2

② $2\sqrt{3}$

③ 5

④ $5\sqrt{3}$

해설 $I_\ell = I_p = \dfrac{V_p}{Z} = \dfrac{\frac{100\sqrt{3}}{\sqrt{3}}}{\sqrt{30^2+40^2}} = \dfrac{100}{\sqrt{30^2+40^2}} = 2[A]$

별해 $I_\ell = I_p = \dfrac{V_p}{Z} = \dfrac{\frac{100\sqrt{3}}{\sqrt{3}}}{30+j40} = \dfrac{100}{30+j40} = 2\angle -53.1[A]$

★★★
03 대칭 n상의 성상 결선에서 선간전압의 크기는 상전압의 몇 배인가?

① $\sin\dfrac{\pi}{n}$

② $\cos\dfrac{\pi}{n}$

③ $2\sin\dfrac{\pi}{n}$

④ $2\cos\dfrac{\pi}{n}$

해설 $V_\ell = 2\sin\dfrac{\pi}{n}\,V_p \angle \dfrac{\pi}{2}\left(1-\dfrac{2}{n}\right)$에서 $V_\ell = 2\sin\dfrac{\pi}{n}\,V_p$

정답 | **01** ③ **02** ① **03** ③

★☆☆
04 대칭 6상 성형결선에서 선간전압의 크기와 상전압 크기의 관계로 옳은 것은? (단, V_ℓ : 선간전압의 크기, V_p : 상전압의 크기)

① $V_\ell = V_p$

② $V_\ell = \sqrt{3}\, V_p$

③ $V_\ell = \dfrac{1}{\sqrt{3}}\, V_p$

④ $V_\ell = \dfrac{2}{\sqrt{3}}\, V_p$

해설 $V_\ell = 2\sin\dfrac{\pi}{n}\, V_p = 2\sin\dfrac{\pi}{6}\, V_p = 2\sin 30[°] \times V_p = 1 \times V_p$

★★☆
05 대칭 6상 전원이 있다. 환상결선으로 각 전원이 150[A]의 전류를 흘린다고 하면 선전류는 몇 [A]인가?

① 50

② 75

③ $\dfrac{150}{\sqrt{3}}$

④ 150

해설 $I_l = 2\sin\dfrac{\pi}{n}\, I_p = 2\sin\dfrac{\pi}{6}\, I_p = 2\sin 30[°]\, I_p = I_p$

$\therefore\ I_l = I_p = 150[A]$

★★★
06 대칭 n상 환상결선에서 선전류와 상전류 사이의 위상차[rad]는 어떻게 되는가?

① $\dfrac{\pi}{2}\left(1-\dfrac{2}{n}\right)$

② $2\left(1-\dfrac{2}{n}\right)$

③ $\dfrac{n}{2}\left(1-\dfrac{2}{n}\right)$

④ $\dfrac{\pi}{2}\left(1-\dfrac{n}{2}\right)$

해설 $I_\ell = 2\sin\dfrac{\pi}{n}\, I_p \angle -\dfrac{\pi}{2}\left(1-\dfrac{2}{n}\right)$

★★★
07 대칭 5상 교류에서 선간전압과 상전압 간의 위상차는?

① $27[°]$

② $36[°]$

③ $54[°]$

④ $72[°]$

해설 대칭 n상인 경우 기전력의 위상차는 $\theta = \dfrac{\pi}{2}\left(1-\dfrac{2}{n}\right) = \dfrac{180}{2}\left(1-\dfrac{2}{5}\right) = 54[°]$

08 Y결선의 평형 3상 회로에서 선간전압 V_{ab}와 상전압 V_{an}의 관계로 옳은 것은? (단, $V_{bn} = V_{an}e^{-j(2\pi/3)}$, $V_{cn} = V_{an}e^{j(2\pi/3)}$)

① $V_{ab} = \dfrac{1}{\sqrt{3}}e^{j(\pi/6)}V_{an}$

② $V_{ab} = \sqrt{3}\,e^{j(\pi/6)}V_{an}$

③ $V_{ab} = \dfrac{1}{\sqrt{3}}e^{-j(\pi/6)}V_{an}$

④ $V_{ab} = \sqrt{3}\,e^{-j(\pi/6)}V_{an}$

해설 $V_{ab} = 2\sin\dfrac{\pi}{n}\,V_{an}\angle\dfrac{\pi}{2}\left(1-\dfrac{2}{n}\right) = 2\sin\dfrac{\pi}{3}\,V_{an}\angle\dfrac{\pi}{2}\left(1-\dfrac{2}{3}\right) = \sqrt{3}\,V_{an}\angle\dfrac{\pi}{6} = \sqrt{3}\,e^{j\frac{\pi}{6}}V_{an}$

정답 | 08 ②

02 SECTION △ ↔ Y 변환

1. △ → Y 변환

$$Z_a = \frac{Z_{ca} \cdot Z_{ab}}{Z_{ab} + Z_{bc} + Z_{ca}}$$

$$Z_b = \frac{Z_{ab} \cdot Z_{bc}}{Z_{ab} + Z_{bc} + Z_{ca}}$$

$$Z_c = \frac{Z_{bc} \cdot Z_{ca}}{Z_{ab} + Z_{bc} + Z_{ca}}$$

2. Y → △ 변환

$$Z_{ab} = \frac{Z_a Z_b + Z_b Z_c + Z_c Z_a}{Z_c}$$

$$Z_{bc} = \frac{Z_a Z_b + Z_b Z_c + Z_c Z_a}{Z_a}$$

$$Z_{ca} = \frac{Z_a Z_b + Z_b Z_c + Z_c Z_a}{Z_b}$$

03 SECTION △와 Y의 관계

1. △와 Y의 관계

① 전류 : $I_Y = \dfrac{1}{3} I_\triangle$

② 전력 : $P_Y = \dfrac{1}{3} P_\triangle$

③ 토크 : $\tau_Y = \dfrac{1}{3} \tau_\triangle$

④ 전하량 : $Q_Y = \dfrac{1}{3} Q_\triangle$

⑤ 정전용량 : $C_Y = 3 C_\triangle$

04 SECTION 3상 전력

1. 3상 전력

① 피상전력$(P_a) = 3 V_p I_p = 3 I_p^2 Z = 3 \dfrac{V_p^2}{Z} = \sqrt{3} \, V_\ell I_\ell = P + j P_r [\mathrm{VA}]$

② 유효전력$(P) = 3 V_p I_p \cos\theta = \sqrt{3} \, V_l I_l \cos\theta = 3 I_p^2 R [\mathrm{W}]$

③ 무효전력$(P_r) = 3 V_p I_p \sin\theta = \sqrt{3} \, V_l I_l \sin\theta = 3 I_p^2 X [\mathrm{Var}]$

⚡ 과년도 기출 및 예상문제

★☆☆
01 세 변의 저항 $R_a = R_b = R_c = 15\,[\Omega]$인 Y회로가 있다. 이것과 등가인 △결선 회로의 각 변의 저항[Ω]은?

① 135

② 45

③ 15

④ 5

해설 $Z_{ab} = \dfrac{Z_a Z_b + Z_b Z_c + Z_c Z_a}{Z_c} = \dfrac{15 \times 15 + 15 \times 15 + 15 \times 15}{15} = 45\,[\Omega]$

★☆☆
02 그림 (a)의 Y결선 회로를 그림 (b)의 △결선 회로로 등가 변환했을 때 R_{ab}, R_{bc}, R_{ca}는 각각 몇 [Ω]인가?
(단, $R_a = 2[\Omega]$, $R_b = 3[\Omega]$, $R_c = 4[\Omega]$)

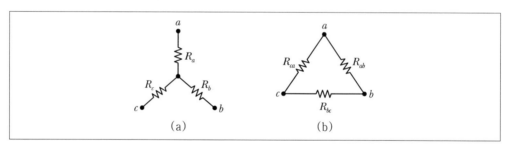

(a)   (b)

① $R_{ab} = \dfrac{6}{9}$, $R_{bc} = \dfrac{12}{9}$, $R_{ca} = \dfrac{8}{9}$

② $R_{ab} = \dfrac{1}{3}$, $R_{bc} = 1$, $R_{ca} = \dfrac{1}{2}$

③ $R_{ab} = \dfrac{13}{2}$, $R_{bc} = 13$, $R_{ca} = \dfrac{26}{3}$

④ $R_{ab} = \dfrac{11}{3}$, $R_{bc} = 11$, $R_{ca} = \dfrac{11}{2}$

해설
- $R_{ab} = \dfrac{R_a R_b + R_b R_c + R_c R_a}{R_b} = \dfrac{2 \times 3 + 3 \times 4 + 4 \times 2}{4} = \dfrac{26}{4} = \dfrac{13}{2}$

- $R_{bc} = \dfrac{R_a R_b + R_b R_c + R_c R_a}{R_a} = \dfrac{2 \times 3 + 3 \times 4 + 4 \times 2}{2} = \dfrac{26}{2} = 13$

- $R_{ca} = \dfrac{R_a R_b + R_b R_c + R_c R_a}{R_c} = \dfrac{2 \times 3 + 3 \times 4 + 4 \times 2}{3} = \dfrac{26}{3}$

정답 | 01 ②   02 ③

★★★

03 저항 $R[\Omega]$ 3개를 Y로 접속한 회로에 200[V]의 3상 교류전압을 인가 시 선전류가 10[A]라면 이 3개의 저항을 △로 접속하고 동일 전원을 인가 시 선전류는 몇 [A]인가?

① 10

② $10\sqrt{3}$

③ 30

④ $30\sqrt{3}$

해설 $I_Y = \dfrac{1}{3} I_\triangle$

$\qquad 10 = \dfrac{1}{3} I_\triangle$

$\qquad \therefore I_\triangle = 10 \times 3 = 30[A]$

★★★

04 평형 3상 회로에서 임피던스를 △결선에서 Y결선으로 하면, 소비전력은 몇 배가 되는가? (단, 선간전압은 일정하다.)

① 3배

② 6배

③ $\dfrac{1}{3}$ 배

④ $\dfrac{1}{6}$ 배

해설 $P_Y = \dfrac{1}{3} P_\triangle$

★☆☆

05 한 상의 임피던스 $Z = 14 + j48[\Omega]$인 △부하에 대칭 선간전압 200[V]를 인가할 때 이 부하의 피상 전력은 몇 [VA]인가?

① 1,200

② 1,384

③ 2,400

④ 457

해설 계산기 사용

$\qquad P_a = 3\dfrac{V_p^2}{Z} = 3 \times \dfrac{200^3}{14 + j48} = 672 - j2,304 = 2,400 \angle -73.74$

정답 | 03 ③ 04 ③ 05 ③

★★★
06 한 상의 임피던스 $Z = 6 + j8[\Omega]$인 △ 부하에 대칭 선간전압 200[V]를 인가할 때 3상 전력은 몇 [W]인가?

① 2,400

② 3,600

③ 7,200

④ 10,800

해설 계산기 사용

$$P_a = 3\frac{V_p^2}{Z} = 3 \times \frac{200^2}{6 + j8} = 7,200 - 9,600j$$

- 유효전력 : 7,200[W]
- 무효전력 : 9,600[Var]

★★★
07 한 상의 임피던스 $Z = 5\sqrt{3} + j5[\Omega]$인 평형 Y부하에 평형 3상 선간전압 250[V]를 인가하였다. 이때 소비되는 유효전력[W]은 약 얼마인가?

① 3,125

② 5,413

③ 6,252

④ 7,120

해설 계산기 사용

$$P_a = 3\frac{V_p^2}{Z} = 3 \times \frac{\left(\frac{250}{\sqrt{3}}\right)^2}{5\sqrt{3} + j5} = 5,412.65 - j3,125$$

- 유효전력 : 5,413[W]
- 무효전력 : 3,125[Var]

★★★
08 한 상의 임피던스 $Z = 6 + j8[\Omega]$인 평형 Y부하에 평형 3상 전압 200[V]를 인가할 때 무효전력[Var]은 약 얼마인가?

① 1,330

② 1,848

③ 2,381

④ 3,200

해설 계산기 사용

$$P_a = 3\frac{V_p^2}{Z} = 3 \times \frac{\left(\frac{200}{\sqrt{3}}\right)^2}{6 + j8} = 2,400 - j3,200$$

- 유효전력 : 2,400[W]
- 무효전력 : 3,200[Var]

정답 | 06 ③ 07 ② 08 ④

V결선

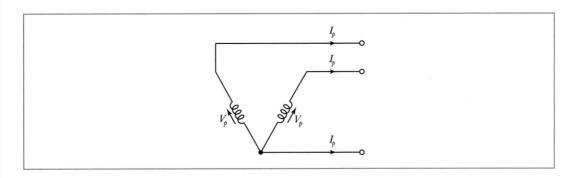

① 출력 : $P_v = \sqrt{3}\, V_p I_p$

② 출력비

　㉠ V결선으로 공급할 수 있는 전력과 고장 전 전력과의 비율

　㉡ $\dfrac{P_v}{P_\triangle} = \dfrac{\sqrt{3}\, V_p I_P}{3 V_p I_p} = \dfrac{1}{\sqrt{3}} = 0.577$

③ 이용률

　㉠ 단상 변압기 2대의 용량에 대한 3상 V결선 시 변압기 용량의 비

　㉡ $\dfrac{\sqrt{3}\, V_p I_p}{2 V_p I_p} = \dfrac{\sqrt{3}}{2} = 0.866$

④ $V_p I_p$: 단상 변압기 1대 용량

⚡ 과년도 기출 및 예상문제

★★★

01 3대의 단상변압기를 △결선 변압기 한 대가 고장으로 제거되고 V결선으로 한 경우의 공급할 수 있는 전력과 고장 전 전력과의 비율[%]은 얼마인가?

① 86.6

② 75.0

③ 66.7

④ 57.7

해설 $\dfrac{P_v}{P_\triangle} = \dfrac{\sqrt{3}\,V_pI_p}{3\,V_pI_p} = \dfrac{1}{\sqrt{3}} = 0.577$

★★★

02 동일한 용량 2대의 단상 변압기를 V결선하여 3상으로 운전하고 있다. 단상 변압기 2대의 용량에 대한 3상 V결선 시 변압기 용량의 비인 변압기 이용률은 약 몇 [%]인가?

① 86.6

② 75.0

③ 66.7

④ 57.7

해설 $\dfrac{P_v}{P_\triangle} = \dfrac{\sqrt{3}\,V_pI_p}{2\,V_pI_p} = \dfrac{\sqrt{3}}{2} = 0.866$

★★★

03 단상 변압기 3대(100[KVA]×3)를 △ 결선하여 운전 중 한 대가 고장이 생겨서 V결선으로 한 경우 출력은 몇 [KVA]인가?

① 100

② 173

③ 1,245

④ 300

해설 $P_v = \sqrt{3}\,V_pI_p = \sqrt{3} \times 100 = 173[\text{kVA}]$

V_pI_p : 단상 변압기 1대 용량

정답 | 01 ④ 02 ① 03 ②

3상 2전력계법

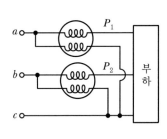

$P_a = P + jP_r = P_1 + P_2 + j\sqrt{3}\,(P_1 - P_2)$

① $P(\text{유효전력}) = P_1 + P_2 = \sqrt{3}\,VI\cos\theta\,[\text{W}]$

② $P_r(\text{무효전력}) = \sqrt{3}\,(P_2 - P_1) = \sqrt{3}\,VI\sin\theta\,[\text{Var}]$

③ $P_a(\text{피상전력}) = P + jP_r\,[\text{VA}]$

$\cos\theta = \dfrac{P}{\sqrt{P^2 + P_r^{\,2}}}$

⚡ 과년도 기출 및 예상문제

★☆☆
01 단상 전력계 2개로 3상 전력을 측정하고자 한다. 전력계의 지시가 각각 700[W], 1,400[W]를 가리켰다고 한다. 피상전력은 약 몇 [VA]인가?

① 2,425

② 2,771

③ 2,873

④ 2,974

해설 계산기 사용

$$P_a = P + jP_r = P_1 + P_2 + \sqrt{3}\,(P_1 - P_2)i = 1,400 + 700 + j\sqrt{3}\,(1,400 - 700) = 2,424.87 \angle 30 [\text{VA}]$$

- 유효전력 : $P = 1,400 + 700 = 2,100[\text{W}]$
- 무효전력 : $P_r = \sqrt{3}\,(1,400 - 700) = 1,212.4[\text{Var}]$
- 역률 : $\cos\theta = \cos 30 = 0.866$

★★★
02 단상 전력계 2개로 3상 전력을 측정하고자 한다. 전력계의 지시가 각각 500[W], 300[W]를 가리켰다고 한다. 부하의 역률은 약 몇 [%]인가?

① 70.7

② 87.7

③ 89.2

④ 91.8

해설 $\cos\theta = \dfrac{P_1 + P_2}{2\sqrt{P_1^2 + P_2^2 - P_1 P_2}} = \dfrac{500 + 300}{2\sqrt{500^2 + 300^2 - 500 \times 300}} = 0.918$

별해 계산기 사용

$$P_a = P + jP_r = P_1 + P_2 + \sqrt{3}\,(P_1 - P_2)i = 500 + 300 + j\sqrt{3}\,(500 - 300) = 871.779 \angle 23.41 [\text{VA}]$$

역률 $\cos\theta = \cos 23.41 = 0.9176 = 91.76[\%]$

정답 | 01 ① 02 ④

★☆☆
03 대칭 3상 전압이 공급되는 3상 유도전동기에서 각 계기의 지시는 다음과 같다. 유도전동기의 역률은 약 얼마인가?

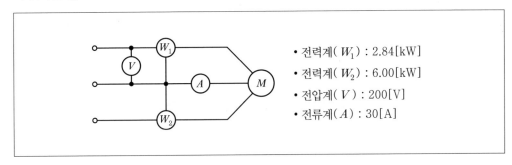

- 전력계(W_1) : 2.84[kW]
- 전력계(W_2) : 6.00[kW]
- 전압계(V) : 200[V]
- 전류계(A) : 30[A]

① 0.70　　　　　　② 0.75
③ 0.80　　　　　　④ 0.85

해설 계산기 사용

$P_a = P_1 + P_2 + j\sqrt{3}(P_1 - P_2) = 2.84 + 6 + j\sqrt{3}(6 - 2.84) = 10.4\angle 31.76$

역률 $\cos\theta = \cos 31.76 = 0.85$

CHAPTER 08 대칭좌표법

SECTION 01 대칭 좌표법의 개념과 고장계산을 하는 이유

1. 대칭 좌표법

개념 : 3상회로의 불평형 문제를 해결하는 데 사용되는 계산법

2. 고장계산을 하는 이유

① 고장시에 작동될 차단기 용량의 결정
② 차단기를 동작시키는 계전기의 정정
③ 인근의 통신선에 유도장해에 대한 검토

SECTION 02 대칭 좌표법에 이용되는 식

1. 비대칭 3상 교류＝영상분＋정상분＋역상분

불평형전류	불평형전압
$\begin{bmatrix} I_a \\ I_b \\ I_c \end{bmatrix} = \begin{bmatrix} 1 & 1 & 1 \\ 1 & a^2 & a \\ 1 & a & a^2 \end{bmatrix} \begin{bmatrix} I_0 \\ I_1 \\ I_2 \end{bmatrix}$	$\begin{bmatrix} V_a \\ V_b \\ V_c \end{bmatrix} = \begin{bmatrix} 1 & 1 & 1 \\ 1 & a^2 & a \\ 1 & a & a^2 \end{bmatrix} \begin{bmatrix} V_0 \\ V_1 \\ V_2 \end{bmatrix}$

① I_0(영상전류) : 같은 크기와 같은 위상각을 가진 평형단상전류로 이 전류는 통신선에 전자유도 장해를 일으킨다.
② I_1(정상전류) : 각 상 가운데 I_1, $a^2 I_1$, $a I_1$이라는 형태로 된 평형 3상 교류로서 전원과 동일한 방향으로 이 전류가 흐르면 전동기에 회전토크를 준다.
③ I_2(역상전류) : I_1과 반대인 평형 3상 교류로 이 전류가 전동기에 흐르면 제동 작용을 한다.

2. 대칭분 전류(I_0, I_1, I_2), 대칭분 전압(V_0, V_1, V_2)

대칭분 전류	대칭분 전압
$\begin{bmatrix} I_0 \\ I_1 \\ I_2 \end{bmatrix} = \dfrac{1}{3} \begin{bmatrix} 1 & 1 & 1 \\ 1 & a & a^2 \\ 1 & a^2 & a \end{bmatrix} \begin{bmatrix} I_a \\ I_b \\ I_c \end{bmatrix}$	$\begin{bmatrix} V_0 \\ V_1 \\ V_2 \end{bmatrix} = \dfrac{1}{3} \begin{bmatrix} 1 & 1 & 1 \\ 1 & a & a^2 \\ 1 & a^2 & a \end{bmatrix} \begin{bmatrix} V_a \\ V_b \\ V_c \end{bmatrix}$

3. 발전기의 기본식

① $V_0 = -I_0 Z_0$

② $V_1 = E_a - I_1 Z_1$

③ $V_2 = -Z_2 I_2$

4. 대칭 3상 전압 V_a, $V_b = a^2 V_a$, $V_c = a V_a$일 때 a상을 기준으로 한 각 대칭분 V_0, V_1, V_2

① $V_0 = 0$

② $V_1 = V_a$

③ $V_2 = 0$

⚡ 과년도 기출 및 예상문제

★☆☆
01 3상 송전선로의 고장에서 1선 지락사고 등 3상 불평형 고장 시 사용되는 계산법은?

① 옴[Ω]법에 의한 계산   ② %법에 의한 계산
③ 단위(PU)법에 의한 계산   ④ 대칭 좌표법

> **해설** **대칭 좌표법**
> 3상회로의 불평형 문제를 해결하는 데 사용되는 계산법

★★★
02 대칭 3상 교류에서 순시값의 벡터 합은?

① 0   ② 40
③ 0.577   ④ 86.6

> **해설** a상을 기준하면 $v_a + v_b + v_c = v_a + a^2 v_a + a v_a = v_a(1 + a^2 + a) = 0 \, (\because 1 + a + a^2 = 0)$

★★★
03 대칭 좌표법에서 사용되는 용어 중 3상의 공통된 성분을 표시하는 것은?

① 정상분   ② 영상분
③ 역상분   ④ 공통분

> **해설** 영상분은 크기와 위상이 같은 평형 단상전류
> - $V_{a0} : \rightarrow$
> - $V_{b0} : \rightarrow$
> - $V_{c0} : \rightarrow$

★★★
04 비접지 3상 Y부하에서 각 선전류를 I_a, I_b, I_c라 할 때 전류의 영상분 I_0는 얼마인가?

① $I_a + I_b$ ② $I_a + I_c$
③ $I_c + I_a$ ④ 0

> **해설** 영상분은 접지선, 중성선에 존재한다. 따라서 비접지 3상 Y부하는 영상분이 존재하지 않는다.

정답 | 01 ④   02 ①   03 ②   04 ④

★★★
05 대칭 좌표법에 관한 설명 중 잘못된 것은?

① 대칭 좌표법은 일반적인 비대칭 n상 교류회로계산에 이용된다.
② 대칭 3상 전압이 영상분과 역상분은 0이고, 정상분만 남는다.
③ 비대칭 n상 교류회로는 영상분, 역상분 및 정상분의 3성분으로 해석한다.
④ 비대칭 3상 회로의 접지식 회로에는 영상분이 존재하지 않는다.

해설 접지방식 회로에 영상분이 존재한다.

★★★
06 3상 회로에 있어서 대칭분 전압이 $V_0 = -8 + j3[\text{V}]$, $V_1 = 6 - j8[\text{V}]$, $V_2 = 8 + j12[\text{V}]$일 때 a상의 전압 [V]은?

① $6 + j7$
② $8 + j6$
③ $3 + j12$
④ $6 + j12$

해설 $V_a = V_0 + V_1 + V_2 = -8 + j3 + 6 - j8 + 8 + j12 = 6 + j7[\text{V}]$

★★☆
07 각상 전압이 $V_a = 40\sin\omega t$, $V_b = 40\sin(\omega t - 90[°])$, $V_c = 40\sin(\omega t + 90[°])$일 때 영상 대칭분의 전압은?

① $\dfrac{40}{3}\cos\omega t$
② $\dfrac{40}{3}\sin\omega t$
③ $\dfrac{40}{3}\sin(\omega t - 90[°])$
④ $\dfrac{40}{3}\cos(\omega t + 90[°])$

해설 계산기 사용
- $V_a = 40\angle 0[°]$, $V_b = 40\angle -90[°]$, $V_c = 40\angle 90[°]$
- $V_0 = \dfrac{1}{3}(V_a + V_b + V_c) = \dfrac{1}{3}(40\angle 0[°] + 40\angle -90[°] + 40\angle 90[°]) = \dfrac{40}{3} = \dfrac{40}{3}\angle 0[°]$
- $V_0 = \dfrac{40}{3}\angle 0[°]$을 순시값으로 바꾸면 $V_0 = \dfrac{40}{3}\sin\omega t$

★★★
08 불평형 3상전류 $I_a = 10 + j2[\text{A}]$, $I_b = -20 - j24[\text{A}]$, $I_c = -5 + j10[\text{A}]$일 때의 영상 전류 $I_0[A]$는?

① $-15 - j12$
② $-45 - j36$
③ $-5 - j4$
④ $-15 - j2$

해설 계산기 사용

$I_0 = \dfrac{1}{3}(I_a + I_b + I_c) = \dfrac{1}{3}(10 + j2 - 20 - j24 - 5 + j10) = \dfrac{1}{3}(-15 - j12) = -5 - j4[\text{V}]$

정답	05 ④ 06 ① 07 ② 08 ③

★★★

09 V_a, V_b, V_c를 3상 불평형 전압이라 하면 정상전압 V_1은? (단, $a = -\frac{1}{2} + j\frac{\sqrt{3}}{3}$ 이다.)

① $\frac{1}{3}\left(V_a + V_b + V_c \right)$　　　　　　　② $\frac{1}{3}\left(V_a + a V_b + a^2 V_c \right)$

③ $\frac{1}{3}\left(V_a + a^2 V_b + V_c \right)$　　　　　　　④ $\frac{1}{3}\left(V_a + a^2 V_b + a V_c \right)$

해설 $V_1 = \frac{1}{3}\left(V_a + a V_b + a^2 V_c \right)$

★☆☆

10 불평형 3상전류가 다음과 같을 때 정상분 전류의 크기는 몇 [A]인가?

$$I_a = 10 + j3 [\text{A}] \ , \ I_b = -5 - j2 [\text{A}] \ , \ I_c = -3 + j4 [\text{A}]$$

① 5　　　　　　　　　　　　　② 6.4

③ 10.5　　　　　　　　　　　④ 13.34

해설 계산기 사용

$I_1 = \frac{1}{3}\left(I_a + a I_b + a^2 I_c \right) = \frac{1}{3}\{(10+j3) + 1\angle 120 \times (-5-j2) + 1\angle 240 \times (-3+j4)\} = 6.4 + j0.09 = 6.4\angle 0.8$

★☆☆

11 불평형 3상전류가 다음과 같을 때 역상분 전류의 크기는 몇 [A]인가?

$$I_a = 15 + j2 [\text{A}] \ , \ I_b = -20 - j14 [\text{A}] \ , \ I_c = -3 + j10 [\text{A}]$$

① $1.91 + j6.24$　　　　　　　② $15.74 - j3.57$

③ $-2.67 - j0.67$　　　　　　④ $-8 - j2$

해설 계산기 사용

$I_2 = \frac{1}{3}\left(I_a + a^2 I_b + a I_c \right) = \frac{1}{3}\{(15+j2) + 1\angle 240 \times (-20-j14) + 1\angle 120 \times (-3+j10)\} = 1.91 + j6.24$

$\quad = 6.525 \angle 72.988$

정답 | 09 ② 10 ② 11 ①

12 대칭 3상 전압 V_a, $V_b = a^2 V_a$, $V_c = a V_a$일 때 a상을 기준으로 한 각 대칭분 V_0, V_1, V_2은?

① 0, V_a, 0

② $a^2 V_a$, $a V_a$, V_{aa}

③ $\frac{1}{3}(V_a + V_b + V_c)$, $\frac{1}{3}(V_a + a^2 V_b + a V_c)$, $\frac{1}{3}(V_a + a V_b + a^2 V_c)$

④ $\frac{1}{3}(V_a + V_b + V_c)$, $\frac{1}{3}(V_a + a V_b + a^2 V_c)$, $\frac{1}{3}(V_a + a^2 V_b + a V_c)$

해설 • $V_0 = \frac{1}{3}(V_a + V_b + V_c) = \frac{1}{3}(V_a + a^2 V_a + a V_a) = \frac{1}{3} V_a (1 + a + a^2) = 0$

• $V_1 = \frac{1}{3}(V_a + a V_b + a^2 V_c) = \frac{1}{3}(V_a + a \cdot a^2 V_a + a^2 \cdot a V_a)$

$= \frac{1}{3}(V_a + a^3 V_a + a^3 V_a) = \frac{1}{3}(V_a + V_a + V_a) = V_a$

• $V_2 = \frac{1}{3}(V_a + a^2 V_b + a V_c) = \frac{1}{3}(V_a + a^2 \cdot a^2 V_a + a \cdot a V_a) = \frac{1}{3}(V_a + a V_a + a^2 V_a) = \frac{1}{3} V_a (1 + a + a^2) = 0$

13 전류의 대칭분을 I_0, I_1, I_2 유기 기전력 및 단자 전압의 대칭분을 E_a, E_b, E_c 및 V_0, V_1, V_2라 할 때 교류 발전기의 기본식 중 정상분 V_1 값은?

① $-Z_0 I_0$

② $-Z_2 I_2$

③ $E_a - Z_1 I_1$

④ $E_b - Z_2 I_2$

해설 **발전기의 기본식**

• $V_0 = -I_0 Z_0$

• $V_1 = E_a - I_1 Z_1$

• $V_2 = -I_2 Z_2$

14 대칭 3상 전압이 a상 V_a[V], b상 $V_b = a^2 V_a$[V], c상 $V_c = a V_a$[V]일 때 a상을 기준으로 한 대칭분 전압 중 정상분 V_1은 어떻게 표시되는가?

① $\frac{1}{3} V_a$

② V_a

③ $a V_a$

④ $a^2 V_a$

해설 $V_1 = \frac{1}{3}(V_a + a V_b + a^2 V_c) = \frac{1}{3}(V_a + a^3 V_a + a^3 V_a) = \frac{1}{3} V_a (1 + a^3 + a^3) = V_a$

03 SECTION 고장의 종류

1. 1선 지락

① $I_0 = I_1 = I_2$인 고장

② $I_g = 3I_0 = \dfrac{3E_a}{Z_0 + Z_1 + Z_2}$ 또는 $I_g = 3I_0 = \dfrac{3E_a}{Z_0 + Z_1 + Z_2 + 3Z}$

2. 2선 지락

$V_0 = V_1 = V_2$인 고장

3. 선간단락

$I_0 \neq 0$, $I_1 = -I_2$인 고장

4. 3상 단락

V_1, I_1만 존재

💡**TIP** 고장의 종류
• 불평형고장 : 1선 지락, 2선 지락, 선간단락
• 평형고장 : 3상 단락

SECTION 04 불평형률, 불평형 3상 전력

1. 불평형률

① 불평형률 $= \dfrac{\text{역상분}}{\text{정상분}} \times 100\,[\%]$

② 불평형률 $= \left|\dfrac{V_2}{V_1}\right| \times 100\,[\%]$

  불평형률 $= \left|\dfrac{I_2}{I_1}\right| \times 100\,[\%]$

2. 불평형 3상 전력

$$P_a = 3\left(V_0 I_0 + V_1 I_1 + V_2 I_2\right)$$

⚡ 과년도 기출 및 예상문제

★☆☆
01 그림과 같이 대칭 3상 교류발전기의 a상이 임피던스 Z를 통하여 지락되었을 때 흐르는 지락전류 I_g는 얼마인가?

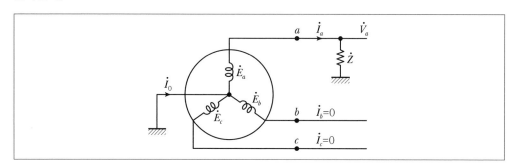

① $\dfrac{3\dot{E}_a}{\dot{Z}_0 + \dot{Z}_1 + \dot{Z}_2 + \dot{Z}}$

② $\dfrac{E_a}{\dot{Z}_0 + \dot{Z}_1 + \dot{Z}_2 + \dot{Z}}$

③ $\dfrac{3\dot{E}_a}{\dot{Z}_0 + \dot{Z}_1 + \dot{Z}_2 + 3\dot{Z}}$

④ $\dfrac{\dot{E}_a}{\dot{Z}_0 + \dot{Z}_1 + \dot{Z}_2 + 3\dot{Z}}$

해설 $I_g = 3I_0 = \dfrac{3\dot{E}_a}{\dot{Z}_0 + \dot{Z}_1 + \dot{Z}_2 + 3\dot{Z}}$

★☆☆
02 단자 전압의 각 대칭분 V_0, V_1, V_2가 0이 아니고 같게 되는 고장의 종류는?

① 1선 지락
② 선간 단락
③ 2선 지락
④ 3선 단락

해설 • 1선 지락사고 : $I_0 = I_1 = I_2$가 되는 고장
• 2선 지락사고 : $V_0 = V_1 = V_2$가 되는 고장
• 2선 단락 : $I_0 \neq 0$, $I_1 = -I_2$가 되는 고장

정답 | 01 ③ 02 ③

★★★

03 대칭 좌표법에서 불평형률을 나타내는 것은?

① $\dfrac{영상분}{정상분} \times 100$

② $\dfrac{정상분}{역상분} \times 100$

③ $\dfrac{정상분}{영상분} \times 100$

④ $\dfrac{역상분}{정상분} \times 100$

> **해설** 불평형률 $= \dfrac{역상분}{정상분} \times 100\,[\%]$

★★★

04 불평형 전압에서 역상 전압이 50[V]이고 정상 전압이 250[V], 영상 전압이 10[V]라고 할 때 전압의 불평형률[%]은?

① 10

② 15

③ 20

④ 25

> **해설** 불평형률 $= \dfrac{|V_2|}{|V_1|} \times 100 = \dfrac{50}{250} \times 100 = 20\,[\%] = 0.2$

★★☆

05 전압 대칭분을 V_0, V_1, V_2 전류의 대칭분을 각각 I_0, I_1, I_2라 할 때 대칭분으로 표시되는 전 전력은 얼마인가?

① $V_0 I_1 + V_1 I_2 + V_2 I_0$

② $V_0 I_0 + V_1 I_1 + V_2 I_2$

③ $3 V_0 I_1 + 3 V_1 I_2 + 3 V_2 I_0$

④ $3 V_0 I_0 + 3 V_1 I_1 + 3 V_2 I_2$

> **해설** $P_a = 3 \left(V_0 I_0 + V_1 I_1 + V_2 I_2 \right)$

정답 | **03** ④ **04** ③ **05** ④

CHAPTER 09 비정현파

1. 푸르에 분석

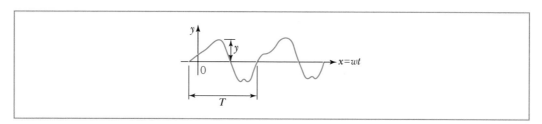

비정현파를 여러 개의 정현파의 합으로 표시하는 방법

$$f(t) = 직류분 + 고조파 + 기본파 = a_0 + \sum_{n=1}^{\infty} a_n \cos n\omega t + \sum_{n=1}^{\infty} b_n \sin n\omega t$$

2. 비정현파의 상순 표시

① 기본파와 동일 : $3n+1$

② 기본파와 반대 : $3n-1$

③ $3n$

과년도 기출 및 예상문제

★★★
01 비정현파 교류를 바르게 나타내는 식은?

① 직류분+고조파
② 교류분+고조파
③ 직류분+고조파+기본파
④ 교류분+고조파+직류분

해설 $f(t) =$ 직류분+고조파+기본파 $= a_0 + \sum_{n=1}^{\infty} a_n \cos n\omega t + \sum_{n=1}^{\infty} b_n \sin n\omega t$

★☆☆
02 어떤 함수 $f(t)$ 를 비정현파의 푸리에급수에 의한 전개를 옳게 나타낸 것은?

① $f(t) = \sum_{n=1}^{\infty} a_n \sin n\omega t + \sum_{n=1}^{\infty} b_n \sin n\ \omega t$

② $f(t) = \sum_{n=1}^{\infty} a_n \cos n\omega t + \sum_{n=1}^{\infty} b_n \sin n\ \omega t$

③ $f(t) = a_0 + \sum_{n=1}^{\infty} a_n \cos n\omega t + \sum_{n=1}^{\infty} b_n \cos n\ \omega t$

④ $f(t) = a_0 + \sum_{n=1}^{\infty} a_n \cos n\omega t + \sum_{n=1}^{\infty} b_n \sin n\ \omega t$

해설 $f(t) = a_0 + \sum_{n=1}^{\infty} a_n \cos n\omega t + \sum_{n=1}^{\infty} b_n \sin n\omega t =$ 직류분+고조파+기본파

★★★
03 주기적인 구형파의 신호는 그 주파수 성분이 어떻게 되는가?

① 직류성분, 기본파성분, 무수히 많은 주파수의 성분을 가진다.
② 주파수 성분을 갖지 않는다.
③ 직류분만으로 구성된다.
④ 교류 합성을 갖지 않는다.

해설 무수히 많은 주파수의 합성으로 이루어졌다.

★☆☆
04 다음의 3상 교류 대칭 전압 중에 포함되는 고조파에서 상순이 기본파와 같은 것은?

① 제3고조파
② 제5고조파
③ 제7고조파
④ 제9고조파

해설 상순이 기본파와 같은 것은 제1고조파, 제4고조파, 제7고조파, 제11고조파 등이 있다.

정답 | 01 ③ 02 ④ 03 ① 04 ③

02 SECTION 고조파의 임피던스의 합

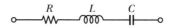

구분	Z(임피던스)
기본파	$Z_1 = R + j\omega L + \dfrac{1}{j\omega C}$
제2고조파	$Z_2 = R + j2\omega L + \dfrac{1}{j2\omega C}$
제3고조파	$Z_3 = R + j3\omega L + \dfrac{1}{j3\omega C}$
⋮	⋮
제n고조파	$Z_n = R + jn\omega L + \dfrac{1}{jn\omega C}$

03 SECTION 비정현파의 실횻값

1. 전압

① $v = V_0 + V_{m1}\sin\omega t + V_{m2}\sin2\omega t + V_{m3}\sin3\omega t + \cdots =$ 직류분+기본파+고조파

② $V = \sqrt{V_0{}^2 + \left(\dfrac{V_{m1}}{\sqrt{2}}\right)^2 + \left(\dfrac{V_{m2}}{\sqrt{2}}\right)^2 + \left(\dfrac{V_{m3}}{\sqrt{2}}\right)^2 + \cdots}$

2. 전류

① $i = I_0 + I_{m1}\sin\omega t + I_{m2}\sin2\omega t + I_{m3}\sin3\omega t \cdots =$ 직류분+기본파+고조파

② $I = \sqrt{I_0{}^2 + \left(\dfrac{I_{m1}}{\sqrt{2}}\right)^2 + \left(\dfrac{I_{m2}}{\sqrt{2}}\right)^2 + \cdots}$

※ 직류분은 평균치를 말한다.

04 SECTION 왜형률(THD ; Total Harmonic Distortion)

1. 왜형률 정의

기본파 성분에 대해 포함된 고조파 성분의 비율

2. 왜형률 계산식

$$왜형률 = \frac{전고조파의\ 실횻값}{기본파의\ 실횻값}$$

① 전류 왜형률 : $I_{THD} = \dfrac{전\ 고조파의\ 실효치}{기본파의\ 실효치} = \dfrac{\sqrt{I_2^2 + I_3^2 + \cdots}}{I_1}$

② 전압 왜형률 : $V_{THD} = \dfrac{전\ 고조파의\ 실효치}{기본파의\ 실효치} = \dfrac{\sqrt{V_2^2 + V_3^2 + \cdots}}{V_1}$

⚡ 과년도 기출 및 예상문제

★★☆

01 $R = 10[\Omega]$, $wL = 5[\Omega]$, $\dfrac{1}{wC} = 30[\Omega]$이 직렬로 접속된 회로에서 기본파에 대한 합성 임피던스(Z_1)과 제3고조파에 대한 합성 임피던스(Z_3)는 각각 몇 [Ω]인가?

① $Z_1 = \sqrt{725}$, $Z_3 = \sqrt{125}$ ② $Z_1 = \sqrt{461}$, $Z_3 = \sqrt{461}$

③ $Z_1 = \sqrt{461}$, $Z_3 = \sqrt{125}$ ④ $Z_1 = \sqrt{125}$, $Z_3 = \sqrt{461}$

해설 • 기본파 임피던스 : $Z_1 = R + jwL - j\dfrac{1}{wC} = 10 + j5 - j30 = 10 - j25 = \sqrt{10^2 + 25^2} = \sqrt{725}$

     • 제3고조파 임피던스 : $Z_3 = R + j3wL - j\dfrac{1}{3wC} = 10 + j3 \times 5 - j\dfrac{1}{3} \times 30 = 10 + j5 = \sqrt{10^2 + 5^2} = \sqrt{125}$

★★★

02 $i = 3 + 10\sqrt{2}\sin wt + 5\sqrt{2}\sin(3wt - 30[°])$ [A] 표시되는 비정현파 전류의 실횻값[A]은 약 얼마인가?

① 13.6   ② 12.6

③ 11.5   ④ 10.5

해설 정현파의 실횻값

     • $I = \dfrac{I_m(\text{최댓값})}{\sqrt{2}}$

     • $I = \sqrt{3^2 + \left(\dfrac{10\sqrt{2}}{\sqrt{2}}\right)^2 + \left(\dfrac{5\sqrt{2}}{\sqrt{2}}\right)^2} = \sqrt{3^2 + 10^2 + 5^2} = 11.5[\text{A}]$

★☆☆

03 그림과 같은 비정현파의 실횻값[V]은?

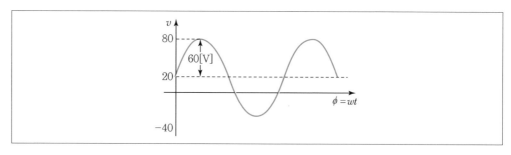

① 46.90   ② 51.61

③ 59.04   ④ 80

정답 | **01** ① **02** ③ **03** ①

해설 • 순시값 : $v = 20 + 60\sin\omega t\,[\text{V}]$

• 실횻값 : $V = \sqrt{V_0^2 + \left(\dfrac{V_{m1}}{\sqrt{2}}\right)^2} = \sqrt{20^2 + \left(\dfrac{60}{\sqrt{2}}\right)^2} = 46.90\,[\text{V}]$

★★☆

04 비정현파의 실횻값은?

① 최대파의 실횻값

② 각 고조파의 실횻값의 합

③ 각 고조파의 실횻값의 합의 제곱근

④ 각 고조파의 실횻값의 제곱의 합의 제곱근

해설 • 비정현파의 순시값 $v_0 = V_0 + V_{m1}\sin\omega t + V_{m1}\sin 2\omega t + \cdots$

• 비정현파의 실횻값 $V = \sqrt{V_0^2 + \left(\dfrac{V_{m1}}{\sqrt{2}}\right)^2 + \left(\dfrac{V_{m2}}{\sqrt{2}}\right)^2 + \cdots}$

★☆☆

05 비정현파의 일그러짐을 정도를 표시하는 양으로서 왜형률이란?

① $\dfrac{\text{평균치}}{\text{실효치}}$

② $\dfrac{\text{실효치}}{\text{최대치}}$

③ $\dfrac{\text{고조파 만의 실효치}}{\text{기본파의 실효치}}$

④ $\dfrac{\text{기본파의 실효치}}{\text{고조파 만의 실효치}}$

해설 왜형률 $= \dfrac{\text{전 고조파의 실효치}}{\text{기본파의 실효치}} = \dfrac{\sqrt{V_2^2 + V_3^2 + \cdots}}{V_1}$

★★☆

06 가정용 전원의 전압이 기본파가 $100\,[\text{V}]$이고 제7고조파가 기본파의 $4\,[\%]$, 제11고조파가 기본파의 $3\,[\%]$이었다면, 이 전원의 왜형률은 몇 $[\%]$인가?

① 11

② 10

③ 7

④ 5

해설 • 기본파의 실횻값 : $100\,[\text{V}]$

　　－제7고조파의 실횻값 : $100 \times 0.04 = 4\,[\text{V}]$

　　－제11고조파의 실횻값 : $100 \times 0.03 = 3\,[\text{V}]$

• $V_{THD} = \dfrac{\sqrt{V_7^2 + V_{11}^2}}{V_1} \times 100 = \dfrac{\sqrt{4^2 + 3^2}}{100} \times 100 = 5\,[\%]$

정답 | **04** ④　**05** ③　**06** ④

★☆☆
07 왜형파 전압을 $v = 100\sqrt{2}\sin wt + 50\sqrt{2}\sin 2wt + 30\sqrt{2}\sin 3wt$ [V]의 왜형률은 약 얼마인가?

① 0.36　　　　　　　　　　　　② 0.58

③ 0.87　　　　　　　　　　　　④ 1.41

해설 　왜형률 $= \dfrac{\text{전 고조파의 실효값}}{\text{기본파의 실효값}} = \dfrac{\sqrt{V_2^{\,2} + V_3^{\,2}}}{V_1} = \dfrac{\sqrt{50^2 + 30^2}}{100} = 0.58$

★★★
08 $v = 10 + 100\sqrt{2}\sin\omega t + 50\sqrt{2}\sin(3\omega t + 60[°]) + 60\sqrt{2}\sin(5\omega t + 30[°])$ [V]인 전압을 $R-L$직렬회로에 가할 때 제3고조파 전류의 실효값[A]은? (단, $R = 8[\Omega]$, $\omega L = 2[\Omega]$이다.)

① 1　　　　　　　　　　　　② 3

③ 5　　　　　　　　　　　　④ 7

해설 ・ $Z_3 = R + j3\omega L = 8 + j3 \times 2 = 8 + j6 = 10\angle 36.87$

・ $V_3 = \dfrac{50\sqrt{2}}{\sqrt{2}}\angle 60[°] = 50\angle 60[\text{V}]$

・ $I_3 = \dfrac{V_3}{Z_3} = \dfrac{50\angle 60[°]}{10\angle 36.87[°]} = 5\angle 23.13[°][\text{A}]$

05 SECTION 비정현파 교류의 전력

1. 비정현파 교류의 전력

① 유효전력 $P = V_0 I_0 + V_1 I_1 \cos\theta_1 + V_2 I_2 \cos\theta_2 + \cdots$

② 무효전력 $P_r = V_1 I_1 \sin\theta_1 + V_2 I_2 \sin\theta_2 + \cdots$

③ 피상전력 $P_a = VI$

    ㉠ $V = \sqrt{V_0{}^2 + \left(\dfrac{V_{m1}}{\sqrt{2}}\right)^2 + \left(\dfrac{V_{m2}}{\sqrt{2}}\right)^2 + \cdots}$

    ㉡ $I = \sqrt{I_0{}^2 + \left(\dfrac{I_{m1}}{\sqrt{2}}\right)^2 + \left(\dfrac{I_{m2}}{\sqrt{2}}\right)^2 + \cdots}$

④ 역률 $P = P_a \cos\theta$

    $\cos\theta = \dfrac{P}{P_a} = \dfrac{P}{P + jP_r}$

과년도 기출 및 예상문제

★☆☆
01 100[Ω]의 저항에 흐르는 전류가 $i = 5 + 14.14\sin t + 7.07\sin 2t$[A]일 때 저항에서 소비하는 평균전력은 몇 [W]인가?

① 20,000　　　　　　　② 15,000
③ 10,000　　　　　　　④ 7,500

> **해설** • 전력 $P = I^2 R = 12.25^2 \times 100 = 15,000$[W]가 된다.
>
> • 비정현파 교류의 $i = 5 + 14.14\sin t + 7.07\sin 2t$[A]에서 실효 전류 $I = \sqrt{5^2 + \left(\dfrac{14.14}{\sqrt{2}}\right)^2 + \left(\dfrac{7.07}{\sqrt{2}}\right)^2}$
> $= 12.25$[A]

★★★
02 다음과 같은 비정현파 기전력 및 전류에 의한 전력[W]은? (단, 전압 및 전류의 순시 식은 다음과 같다.)

> • $v = 100\sqrt{2}\sin(wt + 30[°]) + 50\sqrt{2}\sin(5wt + 60[°])$[V]
> • $i = 15\sqrt{2}\sin(3wt + 30[°]) + 10\sqrt{2}\sin(5wt + 30[°])$[A]

① $250\sqrt{3}$　　　　　　② 1,000
③ $1,000\sqrt{3}$　　　　　④ 2,000

> **해설** 주파수가 같은 고조파만 전력이 유도된다.
> $P = V_5 I_5 \cos\theta_5 = \dfrac{50\sqrt{2}}{\sqrt{2}} \times \dfrac{10\sqrt{2}}{\sqrt{2}} \times \cos(60[°] - 30[°]) = 50 \times 10 \times \cos 30[°] = 433 = 250\sqrt{3}$[W]
>
> **별해** $P_a = V_5 I_5^* = \dfrac{50\sqrt{2}}{\sqrt{2}} \angle 60[°] \times \left(\dfrac{10\sqrt{2}}{\sqrt{2}} \angle 30[°]\right)^* = 50\angle 60[°] \times 10 \angle -30[°] = 433 + j250$[VA]

정답 | 01 ② 02 ①

★☆☆
03 다음과 같은 비정현파 기전력 및 전류에 의한 평균전력을 구하면 몇 [W]인가?

- $e = 100\sin wt - 50\sin(3wt + 30[°]) + 20\sin(5wt + 45[°])[\text{V}]$
- $i = 20\sin wt + 10\sin(3wt - 30[°]) + 5\sin(5wt - 45[°])[\text{V}]$

---

① 825 ② 875
③ 925 ④ 1,175

해설 주파수가 같은 고조파만이 전력이 유도된다.

$P = V_1 I_1 \cos\theta_1 + V_3 I_3 \cos\theta_3 + V_5 I_5 \cos\theta_5$

$= \dfrac{100}{\sqrt{2}} \times \dfrac{20}{\sqrt{2}} \times \cos 0[°] + \dfrac{-50}{\sqrt{2}} \times \dfrac{10}{\sqrt{2}} \times \cos 60[°] + \dfrac{20}{\sqrt{2}} \times \dfrac{5}{\sqrt{2}} \times \cos 90[°]$

$= \dfrac{2,000}{2} \times 1 - \dfrac{500}{2} \times \dfrac{1}{2} + \dfrac{100}{2} \times 0 = 875[\text{W}]$

별해 계산기 사용

$P_a = V_1 I_1^* + V_3 I_3^* + V_5 I_5^*$

$= \dfrac{100}{\sqrt{2}} \angle 0[°] \times \dfrac{20}{\sqrt{2}} \angle 0[°] + \dfrac{-50}{\sqrt{2}} \angle 30[°] \times \left(\dfrac{10}{\sqrt{2}} \angle -30[°]\right)^* + \dfrac{20}{\sqrt{2}} \angle 45[°] \times \left(\dfrac{5}{\sqrt{2}} \angle -45[°]\right)^*$

$= \dfrac{100}{\sqrt{2}} \angle 0[°] \times \dfrac{20}{\sqrt{2}} \angle 0[°] + \dfrac{-50}{\sqrt{2}} \angle 30[°] \times \dfrac{10}{\sqrt{2}} \angle 30[°] + \dfrac{20}{\sqrt{2}} \angle 45[°] \times \dfrac{5}{\sqrt{2}} \angle 45[°]$

$= 1,000 - 125 - j216.5 + j50 = 875 - j166.5[\text{VA}]$

정답 | 03 ②

06 SECTION 비정현파의 대칭(푸리에 급수로 전개할 때 직류분)

파형	그래프	실횻값	평균값
구형파		V_m	V_m
반파 구형파		$\dfrac{V_m}{\sqrt{2}}$	$\dfrac{V_m}{2}$
정현파		$\dfrac{V_m}{\sqrt{2}}$	$\dfrac{2}{\pi}V_m$
반파 정현파		$\dfrac{V_m}{2}$	$\dfrac{V_m}{\pi}$
삼각파		$\dfrac{V_m}{\sqrt{3}}$	$\dfrac{V_m}{2}$

과년도 기출 및 예상문제

★☆☆

01 그림과 같은 정현파 교류를 푸리에 급수로 전개할 때 직류분은?

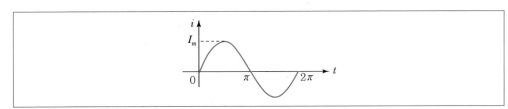

① I_m

② $\dfrac{I_m}{2}$

③ $\dfrac{I_m}{\sqrt{2}}$

④ $\dfrac{2I_m}{\pi}$

해설 직류값은 평균치를 말한다.

• 정현파(전파 정류파)의 평균값(직류분)은 $\dfrac{2I_m}{\pi}$

• 반파 정류파의 평균값은 $\dfrac{I_m}{\pi}$ 이다.

★☆☆

02 ωt가 0에서 π까지 $i = 20[\mathrm{A}]$, π에서 2π까지는 $i = 0[\mathrm{A}]$인 파형을 푸리에 급수로 전개하면 a_0는?

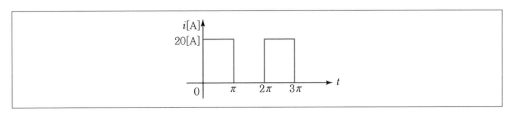

① 14.14

② 10

③ 7.05

④ 5

해설 직류값은 평균치를 말한다.

그림은 반파 구형파이므로 $I_{av} = \dfrac{I_m}{2} = \dfrac{20}{2} = 10[\mathrm{A}]$

정답 | 01 ④　02 ②

★☆☆

03 그림과 같은 반파 정류파를 푸리에 급수로 전개할 때 직류분은?

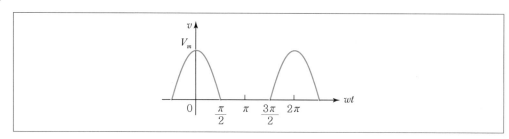

① V_m

② $\dfrac{V_m}{2}$

③ $\dfrac{\pi}{2}$

④ $\dfrac{V_m}{\pi}$

해설 직류값은 평균치를 말한다.

그림은 반파 정현파이므로 평균치(직류분)$= \dfrac{V_m}{\pi}$

CHAPTER

10 2단자망

01
SECTION

01 2단자망

1. 2단자망의 정의

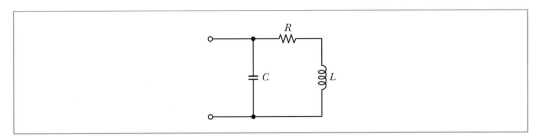

① 2개의 단자를 가진 임의의 회로망을 2단자망이라 한다.
② 회로망 내부 기전력 유무를 통해 수동선형회로망, 능동선형회로망으로 구분한다.
  ㉠ 수동선형회로망 : 회로망 내부에 기전력이 없음
  ㉡ 능동선형회로망 : 회로망 내부에 기전력이 있음

2. $j\omega = S$의 표현

① 직렬

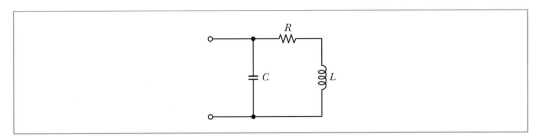
$$Z = R + j\omega L + \frac{1}{j\omega C} = R + SL + \frac{1}{SC}$$

② 병렬

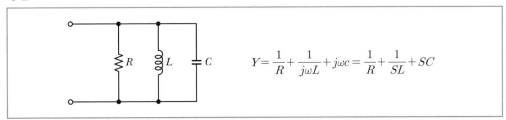
$$Y = \frac{1}{R} + \frac{1}{j\omega L} + j\omega c = \frac{1}{R} + \frac{1}{SL} + SC$$

3. 영점과 극점

① $Z(s) = \dfrac{영점}{극점} = \dfrac{q(s)}{p(s)}$

② $q(s) = 0$이면 $Z(s) = 0$: 영점(단락상대 : 전류가 잘 흐름)

③ $p(s) = 0$이면 $Z(s) = \infty$: 극점(개방상태 : 전류가 잘 흐르지 못함)

4. 정저항 회로

① 2단자 임피던스의 허수부가 어떤 주파수에 대해서도 항상 0(zero)이고 실수부도 주파수와 관계없이 항상 일정하게 되는 회로

② $R = \sqrt{\dfrac{L}{C}}$ $(R^2 = Z_1 Z_2)$

5. 역회로(상대회로)

① 저항(R) ↔ 콘덕턴스(G)

② 인덕턴스(L) ↔ 정전용량(C)

③ 직렬연결 ↔ 병렬연결

④ Z(임피던스) ↔ Y(어드미턴스)

⑤ 테브낭 ↔ 노튼

과년도 기출 및 예상문제

★★☆
01 임피던스 함수가 $Z(s) = \dfrac{4s+2}{s}$ 로 표시되는 2단자 회로망은 다음 중 어느 것인가?

①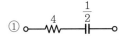

② ⊶—ᴠᴠᴠ—||— $\overset{4}{}\ \overset{2}{}$

③ ⊶—ᴠᴠᴠ—ᴠᴠᴠ— $\overset{4}{}\ \overset{2}{}$

④ ⊶—ᴠᴠᴠ—ᴠᴠᴠ— $\overset{4}{}\ \overset{\frac{1}{2}}{}$

해설 • $Z(s) = \dfrac{4s+2}{s} = 4 + \dfrac{2}{s} = 4 + \dfrac{1}{\frac{1}{2}s} = 4 + \dfrac{1}{\frac{1}{2}j\omega} = 4 + \dfrac{1}{j\omega\frac{1}{2}}$

• $Z(s) = R + \dfrac{1}{j\omega C}$

$Z(s) = 4 + \dfrac{1}{j\omega\frac{1}{2}}$

$\therefore\ R = 4,\ C = \dfrac{1}{2}$

★★☆
02 임피던스 $Z(s) = \dfrac{s+20}{s^2 + 5RLs + 1}$ [Ω]으로 주어지는 2단자 회로에 직류 전류원 10[A]를 가할 때, 이 회로의 단자 전압[V]은? (단, $s = j\omega$이다.)

① 20

② 40

③ 200

④ 400

해설 직류 전류원이므로 $j\omega = 0$이다.

$Z(s) = \dfrac{20}{1} = 20[\Omega]$

$V = I \times Z = 10 \times 20 = 200[\text{V}]$

★☆☆
03 구동점 임피던스에 있어서 영점(zero)은?

① 전류가 흐르지 않는 경우이다.

② 회로를 개방한 것과 같다.

③ 회로를 단락한 것과 같다.

④ 전압이 가장 큰 상태이다.

해설 $Z(s) = \dfrac{\text{영점}}{\text{극점}} = \dfrac{q(s)}{p(s)}$

• 영점 : $q(s) = 0$이면 $Z(s) = 0$(단락)

• 극점 : $p(s) = 0$이면 $Z(s) = \infty$(개방)

정답 | 01 ① 02 ③ 03 ③

04 2단자 임피던스 $Z(s) = \dfrac{s(s+1)}{(s+2)(s+3)}$ [Ω]일 때 회로의 단락 상태를 나타내는 점은?

① $-1, 0$

② $0, 1$

③ $-2, -3$

④ $2, 3$

해설 $Z(s) = \dfrac{\text{영점}}{\text{극점}} = \dfrac{q(s)}{p(s)}$

• 영점 : $q(s) = 0$이면 $Z(s) = 0$: 영점(단락상태 : 전류가 잘 흐름)

∴ $s = 0$, $s = -1$

05 구동점 임피던스 함수에 있어서 극점(pole)은?

① 단락 회로 상태를 의미한다.

② 개방 회로 상태를 의미한다.

③ 아무 상태도 아니다.

④ 전류가 많이 흐르는 상태를 의미한다.

해설 $Z(s) = \dfrac{\text{영점}}{\text{극점}} = \dfrac{q(s)}{p(s)}$

• 영점 : $q(s) = 0$이면 $Z(s) = 0$(단락상태 : 전류가 잘 흐름)

• 극점 : $p(s) = 0$이면 $Z(s) = \infty$(개방상태 : 전류가 잘 흐르지 못함)

06 2단자 임피던스 $Z(s) = \dfrac{(s+1)(s+2)}{(s+3)(s+4)}$ [Ω]일 때 회로의 극점은?

① $-1, -2$

② $-3, -4$

③ $-1, -3$

④ $-2, -4$

해설 $Z(s) = \dfrac{\text{영점}}{\text{극점}} = \dfrac{q(s)}{p(s)}$

• 극점 : $p(s) = 0$이면 $Z(s) = \infty$: 극점(개방상태 : 전류가 잘 흐르지 못함)

• $(s+3)(s+4) = 0$

∴ $s = -3$, $s = -4$

★☆☆
07 2단자 임피던스의 허수부가 어떤 주파수에 관해서는 언제나 0이 되고 실수부도 주파수에 무관하게 항상 일정하게 되는 회로는?

① 정 인덕턴스 회로
② 정 임피던스 회로
③ 정 리액턴스 회로
④ 정 저항회로

해설 정 저항회로 : $R = \sqrt{\dfrac{L}{C}}$

★★★
08 그림과 같은 회로가 정저항 회로가 되기 위한 L은 몇 [H]인가?

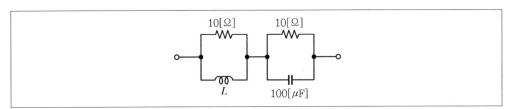

① 0.01
② 0.1
③ 2
④ 10

해설 정저항 회로조건 $R = \sqrt{\dfrac{L}{C}}$ 에서

양변을 제곱하면 $R^2 = \dfrac{L}{C}$, $L = R^2 C = 10^2 \times 100 \times 10^{-6} = 0.01$[H]

★★☆
09 다음 회로의 임피던스가 R이 되기 위한 조건은 무엇인가?

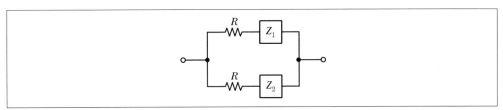

① $Z_1 Z_2 = R$
② $\dfrac{Z_2}{Z_1} = R$

③ $Z_1 Z_2 = R^2$
④ $\dfrac{Z_2}{Z_1} = R^2$

해설 정저항회로 $R^2 = Z_1 Z_2 = j\omega L \cdot \dfrac{1}{j\omega C} = \dfrac{L}{C}$

정답 | **07** ④ **08** ① **09** ③

★★☆

10 그림과 같은 (a), (b)회로가 서로 역회로의 관계가 있으려면 $L[\text{mF}]$은?

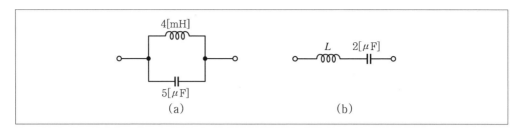

① 1

② 2

③ 5

④ 10

해설

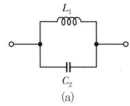

(a)

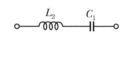

(b)

$\dfrac{L_1}{C_1} = \dfrac{L_2}{C_2}$ 의 관계식에서

$\dfrac{4 \times 10^{-3}}{2 \times 10^{-6}} = \dfrac{L_2}{5 \times 10^{-6}}$

$L_2 = \dfrac{4 \times 10^{-3} \times 5 \times 10^{-6}}{2 \times 10^{-6}} = 10 \times 10^{-3}$

정답 | 10 ④

CHAPTER 11 4단자망

01 4단자 정수

SECTION

1. 4단자 정수

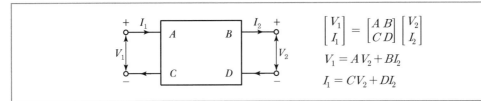

$$\begin{bmatrix} V_1 \\ I_1 \end{bmatrix} = \begin{bmatrix} A\ B \\ C\ D \end{bmatrix} \begin{bmatrix} V_2 \\ I_2 \end{bmatrix}$$

$$V_1 = AV_2 + BI_2$$

$$I_1 = CV_2 + DI_2$$

① $A = \dfrac{V_1}{V_2}\big|_{I_2 = 0}$: 출력단자를 개방했을 때의 전압이득

② $B = \dfrac{V_1}{I_2}\big|_{V_2 = 0}$: 출력단자를 단락했을 때의 전달 임피던스

③ $C = \dfrac{I_1}{V_2}\big|_{I_2 = 0}$: 출력단자를 개방했을 때의 전달 어드미턴스

④ $D = \dfrac{I_1}{I_2}\big|_{V_2 = 0}$: 출력단자를 단락했을 때의 전류이득

02 집중 정수
SECTION

1. 시험에 잘 나오는 유형(A, B, C, D 구하는 방법)

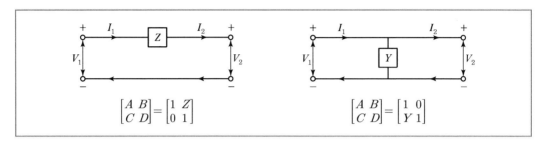

$$\begin{bmatrix} A & B \\ C & D \end{bmatrix} = \begin{bmatrix} 1 & Z \\ 0 & 1 \end{bmatrix}$$

$$\begin{bmatrix} A & B \\ C & D \end{bmatrix} = \begin{bmatrix} 1 & 0 \\ Y & 1 \end{bmatrix}$$

2. 가역조건

$$AD - BC = 1$$

과년도 기출 및 예상문제

★☆☆
01 4단자 정수를 구하는 식 중 옳지 않은 것은?

① $A = \left(\dfrac{V_1}{V_2} \right)_{I2=0}$

② $B = \left(\dfrac{V_2}{I_2} \right)_{V2=0}$

③ $C = \left(\dfrac{I_1}{V_2} \right)_{I2=0}$

④ $D = \left(\dfrac{I_1}{I_2} \right)_{V2=0}$

해설 $\begin{bmatrix} V_1 \\ I_1 \end{bmatrix} = \begin{bmatrix} A & B \\ C & D \end{bmatrix} \begin{bmatrix} V_2 \\ I_2 \end{bmatrix}$

- $V_1 = AV_2 + BI_2$
- $I_1 = CV_2 + DI_2$

$\quad - A = \dfrac{V_1}{V_2}\big|_{I_2=0}$: 전압이득

$\quad - B = \dfrac{V_1}{I_2}\big|_{V_2=0}$: 임피던스 차원

$\quad - C = \dfrac{I_1}{V_2}\big|_{I_2=0}$: 어드미턴스 차원

$\quad - D = \dfrac{I_1}{I_2}\big|_{V_2=0}$: 전류이득

★★★
02 4단자 정수 $A,\ B,\ C,\ D$ 중에서 어드미턴스의 차원을 가진 정수는 어느 것인가?

① A

② B

③ C

④ D

해설 • $A = \dfrac{V_1}{V_2}\big|_{I_2=0}$: 전압이득

• $B = \dfrac{V_1}{I_2}\big|_{V_2=0}$: 임피던스 차원

• $C = \dfrac{I_1}{V_2}\big|_{I_2=0}$: 어드미턴스 차원

• $D = \dfrac{I_1}{I_2}\big|_{V_2=0}$: 전류이득

정답 | 01 ② 02 ③

★★☆
03 그림과 같은 회로의 4단자 정수 A는?

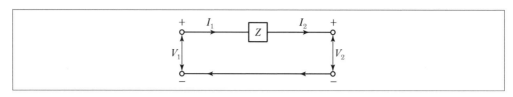

① 1

② Z

③ 0

④ $\dfrac{1}{Z}$

해설 $\begin{bmatrix} A\ B \\ C\ D \end{bmatrix} = \begin{bmatrix} 1\ Z \\ 0\ 1 \end{bmatrix}$

★☆☆
04 그림과 같은 4단자 회로망에서 4단자 정수 행렬은?

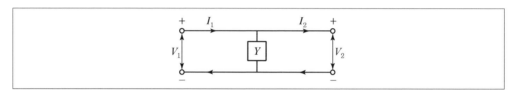

① $\begin{bmatrix} 1 & 0 \\ Y & 1 \end{bmatrix}$

② $\begin{bmatrix} 1 & Y \\ 0 & 1 \end{bmatrix}$

③ $\begin{bmatrix} Y & 1 \\ 1 & 0 \end{bmatrix}$

④ $\begin{bmatrix} 1 & 0 \\ \dfrac{1}{Y} & 1 \end{bmatrix}$

해설 $\begin{bmatrix} A\ B \\ C\ D \end{bmatrix} = \begin{bmatrix} 1\ 0 \\ Y\ 1 \end{bmatrix}$

★★★
05 어떤 회로망의 4단자 정수가 $A = 8$, $B = j2$, $D = 3 + j2$이면 이 회로망의 C는 얼마인가?

① $24 + j14$

② $3 - j4$

③ $8 - j11.5$

④ $4 + j6$

해설 $AD - BC = 1$에서 $C = \dfrac{AD-1}{B} = \dfrac{8(3+j2)-1}{j2} = 8 - j11.5$

06 그림과 같은 T형 4단자 회로의 4단자 정수 중 B의 값은?

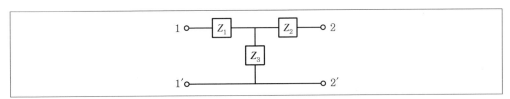

① $\dfrac{Z_3 + Z_1}{Z_3}$

② $\dfrac{Z_1 Z_2 + Z_2 Z_3 + Z_3 Z_1}{Z_3}$

③ $\dfrac{1}{Z_3}$

④ $\dfrac{Z_3 + Z_2}{Z_3}$

해설
- $A = 1 + \searrow = 1 + \dfrac{Z_1}{Z_3}$

- $B = Z_1 + Z_2 + Z_1 \dfrac{1}{Z_3} Z_2 = \dfrac{Z_1 Z_2 + Z_2 Z_3 + Z_3 Z_1}{Z_3}$

- $C = Y_3 = \dfrac{1}{Z_3}$

- $D = 1 + \swarrow = 1 + \dfrac{Z_2}{Z_3}$

07 그림과 같은 회로에서 4단자 정수 A, B, C, D의 값은?

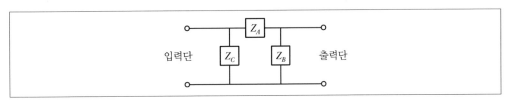

① $A = 1 + \dfrac{Z_A}{Z_B}$, $B = Z_A$, $C = \dfrac{Z_A + Z_B + Z_C}{Z_B Z_C}$, $D = \dfrac{1}{Z_B Z_C}$

② $A = 1 + \dfrac{Z_A}{Z_B}$, $B = Z_A$, $C = \dfrac{1}{Z_B}$, $D = 1 + \dfrac{Z_A}{Z_B}$

③ $A = 1 + \dfrac{Z_A}{Z_B}$, $B = Z_A$, $C = \dfrac{Z_A + Z_B + Z_C}{Z_B Z_C}$, $D = \dfrac{Z_A}{Z_C} + 1$

④ $A = 1 + \dfrac{Z_A}{Z_B}$, $B = Z_A$, $C = \dfrac{1}{Z_B}$, $D = 1 + \dfrac{Z_A}{Z_B}$

정답 | 06 ② 07 ③

해설
- $A = 1 + \searrow = 1 + \dfrac{Z_A}{Z_B}$

- $B = Z_A$

- $C = \dfrac{1}{Z_C} + \dfrac{1}{Z_B} + \dfrac{1}{Z_C} Z_A \dfrac{1}{Z_B} = \dfrac{Z_A + Z_B + Z_C}{Z_B Z_C}$

- $D = 1 + \swarrow = 1 + \dfrac{Z_A}{Z_C}$

★☆☆
08 그림의 대칭 T회로의 일반 4단자 정수가 다음과 같다. $A = D = 1.2$, $B = 44[\Omega]$, $C = 0.01[\mho]$ 일 때, 임피던스 $Z[\Omega]$의 값은?

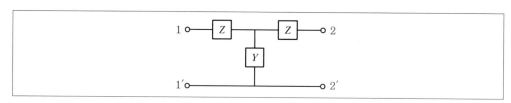

① 1.2

② 12

③ 20

④ 44

해설 $A = 1 + ZY$, $C = Y = 0.01$이므로

$$1.2 = 1 + Z \times 0.01$$

$$\therefore Z = \frac{1.2 - 1}{0.01} = 20[\Omega]$$

★★☆
09 그림과 같은 회로망에서 Z_1을 4단자 정수에 의해 표시하면 어떻게 되는가?

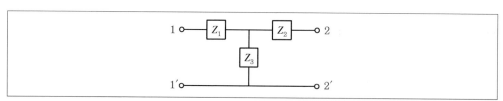

① $\dfrac{1}{C}$

② $\dfrac{D-1}{C}$

③ $\dfrac{B-1}{C}$

④ $\dfrac{A-1}{C}$

해설 4단자망의 4단자 정수 중 A와 C는 $A = 1 + \searrow = 1 + Z_1 \times \dfrac{1}{Z_3}$, $C = \dfrac{1}{Z_3}$, $A = 1 + C \times Z_1$

$$\therefore Z_1 = \frac{A-1}{C}$$

★★★

10 그림과 같은 4단자 회로의 4단자 정수 중 D의 값은?

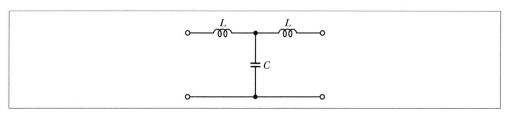

① $1-\omega^2 LC$

② $j\omega L(2-\omega^2 LC)$

③ $j\omega C$

④ $j\omega L$

해설 단위를 일치시킨다.

- $A = 1 + \searrow = 1 + j\omega L \times j\omega C = 1 - \omega^2 LC$
- $B = j\omega L + j\omega L + j\omega L \times j\omega C \times j\omega L = j\omega L(2 - \omega^2 LC)$
- $C = j\omega C$
- $D = 1 + \nearrow = 1 + j\omega L \times j\omega C = 1 - \omega^2 LC$

※ T형 4단자망 회로에서 A, B, C, D 파라미터 사이의 성질 중 대칭이면 $A = D$가 된다.

★☆☆

11 그림과 회로의 4단자 정수로 틀린 것은?

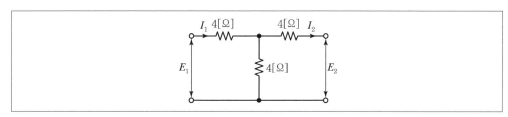

① $A = 2$

② $B = 12$

③ $C = \dfrac{1}{4}$

④ $D = 6$

해설 • $A = 1 + \searrow = 1 + 4 \times \dfrac{1}{4} = 2$

- $B = 4 + 4 + 4 \times \dfrac{1}{4} \times 4 = 12$

- $C = Y = \dfrac{1}{4}$

- $D = 1 + \nearrow = 1 + 4 \times \dfrac{1}{4} = 2$

※ T형 4단자망 회로에서 A, B, $C,$ D 파라미터 사이의 성질 중 대칭이면 $A = D$가 된다.

정답 | **10** ① **11** ④

12 그림과 같이 π형 회로에서 Z_3를 4단자 정수로 표시한 것은?

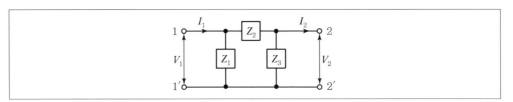

① $\dfrac{A}{1-B}$

② $\dfrac{B}{1-A}$

③ $\dfrac{A}{B-1}$

④ $\dfrac{B}{A-1}$

해설 4단자 정수 중 A와 B는 각각 $A = 1 + \dfrac{Z_2}{Z_3}$, $B = Z_2$이므로

$$A = \dfrac{B}{Z_3} + 1 \text{ 에서 } A - 1 = \dfrac{B}{Z_3}$$

$$\dfrac{1}{A-1} = \dfrac{Z_3}{B} \quad \therefore Z_3 = \dfrac{B}{A-1}$$

★★☆

13 다음 회로의 4단자 정수는?

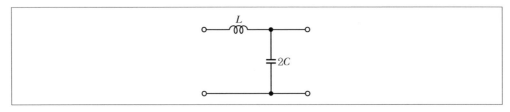

① $A = 1 - 2w^2 LC$, $B = jwL$, $C = j2wC$, $D = 1$

② $A = 2w^2 LC$, $B = jwC$, $C = j2w$, $D = 1$

③ $A = 1 - 2w^2 LC$, $B = jwL$, $C = jwC$, $D = 0$

④ $A = 2w^2 LC$, $B = jwL$, $C = j2wC$, $D = 0$

해설 T형으로 풀면

- $A = 1 + \searrow = 1 + j\omega L \times j2\omega C = 1 - 2\omega^2 LC$
- $B = j\omega L + 0 + j\omega L \times j2\omega C \times 0 = j\omega L$
- $C = j2\omega C$
- $D = 1 + \swarrow = 1 + 0 = 1$

정답 | 12 ④ 13 ①

03 임피던스(Z) 파라미터(Parameter)
SECTION

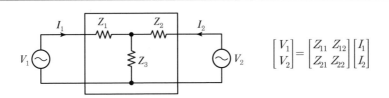

1

$$V_1 = Z_{11}I_1 + Z_{12}I_2$$

① $Z_{11} = \dfrac{V_1}{I_1}\big|_{I_2 = 0} = Z_1 + Z_3$

② $Z_{12} = \dfrac{V_1}{I_2}\big|_{I_1 = 0} = Z_3$

2

$$V_2 = Z_{21}I_1 + Z_{22}I_2$$

① $Z_{21} = \dfrac{V_2}{I_1}\big|_{I_2 = 0} = Z_3$

② $Z_{22} = \dfrac{V_2}{I_2}\big|_{I_1 = 0} = Z_2 + Z_3$

과년도 기출 및 예상문제

★★★
01 그림과 같은 T형 회로의 임피던스 파라미터 Z_{11}을 구하면?

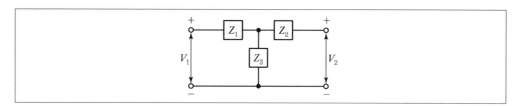

① Z_3
② $Z_1 + Z_2$
③ $Z_2 + Z_3$
④ $Z_1 + Z_3$

해설 임피던스 파라미터는 T형에서 구한다.
- $Z_{11} = Z_1 + Z_3$
- $Z_{12} = Z_{21} = Z_3$
- $Z_{22} = Z_2 + Z_3$

★★☆
02 그림과 같은 T회로에서 임피던스 정수는 각각 얼마인가?

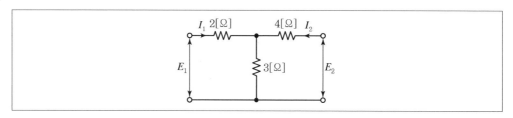

① $Z_{11} = 5[\Omega]$, $Z_{21} = 3[\Omega]$, $Z_{22} = 7[\Omega]$, $Z_{12} = 3[\Omega]$
② $Z_{11} = 7[\Omega]$, $Z_{21} = 5[\Omega]$, $Z_{22} = 3[\Omega]$, $Z_{12} = 5[\Omega]$
③ $Z_{11} = 3[\Omega]$, $Z_{21} = 7[\Omega]$, $Z_{22} = 3[\Omega]$, $Z_{12} = 5[\Omega]$
④ $Z_{11} = 5[\Omega]$, $Z_{21} = 7[\Omega]$, $Z_{22} = 3[\Omega]$, $Z_{12} = 7[\Omega]$

해설 임피던스 파라미터는 T형에서 구한다.
- $Z_{11} = Z_1 + Z_3 = 2 + 3 = 5[\Omega]$
- $Z_{12} = Z_{21} = Z_3 = 3[\Omega]$
- $Z_{22} = Z_2 + Z_3 = 4 + 3 = 7[\Omega]$

정답 | 01 ④ 02 ①

★☆☆
03 다음의 4단자 회로에서 단자 a − b에서 본 구동점 임피던스 Z_{11}[Ω]의 값은?

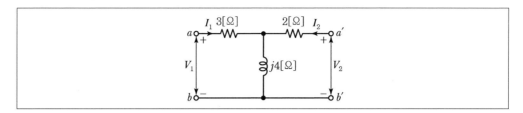

① $2 + j4$ ② $2 - j4$

③ $3 + j4$ ④ $3 - j4$

해설 임피던스 파라미터는 T형에서 구한다.

$Z_{11} = 3 + j4$[Ω]

04 어드미턴스(Y) 파라미터(Parameter)
SECTION

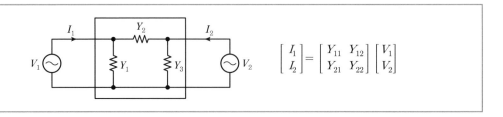

$$\begin{bmatrix} I_1 \\ I_2 \end{bmatrix} = \begin{bmatrix} Y_{11} & Y_{12} \\ Y_{21} & Y_{22} \end{bmatrix} \begin{bmatrix} V_1 \\ V_2 \end{bmatrix}$$

1. $$I_1 = Y_{11} V_1 + Y_{12} V_2$$

① $Y_{11} = \dfrac{I_1}{V_1} \big|_{V_2 = 0} = Y_2 + Y_1$

② $Y_{12} = \dfrac{I_1}{V_2} \big|_{V_1 = 0} = -Y_2$

2. $$I_2 = Y_{21} V_1 + Y_{22} V_2$$

① $Y_{21} = \dfrac{I_2}{V_1} \big|_{V_2 = 0} = -Y_2$

② $Y_{22} = \dfrac{I_2}{V_2} \big|_{V_1 = 0} = Y_2 + Y_3$

⚡ 과년도 기출 및 예상문제

★★☆

01 그림과 같은 4단자 회로의 어드미턴스 파라미터 중 Y_{11}은 어느 것인가?

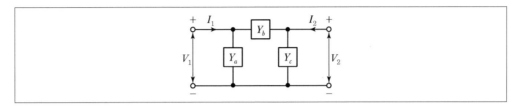

① Y_a

② $-Y_b$

③ $Y_a + Y_b$

④ $Y_a + Y_c$

해설 어드미턴스 파라미터는 π형에서 구한다.

- $Y_{11} = Y_a + Y_b [\text{℧}]$
- $Y_{22} = Y_b + Y_c [\text{℧}]$
- $Y_{12} = Y_{21} = -Y_b$

★★☆

02 그림과 같은 π형의 단자 4단자 회로의 어드미턴스 상수 중 Y_{22} 는?

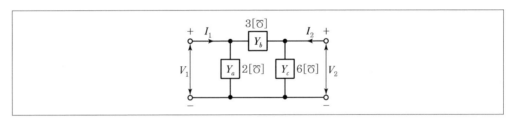

① $5[\text{℧}]$

② $6[\text{℧}]$

③ $9[\text{℧}]$

④ $11[\text{℧}]$

해설 어드미턴스 파라미터는 π형에서 구한다.

- $Y_{11} = Y_a + Y_b = 2 + 3 = 5[\text{℧}]$
- $Y_{22} = Y_b + Y_c = 3 + 6 = 9[\text{℧}]$
- $Y_{12} = Y_{21} = -Y_b = -3$

정답 | 01 ③ 02 ③

05 SECTION 이상변압기

1. 이상변압기(손실이 없다 $\therefore B = C = 0$)

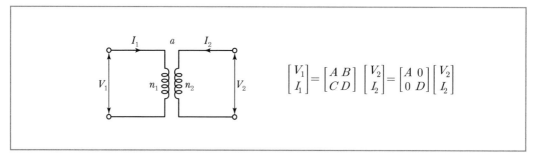

$$\begin{bmatrix} V_1 \\ I_1 \end{bmatrix} = \begin{bmatrix} A & B \\ C & D \end{bmatrix} \begin{bmatrix} V_2 \\ I_2 \end{bmatrix} = \begin{bmatrix} A & 0 \\ 0 & D \end{bmatrix} \begin{bmatrix} V_2 \\ I_2 \end{bmatrix}$$

① $a = \dfrac{n_1}{n_2} = \dfrac{V_1}{V_2} = \sqrt{\dfrac{Z_1}{Z_2}} = \dfrac{I_2}{I_1}$

② $\begin{cases} V_1 = AV_2 + 0 = aV_2 + 0 \\ I_1 = 0 + DI_2 = 0 + \dfrac{1}{a}I_2 \end{cases}$ $\qquad \begin{bmatrix} A & B \\ C & D \end{bmatrix} = \begin{bmatrix} a & 0 \\ 0 & \dfrac{1}{a} \end{bmatrix}$

⚡ 과년도 기출 및 예상문제

★☆☆
01 그림과 같은 이상 변압기에 대하여 성립되지 않은 관계식은? (단, n_1, n_2는 1차 및 2차 코일의 권수이다.)

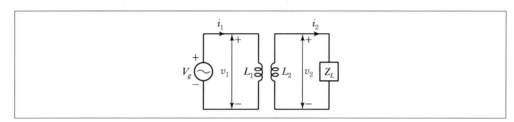

① $v_1 i_1 = v_2 i_2$

② $\dfrac{v_2}{v_1} = \dfrac{n_2}{n_1} = \dfrac{1}{n}$

③ $\dfrac{i_2}{i_1} = \dfrac{n_1}{n_2} = n$

④ $n = \sqrt{\dfrac{L_2}{L_1}}$

해설 **변압기 권수비**

$$a = \frac{n_1}{n_2} = \frac{v_1}{v_2} = \sqrt{\frac{Z_1}{Z_2}} = \frac{I_2}{I_1} \text{에서 } a = \sqrt{\frac{Z_1}{Z_2}} = \sqrt{\frac{j\omega L_1}{j\omega L_2}} = \sqrt{\frac{L_1}{L_2}}$$

★★☆
02 다음 결합회로 4단자 정수 A, B, C, D 파라미터 행렬은?

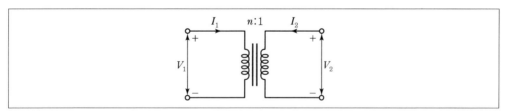

① $\begin{bmatrix} n & 0 \\ 0 & \dfrac{1}{n} \end{bmatrix}$

② $\begin{bmatrix} 1 & 0 \\ \dfrac{1}{n} & 0 \end{bmatrix}$

③ $\begin{bmatrix} n & n \\ \dfrac{1}{n} & 1 \end{bmatrix}$

④ $\begin{bmatrix} 0 & 0 \\ \dfrac{1}{n} & n \end{bmatrix}$

해설 이상변압기는 손실이 없다. 그러므로 $B = C = 0$

$$a = \frac{n_1}{n_2} = \frac{n}{1}$$

$$\begin{bmatrix} A & B \\ C & D \end{bmatrix} = \begin{bmatrix} a & 0 \\ 0 & \dfrac{1}{a} \end{bmatrix} = \begin{bmatrix} n & 0 \\ 0 & \dfrac{1}{n} \end{bmatrix}$$

정답 | **01** ④ **02** ①

★★☆
03 그림과 같이 10[Ω]의 저항에 감은비가 10:1의 결합회로를 연결했을 때 4단자 정수 A, B, C, D는?

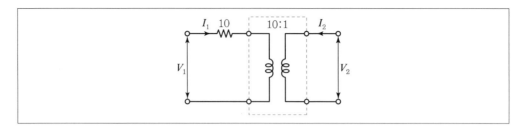

① $A=1$, $B=10$, $C=0$, $D=10$

② $A=10$, $B=0$, $C=1$, $D=\dfrac{1}{10}$

③ $A=10$, $B=1$, $C=0$, $D=\dfrac{1}{10}$

④ $A=10$, $B=1$, $C=1$, $D=10$

해설 $\begin{bmatrix} A & B \\ C & D \end{bmatrix} = \begin{bmatrix} 1 & 10 \\ 0 & 1 \end{bmatrix} \begin{bmatrix} 10 & 0 \\ 0 & \dfrac{1}{10} \end{bmatrix} = \begin{bmatrix} 10 & 1 \\ 0 & \dfrac{1}{10} \end{bmatrix}$

정답 | 03 ③

06 SECTION 영상 임피던스(Z_{01}, Z_{02})

1. 영상 임피던스(Z_{01}, Z_{02})

① 영상 임피던스의 정의 : 4단자 정수의 외부에 임피던스를 연결하고 예상한 임피던스 값

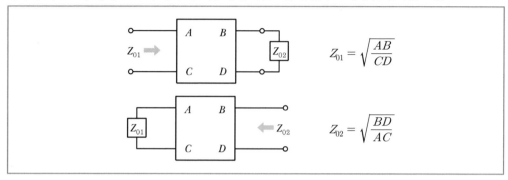

$$Z_{01} = \sqrt{\frac{AB}{CD}}$$

$$Z_{02} = \sqrt{\frac{BD}{AC}}$$

② $Z_{01} = Z_{02}$: $A = D$

③ $\dfrac{Z_{01}}{Z_{02}} = \dfrac{A}{D}$

④ $Z_{01} \times Z_{02} = \dfrac{B}{C}$

과년도 기출 및 예상문제

★☆☆
01 4단자 회로에서 4단자 정수를 A, B, C, D라 하면 영상 임피던스 Z_{01}, Z_{02}는?

① $Z_{01} = \sqrt{\dfrac{AB}{CD}}$, $Z_{02} = \sqrt{\dfrac{BD}{AC}}$

② $Z_{01} = \sqrt{AB}$, $Z_{02} = \sqrt{CD}$

③ $Z_{01} = \sqrt{\dfrac{CD}{AB}}$, $Z_{02} = \sqrt{\dfrac{BD}{AC}}$

④ $Z_{01} = \sqrt{\dfrac{BD}{AC}}$, $Z_{02} = \sqrt{ABCD}$

해설 ・ $Z_{01} = \sqrt{\dfrac{AB}{CD}}$

・ $Z_{02} = \sqrt{\dfrac{BD}{AC}}$

★★☆
02 어떤 4단자망의 입력 단자 1, 1′ 사이의 영상 임피던스 Z_{01}과 출력단자 2, 2′ 사이의 영상 임피던스 Z_{02}가 같게 되려면 4단자 정수 사이에 어떠한 관계가 있어야 하는가?

① $AD = BC$　　　　　　　　　② $AB = CD$

③ $A = D$　　　　　　　　　　④ $B = C$

해설 ・ $Z_{01} = \sqrt{\dfrac{AB}{CD}}$

・ $Z_{02} = \sqrt{\dfrac{BD}{AC}}$

$Z_{01} = Z_{02}$이면 $\sqrt{\dfrac{AB}{CD}} = \sqrt{\dfrac{BD}{AC}}$

$\sqrt{A^2} = \sqrt{D^2}$　∴ $A = D$

정답 | 01 ①　02 ③

03 4단자 회로에서 4단자 정수를 A, B, C, D라 하면 영상 임피던스 $\dfrac{Z_{01}}{Z_{02}}$는?

① $\dfrac{D}{A}$　　　　　　　　　　　② $\dfrac{B}{C}$

③ $\dfrac{C}{B}$　　　　　　　　　　　④ $\dfrac{A}{D}$

해설 $Z_{01} = \sqrt{\dfrac{AB}{CD}}$, $Z_{02} = \sqrt{\dfrac{BD}{AC}}$ 이므로

$$\frac{Z_{01}}{Z_{02}} = \sqrt{\dfrac{\dfrac{AB}{CD}}{\dfrac{BD}{AC}}} = \frac{A}{D}$$

04 L형 4단자 회로망에서 4단자 정수가 $B = \dfrac{5}{3}$, $C = 1$이고, 영상 임피던스 $Z_{01} = \dfrac{20}{3}$ [Ω]일 때 영상 임피던스 Z_{02}[Ω]의 값은?

① $\dfrac{1}{4}$　　　　　　　　　　　② $\dfrac{100}{9}$

③ 9　　　　　　　　　　　　④ $\dfrac{9}{100}$

해설 $Z_{01} \cdot Z_{02} = \dfrac{B}{C}$ 에서

• $Z_{02} = \dfrac{B}{Z_{01} \times C}$

• $Z_{02} = \dfrac{\dfrac{5}{3}}{\dfrac{20}{3} \times 1} = \dfrac{1}{4}$ [Ω]

CHAPTER 12 분포 정수회로

01 SECTION 장거리 선로(분포정수 회로로 해석)

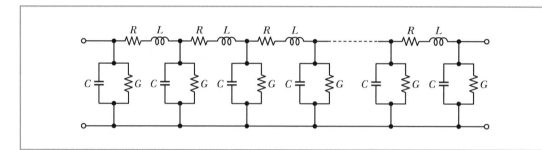

1. 선로의 특성 임피던스

$$Z_\omega = \sqrt{\frac{Z}{Y}} = \sqrt{\frac{R+j\omega L}{G+j\omega C}} = \sqrt{\frac{L}{C}}\ (R \ll \omega L,\ G \ll \omega C)$$

2. 전파정수

$$\Upsilon = \sqrt{ZY} = \sqrt{(R+j\omega L)(G+j\omega C)}$$

SECTION 02 전파속도와 파장

속도	파장
$v = \dfrac{\omega}{\beta}$	$\lambda = \dfrac{2\pi}{\beta}$
$\omega = 2\pi f,\ \beta(\text{위상정수}) = \omega\sqrt{LC}$	

SECTION 03 무손실 선로와 무왜형선로

1. 무손실 선로

$$\alpha = 0\,(R = G = 0)$$

2. 무왜형선로(일그러짐, 찌그러짐이 없음)

$$RC = LG$$

⚡ 과년도 기출 및 예상문제

★★★
01 전송 선로에서 무손실일 때, $L=96[\mathrm{mH}]$, $C=0.6[\mu\mathrm{F}]$이면 특성 임피던스$[\Omega]$는?

① 100

② 200

③ 300

④ 400

해설 ▸ 무손실 선로에서 $R=0$, $G=0$이므로

$$Z_0 = \sqrt{\frac{Z}{Y}} = \sqrt{\frac{R+jwL}{G+jwC}} = \sqrt{\frac{L}{C}} = \sqrt{\frac{96 \times 10^{-3}}{0.6 \times 10^{-6}}} = 400$$

★☆☆
02 선로의 단위 길이의 분포 인덕턴스, 저항, 정전용량, 누설 컨덕턴스를 각각 L, r, C 및 g로 할 때 전파정수는?

① $(r+j\omega L)(g+j\omega C)$

② $\sqrt{(r+j\omega L)(g+j\omega C)}$

③ $\sqrt{\dfrac{r+j\omega L}{g+j\omega C}}$

④ $\sqrt{\dfrac{g+j\omega C}{r+j\omega L}}$

해설 ▸ $\Upsilon = \sqrt{ZY} = \sqrt{(r+j\omega L)(g+j\omega C)}$

★☆☆
03 선로의 임피던스 $Z=R+j\omega L[\Omega]$, 병렬 어드미턴스가 $Y=G+j\omega C[\mho]$일 때 선로의 저항과 컨덕턴스가 동시에 0이 되었을 때 전파정수는?

① $\sqrt{j\omega LC}$

② $j\omega\sqrt{LC}$

③ $j\omega\sqrt{\dfrac{L}{C}}$

④ $j\omega\sqrt{\dfrac{C}{L}}$

해설 ▸ $\Upsilon = \sqrt{ZY} = \sqrt{(R+j\omega L)(G+j\omega C)} = \sqrt{j\omega L \ \cdot j\omega C} = j\omega\sqrt{LC}$

★☆☆
04 1[km]당 인덕턴스가 25[mH], 정전용량 $0.005[\mu\mathrm{F}]$의 선로가 있다. 무손실 선로라고 하면 진행파의 위상속도는 몇 [km/s]인가?

① 8.95×10^4

② 9.95×10^4

③ 89.5×10^4

④ 99.5×10^4

해설 ▸ $v = \dfrac{\omega}{\beta} = \dfrac{\omega}{\omega\sqrt{LC}} = \dfrac{1}{\sqrt{LC}} = \dfrac{1}{\sqrt{25 \times 10^{-3} \times 0.005 \times 10^{-6}}} = 8.95 \times 10^4 [\mathrm{km/s}]$

정답 | 01 ④ 02 ② 03 ② 04 ①

★☆☆
05 분포 정수 회로에서 위상 정수 β라 할 때 파장 λ는?

① $2\pi\beta$

② $\dfrac{2\pi}{\beta}$

③ $4\pi\beta$

④ $\dfrac{4\pi}{\beta}$

해설 $\lambda = \dfrac{2\pi}{\beta}$

★★☆
06 무손실 선로의 분포 정수 회로에서 감쇠 정수 α와 위상 정수 β의 값은?

① $\alpha = \sqrt{RG}$, $\beta = \omega\sqrt{LC}$

② $\alpha = 0$, $\beta = \omega\sqrt{LC}$

③ $\alpha = \sqrt{RG}$, $\beta = 0$

④ $\alpha = 0$, $\beta = \dfrac{1}{\sqrt{LC}}$

해설 • 무손실 선로에서 $R=0$, $G=0$이므로 $\alpha = \sqrt{RG} = 0$

• $\beta = \dfrac{\omega}{v} = \dfrac{\omega}{\dfrac{1}{\sqrt{LC}}} = \omega\sqrt{LC}$

★★☆
07 분포 정수회로에서 저항 $0.5[\Omega/\mathrm{km}]$, 인덕턴스 $L=1[\mu\mathrm{H/km}]$, 정전용량 $C=6[\mu\mathrm{F/km}]$, 길이 250 $[\mathrm{km}]$의 송전선로가 있다. 무왜형선로가 되기 위해서는 컨덕턴스$[\mho/\mathrm{km}]$는 얼마가 되어야 하는가?

① 1

② 2

③ 3

④ 4

해설 무왜형선로가 일그러짐이 없는 조건은 $RC = LG$ 이므로 $G = \dfrac{RC}{L} = \dfrac{0.5 \times 6}{1} = 3[\mho/\mathrm{km}]$

CHAPTER

13 Laplace(라플라스) 변환

01 Laplace(라플라스) 변환의 정의 및 변환
SECTION

1. 라플라스 변환의 정의

$$F(s) = \mathcal{L}\left[f(t)\right] = \int_0^\infty f(t)\, e^{-st} dt$$

2. 간단한 라플라스 변환

$f(t)$	$F(s)$	비고
$\delta(t)$: 단위 임펄스함수	1	면적이 1이고 지속시간이 짧은 펄스 함수(중량함수)
$u(t) = 1$: 단위 계단함수	$\dfrac{1}{s}$	크기가 1인 함수(인디셜함수)
t	$\dfrac{1}{s^2}$	단위램프(속도함수)
t^2	$\dfrac{2!}{s^3} = \dfrac{2}{s^3}$	가속도함수
t^3	$\dfrac{3!}{s^4} = \dfrac{6}{s^4}$	–
t^n	$\dfrac{n!}{s^{n+1}}$	–
e^{-at}	$\dfrac{1}{s+a}$	–
e^{at}	$\dfrac{1}{s-a}$	–
$\cos\omega t$	$\dfrac{s}{s^2+\omega^2}$	–
$\sin\omega t$	$\dfrac{\omega}{s^2+\omega^2}$	–

$f(t)$	$F(s)$	비고
$\cos h\,\omega t$	$\dfrac{s}{s^2-\omega^2}$	–
$\sin h\,\omega t$	$\dfrac{\omega}{s^2-\omega^2}$	–

3. 단위 임펄스함수와 단위 계단함수(인디셜함수)

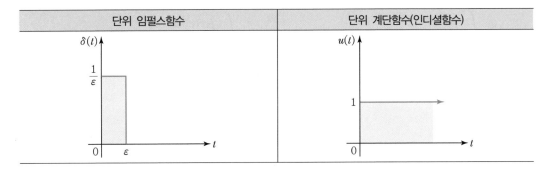

단위 임펄스함수	단위 계단함수(인디셜함수)

⚡ 과년도 기출 및 예상문제

★☆☆

01 함수 $f(t)$의 라플라스 변환은 어떤 식으로 정의되는가?

① $\displaystyle\int_{-\infty}^{\infty} f(t)\,e^{-st}\,dt$

② $\displaystyle\int_{-\infty}^{\infty} f(t)\,e^{st}\,dt$

③ $\displaystyle\int_{0}^{\infty} f(t)\,e^{-st}\,dt$

④ $\displaystyle\int_{0}^{\infty} f(t)\,e^{st}\,dt$

해설 시간 $t \geq 0$의 조건에서 시간함수 $f(t)$에 관한 적분을 라플라스 변환이라 한다.

$$F(s) = \pounds\,[f(t)] = \int_{0}^{\infty} f(t)\,e^{-st}\,dt$$

★★☆

02 단위 계단함수 $u(t)$에 상수 5를 곱해서 라플라스 변환식을 구하면?

① $\dfrac{s}{5}$

② $\dfrac{5}{s^2}$

③ $\dfrac{5}{s-1}$

④ $\dfrac{5}{s}$

해설 $F(s) = \pounds\,[5u(t)] = 5\displaystyle\int_{0}^{\infty} e^{-st}\,dt = 5\left[\dfrac{1}{-s}e^{-st}\right]_{0}^{\infty} = 5\left[\dfrac{1}{-s}\left(\dfrac{1}{\infty}-1\right)\right] = \dfrac{5}{s}$

★★☆

03 $f(t) = 10\,t^3$의 라플라스 변환은?

① $\dfrac{60}{s^4}$

② $\dfrac{30}{s^4}$

③ $\dfrac{10}{s^4}$

④ $\dfrac{80}{s^4}$

해설 $F(s) = 10\,\dfrac{n!}{s^{n+1}} = 10\,\dfrac{3!}{s^{3+1}} = 10\,\dfrac{3\times2\times1}{s^4} = \dfrac{60}{s^4}$

정답 | **01** ③ **02** ④ **03** ①

★★☆

04 $e^{j\omega t}$의 라플라스 변환은?

① $\dfrac{1}{s-j\omega}$

② $\dfrac{1}{s+j\omega}$

③ $\dfrac{1}{s^2+\omega^2}$

④ $\dfrac{\omega}{s^2+\omega^2}$

해설 $f(t)=e^{at}=e^{j\omega t}$ 에서 $a=j\omega$ 이므로

$$F(s)=\frac{1}{s-a}=\frac{1}{s-j\omega}$$

★★☆

05 $f(t)=\delta(t)-be^{-bt}$의 라플라스 변환은? (단, $\delta(t)$는 임펄스 함수이다.)

① $\dfrac{b}{s+b}$

② $\dfrac{s(1-b)+5}{s(s+b)}$

③ $\dfrac{1}{s(s+b)}$

④ $\dfrac{s}{s+b}$

해설 $F(s)=\mathcal{L}\,[f(t)]=\mathcal{L}\,[\delta(t)-be^{-bt}]=1-b\dfrac{1}{s+b}=\dfrac{s+b}{s+b}-\dfrac{b}{s+b}=\dfrac{s+b-b}{s+b}=\dfrac{s}{s+b}$

★★★

06 주어진 시간함수 $f(t)=3u(t)+2e^{-t}$의 라플라스 변환하면?

① $\dfrac{s+3}{s(s+1)}$

② $\dfrac{5s+3}{s(s+1)}$

③ $\dfrac{3s}{s^2+1}$

④ $\dfrac{5s+1}{(s+1)s^2}$

해설 $F(s)=\mathcal{L}\,[f(t)]=\mathcal{L}\,[3u(t)+2e^{-t}]=\dfrac{3}{s}+\dfrac{2}{s+1}=\dfrac{3(s+1)+2s}{s(s+1)}=\dfrac{5s+3}{s(s+1)}$

★★☆

07 $f(t)=1-\cos\omega t$ 를 라플라스 변환하면?

① $\dfrac{\omega}{s(s^2+\omega^2)}$

② $\dfrac{s}{s(s^2+\omega^2)}$

③ $\dfrac{s^2}{s(s^2+\omega^2)}$

④ $\dfrac{\omega^2}{s(s^2+\omega^2)}$

해설 $F(s)=\mathcal{L}\,[f(t)]=\dfrac{1}{s}-\dfrac{s}{s^2+\omega^2}=\dfrac{s^2+\omega^2-s^2}{s(s^2+\omega^2)}=\dfrac{\omega^2}{s(s^2+\omega^2)}$

정답 | 04 ① 05 ④ 06 ② 07 ④

★★★
08 $f(t) = \sin t + 2\cos t$를 라플라스 변환하면?

① $\dfrac{2s}{s^2+1}$ ② $\dfrac{2s+1}{(s+1)^2}$

③ $\dfrac{2s+1}{s^2+1}$ ④ $\dfrac{2s}{(s+1)^2}$

해설 $F(s) = \pounds[f(t)] = \pounds[\sin t] + \pounds[2\cos t] = \dfrac{1}{s^2+1} + 2 \times \dfrac{s}{s^2+1} = \dfrac{2s+1}{s^2+1}$

- $\pounds[\sin \omega t] = \dfrac{\omega}{s^2+\omega^2}$ 이므로 $\pounds[\sin 1t] = \dfrac{1}{s^2+1^2}$ 가 된다.

- $\pounds[\cos \omega t] = \dfrac{s}{s^2+\omega^2}$ 이므로 $\pounds[\cos 1t] = \dfrac{s}{s^2+1^2}$ 가 된다.

★☆☆
09 $\pounds\left[\dfrac{d}{dt}\cos \omega t\right]$의 라플라스 변환은?

① $\dfrac{s^2}{s^2+\omega^2}$ ② $\dfrac{-s^2}{s^2+\omega^2}$

③ $\dfrac{\omega^2}{s^2+\omega^2}$ ④ $\dfrac{-\omega^2}{s^2+\omega^2}$

해설 **실미분 정리**

$$\pounds\left[\dfrac{d}{dt}\cos \omega t\right] = sF(s) - f(0) = s\dfrac{s}{s^2+\omega^2} - 1 = \dfrac{-\omega^2}{s^2+\omega^2}$$

별해 $\dfrac{d}{dt}\cos \omega t = -\omega \sin \omega t$ 이므로

$$F(s) = \pounds\left[\dfrac{d}{dt}\cos \omega t\right] = \pounds[-\omega \sin \omega t] = -\omega \dfrac{\omega}{s^2+\omega^2} = \dfrac{-\omega^2}{s^2+\omega^2}$$

02 SECTION 기본정리

1. 기본정리

(1) 복소추이 정리

① $\mathcal{L}\left[e^{at}f(t)\right] = F(s)\big|_{s \to s-a}$

② $\mathcal{L}\left[e^{-at}f(t)\right] = F(s)\big|_{s \to s+a}$

(2) 실미분 정리

① $\mathcal{L}\left[\dfrac{d}{dt}f(t)\right] = sF(s) - f(0^+)$

② $\mathcal{L}\left[\dfrac{d^2}{dt^2}f(t)\right] = s^2F(s) - sf(0) - f'(0^+)$

(3) 실적분 정리

$$\mathcal{L}\left[\int f(t)\,dt\right] = \frac{1}{s}F(s) + \frac{1}{s}f^{-1}(0)$$

(4) 초기값 정리($t \to 0$, $s \to \infty$)

분모, 분자의 최고차로 구한다.

$$\lim_{t \to 0} f(t) = \lim_{s \to \infty} sF(s)$$

(5) 최종값 정리(정상값 정리)($t \to \infty$, $s \to 0$)

분모, 분자의 최저차(상수항)로 구한다.

$$\lim_{t \to \infty} f(t) = \lim_{s \to 0} sF(s)$$

(6) 시간지연 정리(=시간추이 정리)

① $\mathcal{L}\left[f(t-a)\right] = F(s)e^{-as}$

② $\mathcal{L}\left[f(t+a)\right] = F(s)e^{+as}$

(7) 상사 정리

① $\mathcal{L}\left[f(at)\right] = \dfrac{1}{a}F\left(\dfrac{s}{a}\right)$

② $\mathcal{L}\left[f\left(\dfrac{t}{a}\right)\right] = aF(as)$

(8) 복소미분 정리

$$\frac{d}{ds}\frac{f(s)}{g(s)} = \frac{f'(x)g(x) - f(x)g'(x)}{\{g(x)\}^2}$$

① $\mathcal{L}\left[tf(t)\right] = (-1)^1 \dfrac{d}{ds}F(s)$

② $\mathcal{L}\left[t^2 f(t)\right] = (-1)^2 \dfrac{d^2}{ds^2}F(s)$

③ $\mathcal{L}\left[t^n f(t)\right] = (-1)^n \dfrac{d^n}{ds^n}F(s)$

과년도 기출 및 예상문제

★★☆
01 $e^{-2t}\cos 3t$의 라플라스 변환은?

① $\dfrac{s+2}{(s+2)^2+3^2}$　　　　　② $\dfrac{s-2}{(s-2)^2+3^2}$

③ $\dfrac{s}{(s+2)^2+3^2}$　　　　　④ $\dfrac{s}{(s-2)^2+3^2}$

해설 복소추이 정리

$$F(s)=\mathcal{L}\left[e^{-2t}\cos 3t\right]=\frac{s}{s^2+\omega^2}\Big|_{s\to s+2}=\frac{s+2}{(s+2)^2+3^2}=\frac{s+2}{s^2+4s+13}$$

★★☆
02 함수 $f(t)=t^2 e^{-\alpha t}$ 의 라플라스 변환 $F(s)$은?

① $F(s)=\dfrac{2}{(s-\alpha)^3}$　　　　② $F(s)=\dfrac{2}{(s+\alpha)^3}$

③ $F(s)=\dfrac{1}{(s+\alpha)^3}$　　　　④ $F(s)=\dfrac{1}{(s-\alpha)^3}$

해설 복소추이 정리

$$F(s)=\mathcal{L}\left[t^2 e^{-\alpha t}\right]=\frac{2}{s^3}\Big|_{s\to s+\alpha}=\frac{2}{(s+\alpha)^3}$$

★☆☆
03 $\dfrac{dx(t)}{dt}+x(t)=1$의 라플라스 변환 $X(s)$의 값은? (단, $x(0_+)=0$ 이다.)

① $s+1$　　　　　② $s(s+1)$

③ $\dfrac{1}{s}(s+1)$　　　　④ $\dfrac{1}{s(s+1)}$

해설 실미분 정리

- $sX(s)+X(s)=\dfrac{1}{s}$

- $X(s)(s+1)=\dfrac{1}{s}$

- $X(s)=\dfrac{1}{s(s+1)}$

정답 | 01 ①　02 ②　03 ④

★★☆

04 $\dfrac{dx(t)}{dt}+3x(t)=5$ 라플라스 변환은? (단, $x(0_+)=0$ 이다.)

① $X(s)=\dfrac{5}{s+3}$

② $X(s)=\dfrac{3}{s(s+5)}$

③ $X(s)=\dfrac{5}{s(s+3)}$

④ $X(s)=\dfrac{3s}{s+5}$

해설 실미분 정리

- $sX(s)+3X(s)=5\dfrac{1}{s}$

- $X(s)(s+3)=\dfrac{5}{s}$

- $X(s)=\dfrac{5}{s(s+3)}$

★☆☆

05 $e(t)=Ri(t)+L\dfrac{di(t)}{dt}+\dfrac{1}{C}\displaystyle\int i(t)dt$ 에서 초기값을 0으로 하고 라플라스 변환했을 때 $I(s)$는? (단, $I(s)$, $E(s)$는 $i(t)$, $e(t)$를 라플라스 변환한 것이다.)

① $\dfrac{Cs}{LCs^2+RCs+1}E(s)$

② $\dfrac{Cs}{R+Ls+\dfrac{1}{Cs}}E(s)$

③ $\dfrac{Cs}{s^2+\dfrac{L}{R}s+\dfrac{1}{LC}}E(s)$

④ $\left(R+Ls+\dfrac{1}{Cs}\right)E(s)$

해설 실미분 정리, 실적분 정리

- 양변을 라플라스하면 $E(s)=RI(s)+LsI(s)+\dfrac{1}{C}\dfrac{1}{s}I(s)$

- 공통인수를 묶으면 $E(s)=I(s)(R+Ls+\dfrac{1}{Cs})$

- $I(s)=\dfrac{1}{R+Ls+\dfrac{1}{Cs}}E(s)=\dfrac{Cs}{LCs^2+RCs+1}E(s)$

★☆☆

06 $F(s)=\dfrac{s^2+s+3}{s^3+2s^2+5s}$ 일 때 $f(t)$의 초기값은?

① 1

② 2

③ 3

④ 5

초기값 정리

$$\lim_{t \to 0} f(t) = \lim_{s \to \infty} s\,F(s) = \lim_{s \to \infty} s\frac{s^2+s+3}{s(s^2+2s+5)} = \lim_{s \to \infty} \frac{s^2+s+3}{s^2+2s+5} = \lim_{s \to \infty} \frac{1+\dfrac{1}{s}+\dfrac{2}{s^2}}{1+\dfrac{2}{s}+\dfrac{5}{s^2}} = 1$$

★★★
07 $F(s) = \dfrac{3s+10}{s^3+2s^2+5s}$ 일 때 $f(t)$의 최종값은?

① 0   ② 1

③ 2   ④ 8

최종값(정상값) 정리

$$정상값 = \lim_{t \to \infty} f(t) = \lim_{s \to 0} sF(s) = \lim_{s \to 0} s\frac{3s+10}{s(s^2+2s+5)} = \lim_{s \to 0} \frac{3s+10}{s^2+2s+5} = \frac{10}{5} = 2$$

★★★
08 다음 파형의 라플라스 변환은?

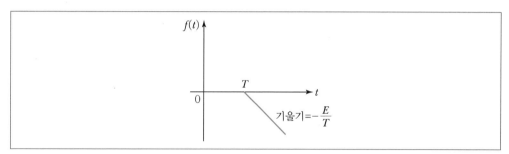

① $\dfrac{E}{Ts}e^{-Ts}$ ② $-\dfrac{E}{Ts}e^{-Ts}$

③ $-\dfrac{E}{Ts^2}e^{-Ts}$ ④ $\dfrac{E}{Ts^2}e^{-Ts}$

시간 지연정리

- $f(t) = -\dfrac{E}{T}(t-T)\,u(t-T)$

- $F(s) = -\dfrac{E}{T} \cdot \dfrac{1}{s^2}e^{-Ts}$

09 다음과 같은 펄스의 라플라스 변환은 어느 것인가?

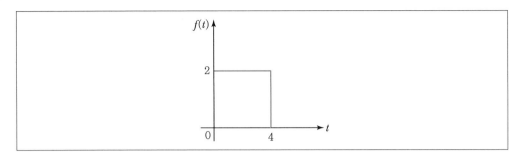

① $\dfrac{2}{s}\left(1+e^{-4s}\right)$ 　　　　② $\dfrac{4}{s}\left(1-e^{2s}\right)$

③ $\dfrac{2}{s}\left(1-e^{-4s}\right)$ 　　　　④ $\dfrac{4}{s}\left(1-e^{-2s}\right)$

> **해설** 　**시간 지연정리**
> - $f(t) = 2u(t) - 2u(t-4)$
> - $F(s) = \mathcal{L}\left[f(t)\right] = \mathcal{L}\left[2u(t)\right] - \mathcal{L}\left[2u(t-4)\right] = 2\dfrac{1}{s} - 2\dfrac{1}{s}e^{-4s} = \dfrac{2}{s}(1-e^{-4s})$

10 $f(t) = u(t-a) - u(t-b)$ 식으로 표시되는 4각파의 라플라스 변환은?

① $\dfrac{1}{s}(e^{-as}+e^{-bs})$ 　　　　② $\dfrac{1}{s}(e^{-as}-e^{-bs})$

③ $\dfrac{1}{s^2}(e^{-as}+e^{-bs})$ 　　　　④ $\dfrac{1}{s^2}(e^{-as}-e^{-bs})$

> **해설** 　**시간 지연정리**
> $F(s) = \mathcal{L}\left[f(t)\right] = \mathcal{L}\left[u(t-a)\right] - \mathcal{L}\left[u(t-b)\right] = \dfrac{1}{s}e^{-as} - \dfrac{1}{s}e^{-bs} = \dfrac{1}{s}(e^{-as}-e^{-bs})$

정답 │ 09 ③　10 ②

03 SECTION 라플라스의 역변환

1. 라플라스의 역변환 정의

$F(s)$로부터 시간함수 $f(t)$를 구하는 것

2. 역변환 방법

① 라플라스 변환공식을 이용한다.
② 분모가 인수분해가 되는 경우 부분분수 전개법 또는 헤버사이드의 부분분수 전개법으로 한다.

3. 헤버사이드의 부분분수 전계법 예시

$$F(s) = \frac{1}{s(s-1)} = \frac{A}{s} + \frac{B}{s-1} = \frac{-1}{s} + \frac{1}{s-1} \qquad F(s) = \frac{s+1}{s^2 + 2s} = \frac{s+1}{s(s+2)} = \frac{A}{s} + \frac{B}{s+2} = \frac{1/2}{s} + \frac{1/2}{s+2}$$

$$A = \frac{1}{s-1} \Big|_{s=0} = -1$$

↑ 상대방 값, ↑ 자신을 0으로 만드는 값

$$B = \frac{1}{s} \Big|_{s=1} = 1$$

↑ 상대방 값, ↑ 자신을 0으로 만드는 값

$$A = \frac{s+1}{s+2} \Big|_{s=0} = \frac{1}{2}$$

↑ 상대방 값, ↑ 자신을 0으로 만드는 값

$$B = \frac{s+1}{s} \Big|_{s=-2} = \frac{1}{2}$$

↑ 상대방 값, ↑ 자신을 0으로 만드는 값

⚡ 과년도 기출 및 예상문제

★★★

01 $F(s) = \dfrac{2(s+1)}{s^2+2s+5}$ 의 시간함수 $f(t)$ 는?

① $2e^t \sin 2t$ ② $2e^t \cos 2t$

③ $2e^{-t} \sin 2t$ ④ $2e^{-t} \cos 2t$

해설 복소추이 정리

$$F(s) = \mathcal{L}\left[2e^{-t}\cos 2t\right] = 2\frac{s}{s^2+2^2}\Big|_{s\to s+1} = 2\frac{s+1}{(s+1)^2+2^2} = \frac{2(s+1)}{s^2+2s+5}$$

★☆☆

02 함수 $F(s) = \dfrac{3}{(s+2)^2}$ 를 라플라스 역변환하면 $f(t)$ 는 어떻게 되는가?

① $3e^{-2t}$ ② $3e^{2t}$

③ $3te^{-2t}$ ④ $3te^{2t}$

해설 복소추이 정리

$$F(s) = \mathcal{L}\left[3te^{-2t}\right] = 3\frac{1}{s^2}\Big|_{s\to s+2} = 3\frac{1}{(s+2)^2} = \frac{3}{(s+2)^2}$$

★★★

03 $F(s) = \dfrac{2}{(s+1)(s+3)}$ 의 라플라스 역변환은?

① $e^{-t} - e^{3t}$ ② $e^{-t} - e^{-3t}$

③ $e^t - e^{3t}$ ④ $e^t - e^{-3t}$

해설 $F(s) = \mathcal{L}\left[e^{-t} - e^{-3t}\right] = \dfrac{1}{s+1} - \dfrac{1}{s+3} = \dfrac{s+3-(s+1)}{(s+1)(s+3)} = \dfrac{s+3-s-1}{(s+1)(s+3)} = \dfrac{2}{(s+1)(s+3)}$

정답 | 01 ④ 02 ③ 03 ②

★☆☆

04 $\mathcal{L}^{-1}\left[\dfrac{\omega}{s(s^2+\omega^2)}\right]$의 값은?

① $\dfrac{1}{\omega}(1-\sin \omega t)$

② $\dfrac{1}{\omega}(1-\cos \omega t)$

③ $\dfrac{1}{s}(1-\sin \omega t)$

④ $\dfrac{1}{s}(1-\cos \omega t)$

해설 $F(s) = \mathcal{L}\left[\dfrac{1}{\omega}(1-\cos \omega t)\right] = \dfrac{1}{\omega}\left(\dfrac{1}{s} - \dfrac{s}{s^2+\omega^2}\right) = \dfrac{1}{\omega}\dfrac{s^2+\omega^2-s^2}{s(s^2+\omega^2)} = \dfrac{\omega}{s(s^2+\omega^2)}$

★★★

05 $\mathcal{L}^{-1}\left[\dfrac{s}{(s+1)^2}\right]$의 값은?

① $e^{-t}+2te^{-t}$

② $e^{-t}-te^{-t}$

③ e^t-te^{-t}

④ $e^{-t}+te^{-t}$

해설 $F(s) = \mathcal{L}\left[e^{-t}-te^{-t}\right] = \dfrac{1}{s+1} - \dfrac{1}{s^2}|s \rightarrow s+1 = \dfrac{1}{s+1} - \dfrac{1}{(s+1)^2} = \dfrac{s+1-1}{(s+1)^2} = \dfrac{s}{(s+1)^2}$

CHAPTER 14 회로의 전달함수

01 SECTION 전달함수

1. 전달함수 정의

모든 초기값을 0으로 하였을 경우, 출력신호 $[c(t)]$와 입력신호 $[r(t)]$의 라플라스 변환의 비

입력
$r(t)$
$R(s)$
→ 시스템 $G(S)$ →
출력
$c(t)$
$C(s)$

$$G(s) = \frac{출력}{입력} = \frac{C(s)}{R(s)} = \frac{\sum 경로}{1 - \sum 피드백}$$

2. 실미분 정리

$$\mathcal{L}\left[\frac{d}{dt}f(t)\right] = sF(s) - f(0^+)$$

$$\mathcal{L}\left[\frac{d^2}{dt^2}f(t)\right] = s^2F(s) - sf(0) - f'(0^+)$$

3. 실적분 정리

$$\mathcal{L}\left[\int f(t)\,dt\right] = \frac{1}{s}F(s) + \frac{1}{s}f^{-1}(0)$$

과년도 기출 및 예상문제

★★☆
01 모든 초기값을 0으로 할 때, 입력에 대한 출력의 비는?

① 전달함수   ② 충격함수

③ 경사함수   ④ 포물선함수

해설 제어시스템의 입력 출력의 관계는 잔달함수를 이용하여 나타낸다.

★★★
02 그림과 같은 피드백 회로의 종합 전달함수는?

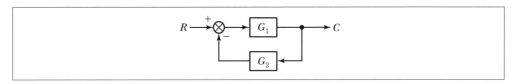

① $\dfrac{1}{G_1}+\dfrac{1}{G_2}$ ② $\dfrac{G_1}{1-G_1\,G_2}$

③ $\dfrac{G_1}{1+G_1\,G_2}$ ④ $\dfrac{G_1\,G_2}{1+G_1\,G_2}$

해설 $\dfrac{C}{R}=\dfrac{\sum 경로}{1-\sum 피드백}=\dfrac{G_1}{1-(-\,G_1\,G_2)}=\dfrac{G_1}{1+G_1\,G_2}$

★★★
03 어떤 계를 표시하는 미분 방정식이 $\dfrac{d^2y(t)}{dt^2}+3\dfrac{dy(t)}{dt}+2y(t)=\dfrac{dx(t)}{dt}+x(t)$ 라고 한다. $x(t)$는 입력, $y(t)$는 출력이라고 한다면 이 계의 전달함수는 어떻게 표시되는가?

① $G(s)=\dfrac{s^2+3s+2}{s+1}$ ② $G(s)=\dfrac{2s+1}{s^2+s+1}$

③ $G(s)=\dfrac{s+1}{s^2+3s+2}$ ④ $G(s)=\dfrac{s^2+s+1}{2s+1}$

해설 실미분 정리를 이용하여 양변을 라플라스 변환하면

$s^2\,Y(s)+3s\,Y(s)+2\,Y(s)=s\,X(s)+X(s)$

$(s^2+3s+2)\,Y(s)=(s+1)\,X(s)$

$\therefore\ G(s)=\dfrac{Y(s)}{X(s)}=\dfrac{s+1}{s^2+3s+2}$

정답 | 01 ①   02 ③   03 ③

★★★
04 어떤 제어계의 전달함수가 $G(s) = \dfrac{2s+1}{s^2+s+1}$ 로 표시될 때, 이 계에 입력 $x(t)$를 가했을 때 출력 $y(t)$

를 구하는 미분 방정식은 어떻게 표시되는가?

① $\dfrac{d^2 y(t)}{dt^2} + \dfrac{dy(t)}{dt} + y(t) = 2\dfrac{dx(t)}{dx} + x(t)$

② $\dfrac{d^2 y(t)}{dt^2} + \dfrac{dy(t)}{dt} + y(t) = 2\dfrac{dx(t)}{dt} + x(t)$

③ $\dfrac{d^2 x(t)}{dt^2} + 3\dfrac{dy(t)}{dt} + 2y(t) = \dfrac{dx(t)}{dt} + x(t)$

④ $\dfrac{d^2 y(t)}{dt^2} + \dfrac{dy(t)}{dx} + y(t) = 2\dfrac{dx(t)}{dt} + x(t)$

해설 $\dfrac{Y(s)}{X(s)} = \dfrac{2s+1}{s^2+s+1}$ 에서

$(s^2+s+1)\,Y(s) = (2s+1)\,X(s)$

$s^2\,Y(s) + s\,Y(s) + Y(s) = 2s X(s) + X(s)$

$\dfrac{d^2}{dt^2}y(t) + \dfrac{d}{dt}y(t) + y(t) = 2\dfrac{d}{dt}x(t) + x(t)$

★☆☆
05 시간지연 요인을 포함한 어떤 특정계가 다음 미분 방정식으로 표현된다. 이 계의 전달함수는?

$$\frac{dy(t)}{dt} + y(t) = x(t-T)$$

① $P(s) = \dfrac{Y(s)}{X(s)} = \dfrac{e^{-sT}}{s+1}$

② $P(s) = \dfrac{X(s)}{Y(s)} = \dfrac{e^{sT}}{s-1}$

③ $P(s) = \dfrac{X(s)}{Y(s)} = \dfrac{s+1}{e^{sT}}$

④ $P(s) = \dfrac{Y(s)}{X(s)} = \dfrac{e^{-2sT}}{s+1}$

해설 양변을 라플라스하면

$\mathcal{L}\left[\dfrac{dy(t)}{dt} + y(t)\right] = \mathcal{L}\left[x(t-T)\right]$

$s\,Y(s) + 1\,Y(s) = X(s)\,e^{-sT}$

$(s+1)\,Y(s) = X(s)\,e^{-sT}$

$\therefore \dfrac{Y(s)}{X(s)} = \dfrac{e^{-sT}}{s+1}$

정답 | 04 ② 05 ①

06 그림과 같은 $R - C$ 회로에서 입력을 $e_i(t)$[V], 출력을 $e_0(t)$[V]라 할 때의 전달함수는? (단, $T = RC$ 이다.)

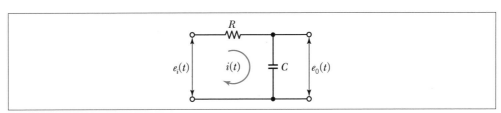

① $\dfrac{1}{Ts+1}$

② $\dfrac{1}{Ts+2}$

③ $\dfrac{1}{Ts+3}$

④ $\dfrac{1}{Ts+4}$

해설 $G(s) = \dfrac{E_o(s)}{E_i(s)} = \dfrac{\dfrac{1}{Cs}}{R + \dfrac{1}{Cs}} = \dfrac{1}{RCs+1} = \dfrac{1}{Ts+1}$

07 $R - C$ 저역 필터 회로의 전달함수 $G(j\omega)$는 $\omega = 0$에서 얼마인가?

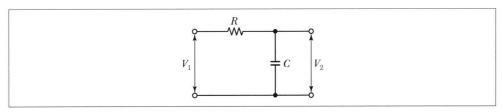

① 0

② 0.5

③ 1

④ 0.707

해설 $G(j\omega) = \dfrac{V_2(j\omega)}{V_1(j\omega)} = \dfrac{1}{j\omega RC+1}$

여기서 $\omega = 0$이므로 $\therefore G(j\omega) = 1$

08 ★☆☆ 회로에서 $V_1(s)$를 입력, $V_2(s)$를 출력이라 할 때 전달함수가 $\dfrac{1}{s+1}$이 되려면 $C[\mu F]$의 값은?

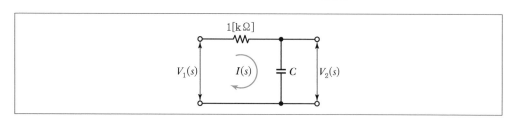

① 10^{-6}

② 10^{-3}

③ 10^3

④ 10^6

해설 ▸ • $G(s) = \dfrac{V_2(s)}{V_1(s)} = \dfrac{\dfrac{1}{sC}}{R + \dfrac{1}{sC}} = \dfrac{1}{RCs + 1}$

• $G(s) = \dfrac{1}{s+1} = \dfrac{1}{RCs + 1}$ 이므로 $RC = 1$, $1{,}000 \times C = 1$

• $C = \dfrac{1}{1{,}000} = 0.001[F] = 1 \times 10^{-3}[F] = 10^3 \times 10^{-3} \times 10^{-3}[F] = 10^3[\mu F]$

09 ★★★ 다음 회로의 전달함수 $G(s) = E_o(s) / E_i(s)$는 얼마인가?

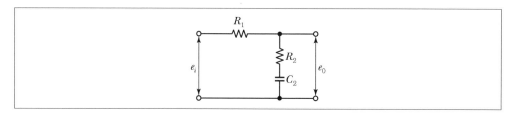

① $\dfrac{(R_1 + R_2)C_2 s + 1}{R_2 C_2 s + 1}$

② $\dfrac{R_2 C_2 s + 1}{(R_1 + R_2)C_2 s + 1}$

③ $\dfrac{R_2 C_2 + 1}{(R_1 + R_2)C_2 s + 1}$

④ $\dfrac{(R_1 + R_2)C_2 + 1}{R_2 C_2 s + 1}$

해설 ▸ ∴ $G(s) = \dfrac{E_o(s)}{E_i(s)} = \dfrac{R_2 + \dfrac{1}{C_2 s}}{R_1 + R_2 + \dfrac{1}{C_2 s}} = \dfrac{R_2 C_2 s + 1}{(R_1 + R_2)C_2 s + 1} = \dfrac{R_2 C s + 1}{R_1 C s + R_2 C s + 1}$

10 그림과 같은 회로에서 $e_1(t)$를 입력, $e_2(t)$를 출력으로 설정하는 경우 전달함수는?

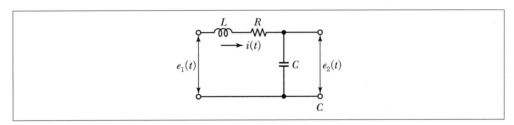

① $\dfrac{s}{LCs^2 + RCs + 1}$

② $\dfrac{1}{LCs^2 + RCs + 1}$

③ $\dfrac{LS}{LCs^2 + RCs + 1}$

④ $\dfrac{Cs}{LCs^2 + RCs + 1}$

해설 $G(s) = \dfrac{E_2(s)}{E_1(s)} = \dfrac{\dfrac{1}{Cs}}{LS + R + \dfrac{1}{Cs}} = \dfrac{1}{LCs^2 + RCs + 1}$

★☆☆

11 회로의 전압비 전달함수 $H(j\omega) = \dfrac{V_c(j\omega)}{V(j\omega)}$는?

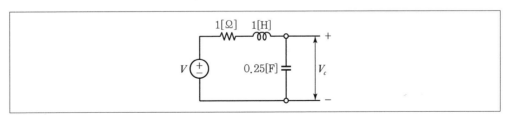

① $\dfrac{2}{(j\omega)^2 + j\omega + 2}$

② $\dfrac{2}{(j\omega)^2 + j\omega + 4}$

③ $\dfrac{4}{(j\omega)^2 + j\omega + 4}$

④ $\dfrac{1}{(j\omega)^2 + j\omega + 1}$

해설 $H(s) = \dfrac{\dfrac{1}{Cs}}{R + Ls + \dfrac{1}{Cs}} = \dfrac{1}{LCs^2 + RCs + 1} = \dfrac{1}{1 \times 0.25\, s^2 + 1 \times 0.25\, s + 1} = \dfrac{4}{1\, s^2 + 1\, s + 4}$

정답 | 10 ② 11 ③

02 SECTION 기본적 요소의 전달함수

1. 비례요소 : $G(s) = K$

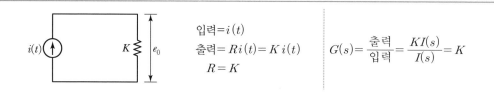

입력 $= i(t)$
출력 $= Ri(t) = Ki(t)$
$R = K$

$G(s) = \dfrac{출력}{입력} = \dfrac{KI(s)}{I(s)} = K$

2. 미분요소 : L만의 특성요소

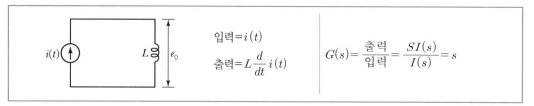

입력 $= i(t)$
출력 $= L\dfrac{d}{dt}i(t)$

$G(s) = \dfrac{출력}{입력} = \dfrac{SI(s)}{I(s)} = s$

3. 적분요소 : C만의 특성요소

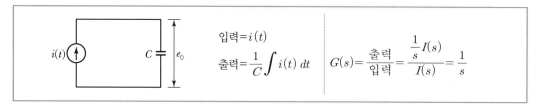

입력 $= i(t)$
출력 $= \dfrac{1}{C}\int i(t)\,dt$

$G(s) = \dfrac{출력}{입력} = \dfrac{\frac{1}{s}I(s)}{I(s)} = \dfrac{1}{s}$

4. 1차 지연요소 : $R - C$ 직렬회로

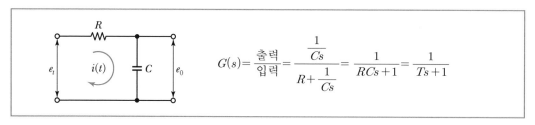

$G(s) = \dfrac{출력}{입력} = \dfrac{\dfrac{1}{Cs}}{R + \dfrac{1}{Cs}} = \dfrac{1}{RCs+1} = \dfrac{1}{Ts+1}$

5. 2차 지연요소 : $R-L-C$ 직렬회로

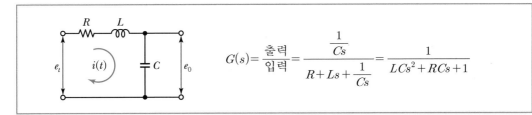

$$G(s) = \frac{\text{출력}}{\text{입력}} = \frac{\dfrac{1}{Cs}}{R + Ls + \dfrac{1}{Cs}} = \frac{1}{LCs^2 + RCs + 1}$$

6. 부동작 시간요소

$$G(s) = \frac{C(s)}{R(s)} = Ke^{-\tau s}$$

⚡ 과년도 기출 및 예상문제

★☆☆
01 다음 사항 중 옳게 표현된 것은?

① 비례요소의 전달함수는 $\dfrac{1}{Ts}$ 이다.

② 미분요소의 전달함수는 K 이다.

③ 적분요소의 전달함수는 Ts 이다.

④ 1차 지연요소의 전달함수는 $\dfrac{K}{1+Ts}$ 이다.

> **해설**
> • 비례요소 : K
> • 미분요소 : Ts
> • 적분요소 : $\dfrac{1}{Ts}$
> • 1차 지연요소 : $\dfrac{K}{Ts+1}$
> • 2차 지연요소 : $\dfrac{K}{T^2 s^2 + 2\delta Ts + 1}$

★★☆
02 1차 지연요소의 전달함수는?

① K

② $\dfrac{K}{s}$

③ Ks

④ $\dfrac{K}{1+Ts}$

> **해설**
> • 비례요소 : K
> • 미분요소 : Ks
> • 적분요소 : $\dfrac{K}{s}$
> • 1차 지연요소 : $\dfrac{K}{Ts+1}$
> • 2차 지연요소 : $\dfrac{K}{T^2 s^2 + 2\delta Ts + 1}$

정답 | 01 ④ 02 ④

★★★
03 다음 중 부동작 시간(dead time) 요소의 전달함수는?

① Ks

② $\dfrac{K}{s}$

③ Ke^{-Ls}

④ $\dfrac{T}{1+Ts}$

해설
- $y(t) = Kx(t-L)$
- $Y(s) = KX(s)e^{-Ls}$
- $\therefore\ G(s) = \dfrac{Y(s)}{X(s)} = Ke^{-Ls} = \dfrac{K}{e^{Ls}}$

★☆☆
04 단위 계단함수를 어떤 제어 요소에 입력으로 넣었을 때 그 전달함수가 그림과 같은 블록선도로 표시될 수 있다면 이것은 어떤 요소인가?

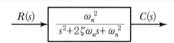

① 1차 지연요소

② 2차 지연요소

③ 미분요소

④ 적분요소

해설
- 1차 지연요소 : $\dfrac{K}{Ts+1}$
- 2차 지연요소 : $\dfrac{K}{T^2 s^2 + 2\delta\,Ts + 1}$

CHAPTER

15 과도현상

01 SECTION 과도현상의 정의

1. 과도현상 정의

전기회로에서 스위칭에 의하여 전원 또는 회로 소자가 갑자기 인가 또는 제거되면, 에너지 저장 소자 L 과 C에서는 에너지 유입 또는 유출이 발생하여 회로의 교란이 발생하는 현상

02 SECTION $R-L$ 직렬회로

1. 전원을 인가 시 정상값에 도달하기 전의 $i(t)$, $v_R(t)$, $v_L(t)$

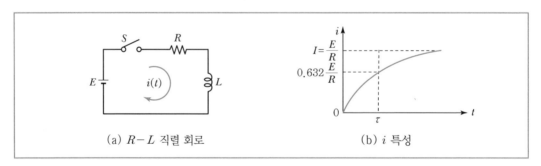

(a) $R-L$ 직렬 회로 (b) i 특성

① 과도전류 : $i(t) = \dfrac{E}{R}\left(1 - e^{-\frac{1}{\tau}t}\right)$

② $v_R = iR = E\left(1 - e^{-\frac{1}{\tau}t}\right)$

③ $v_L = L\dfrac{di}{dt} = E\, e^{-\frac{1}{\tau}t}$

④ 시정수 : $\tau = \dfrac{L}{R}$ (시정수가 클수록 과도현상은 오랫동안 지속)

⑤ 정상전류 : $I = \dfrac{E}{R}$ [sec]

⑥ 특성근 : $-\dfrac{1}{\tau} = -\dfrac{R}{L}$

2. 스위치를 투입하면 t가 τ, 2τ, 3τ일 때 전류의 값

① $t = \tau$: $i(t) = 0.632\dfrac{E}{R}$

② $t = 2\tau$: $i(t) = 0.86\dfrac{E}{R}$

③ $t = 3\tau$: $i(t) = 0.95\dfrac{E}{R}$

3. 전압 방정식에 대한 라플라스 적용방법

① 전압 방정식 : $E = L\dfrac{di}{dt} + Ri$

② 라플라스 하면 : $E \cdot \dfrac{1}{s} = Ls\,I(s) + R\,I(s) = (Ls + R)\,I(s)$

③ $I(s) = \dfrac{E}{s(R+Ls)} = \dfrac{E}{s(Ls+R)} = \dfrac{E}{Ls\left(s+\dfrac{R}{L}\right)} = \dfrac{E}{L}\,\dfrac{1}{s\left(s+\dfrac{R}{L}\right)} = \dfrac{E}{L}\left(\dfrac{A}{s} + \dfrac{B}{s+\dfrac{R}{L}}\right)$

$I(s) = \dfrac{E}{L}\left(\dfrac{\dfrac{L}{R}}{s} - \dfrac{\dfrac{L}{R}}{s+\dfrac{R}{L}}\right) = \dfrac{E}{L} \cdot \dfrac{L}{R}\left(\dfrac{1}{s} - \dfrac{1}{s+\dfrac{R}{L}}\right) = \dfrac{E}{R}\left(\dfrac{1}{s} - \dfrac{1}{s+\dfrac{R}{L}}\right)$

④ $\therefore i(t) = \dfrac{E}{R}\left(1 - e^{-\frac{R}{L}t}\right)$ [A] $= \dfrac{E}{R}\left(1 - e^{-\frac{1}{\tau}t}\right)$ [A]

⚡ 과년도 기출 및 예상문제

★☆☆

01 스위치 S를 닫을 때의 전류 $i(t)$[A]는?

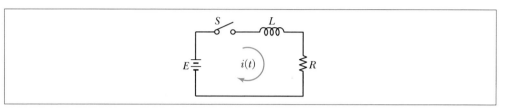

① $\dfrac{E}{R}e^{-\frac{R}{L}t}$

② $\dfrac{E}{R}\left(1-e^{-\frac{R}{L}t}\right)$

③ $\dfrac{E}{R}e^{-\frac{L}{R}t}$

④ $\dfrac{E}{R}\left(1-e^{-\frac{L}{R}t}\right)$

해설 과도시간 동안의 과도전류

$$i(t) = \frac{E}{R}\left(1-e^{-\frac{1}{\tau}t}\right) = \frac{E}{R}\left(1-e^{-\frac{1}{\frac{L}{R}}t}\right) = \frac{E}{R}\left(1-e^{-\frac{R}{L}t}\right)$$

★★★

02 $t=0$[s]에서 스위치 S를 닫을 때의 전류 $i(t)$[A]는?

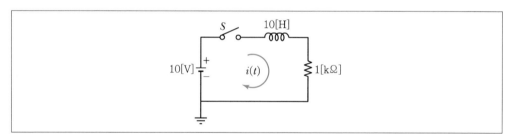

① $0.01(1-e^{-t})$

② $0.01(1+e^{-t})$

③ $0.01(1-e^{-100t})$

④ $0.01(1+e^{-100t})$

해설 과도시간 동안의 과도전류

$$i(t) = \frac{E}{R}\left(1-e^{-\frac{R}{L}t}\right) = \frac{10}{1,000}\left(1-e^{-\frac{1,000}{10}t}\right) = \frac{1}{100}(1-e^{-100t})$$

정답 | 01 ② 02 ③

★☆☆

03 그림과 같은 회로에서 $t=0[\mathrm{s}]$에서 스위치 S를 닫으면서 전압 $E[\mathrm{V}]$를 가할 때 L 양단에 걸리는 전압 $e_L[\mathrm{V}]$는?

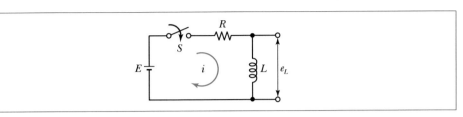

① $E\left(1-e^{-\frac{R}{L}t}\right)$ ② $Ee^{-\frac{R}{L}t}$

③ $E\left(1+e^{\frac{R}{L}t}\right)$ ④ $-Ee^{-\frac{R}{L}t}$

해설 과도시간에 인덕턴스 L의 단자 전압 $e_L(t)$는

$$e_L(t)=L\frac{di(t)}{dt}=L\cdot\frac{d}{dt}\frac{E}{R}\left(1-e^{-\frac{R}{L}t}\right)=L\cdot\frac{E}{R}\cdot\frac{R}{L}e^{-\frac{R}{L}t}=Ee^{-\frac{R}{L}t}$$

★★★

04 그림과 같은 회로에서 스위치 S를 $t=0[\mathrm{s}]$에서 닫았을 때 $(V_L)_{t=0}=100[\mathrm{V}]$, $\left(\frac{di}{dt}\right)_{t=0}=400[\mathrm{A/s}]$이다. L의 값은 몇 $[\mathrm{H}]$인가?

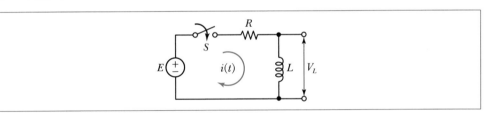

① 0.1 ② 0.25

③ 0.5 ④ 0.75

해설 $V_L=L\cdot\frac{di}{dt}[\mathrm{V}]$에서 $100=L\times400$

$$\therefore L=\frac{100}{400}=0.25[\mathrm{H}]$$

★★★
05 R_1, R_2 저항 및 인덕턴스 L의 직렬회로가 있다. 이 회로의 시정수는?

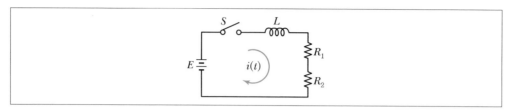

① $\dfrac{L}{R_1+R_2}$

② $\dfrac{R_1+R_2}{L}$

③ $\dfrac{-L}{R_1+R_2}$

④ $-\dfrac{R_1+R_2}{L}$

해설 **$R-L$ 직렬회로**

$R = R_1 + R_2$

$\therefore \tau = \dfrac{L}{R} = \dfrac{L}{R_1+R_2}$ [sec]

★☆☆
06 다음 회로에서 $E = 40[\mathrm{V}]$일 때 정상전류[A]는?

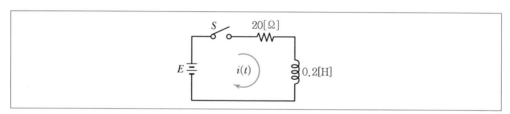

① 0.5

② 1

③ 2

④ 4

해설 $I = \dfrac{E}{R} = \dfrac{40}{20} = 2[\mathrm{A}]$

★☆☆
07 시정수의 의미를 설명한 것 중 틀린 것은?

① 시정수가 작으면 과도현상은 짧다.

② 시정수가 크면 정상상태에 늦게 도착한다.

③ 시정수는 τ로 표시되며 단위는 초(sec)이다.

④ 시정수는 과도기간 중 변화해야 할 양의 $0.632[\%]$가 변화하는 데 소요된 시간이다.

해설 시정수는 정상전류의 $63.2[\%]$에 도달할 때까지의 시간이다.

정답 | 05 ① 06 ③ 07 ④

03 SECTION $R-C$ 직렬회로

1. 전류

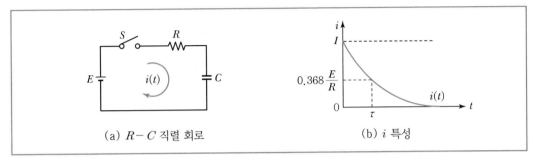

$R-C$ 직렬회로	$R-L$ 직렬회로
$i(t)=C\dfrac{dv_c}{dt}=\dfrac{E}{R}\,e^{-\frac{1}{\tau}t}$	$i(t)=\dfrac{E}{R}\!\left(1-e^{-\frac{1}{\tau}t}\right)$
$v_R=iR=E\,e^{-\frac{1}{\tau}t}$	$v_R=iR=E\!\left(1-e^{-\frac{1}{\tau}t}\right)$
$v_c=E\!\left(1-e^{-\frac{1}{\tau}t}\right)$	$v_L=L\dfrac{di}{dt}=E\,e^{-\frac{1}{\tau}t}$
$q=Cv_c=CE\!\left(1-e^{-\frac{1}{\tau}t}\right)$	

① 시정수 : $\tau=RC$ [sec](시정수가 클수록 과도현상은 오랫동안 지속)

② 특성근 $=-\dfrac{1}{\tau}$

2. 스위치를 투입하면 t가 τ, 2τ, 3τ 일 때 전류의 값

① $t=\tau$: $i(t)=\dfrac{E}{R}e^{-1}=0.368\dfrac{E}{R}$

② $t=2\tau$: $i(t)=\dfrac{E}{R}e^{-2}=0.135\dfrac{E}{R}$

③ $t=3\tau$: $i(t)=\dfrac{E}{R}e^{-3}=0.05\dfrac{E}{R}$

⚡ 과년도 기출 및 예상문제

★★☆

01 그림의 $R-C$ 직렬회로에서 $v = Ri + \dfrac{1}{C}\displaystyle\int i\,dt$ 로 주어질 때 $i(t)$는?

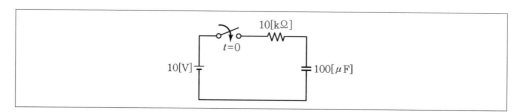

① $10^{-3} \cdot e^{-t}$

② $10^{-1} \cdot e^{-t}$

③ $10^{-2} \cdot e^{-t}$

④ e^{-t}

해설 $i(t) = \dfrac{E}{R} e^{-\frac{1}{RC}t}$ 이므로 $i(t) = \dfrac{10}{10 \times 10^3} e^{-\frac{1}{10 \times 10^3 \times 100 \times 10^{-6}}t} = 10^{-3} \cdot e^{-t}$

★☆☆

02 저항 $R = 5,000[\Omega]$, 정전용량 $C = 20[\mu F]$이 직렬로 접속된 회로에 일정 전압 $E = 100[V]$를 가하고, $t = 0[S]$에서 스위치를 넣을 때 콘덴서 단자 전압[V]을 구하면? (단, 처음에 콘덴서는 충전되지 않았다.)

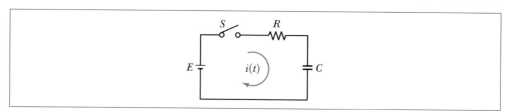

① $100\left(1 - e^{10t}\right)$

② $100\,e^{-10t}$

③ $100\left(1 - e^{-10t}\right)$

④ $100\,e^{10t}$

해설 $v_c(t) = E\left(1 - e^{-\frac{1}{\tau}t}\right) = E\left(1 - e^{-\frac{1}{RC}t}\right) = 100\left(1 - e^{-\frac{1}{5,000 \times 20 \times 10^{-6}}t}\right) = 100(1 - e^{-10t})$

★★☆

03 $R-C$ 직렬회로 시정수는 RC이다. 시정수의 단위는?

① $[\Omega]$

② $[\Omega\mu F]$

③ $[\sec]$

④ $[\Omega/F]$

해설 $\tau = RC[\sec]$

정답 | **01** ① **02** ③ **03** ③

★★★
04 $R-C$ 직렬회로의 과도현상에 대하여 옳게 설명된 것은?

① 과도상태의 과도전류는 $R-C$값에 관계가 없다.

② $R \times C$값이 클수록 과도상태의 과도 전류크기는 빨리 사라진다.

③ $R \times C$값이 클수록 과도상태의 과도 전류크기는 천천히 사라진다.

④ $\dfrac{1}{R \times C}$ 의 값이 클수록 과도상태의 과도 전류크기는 천천히 사라진다.

해설 • 시정수가 크면 클수록 과도현상은 오래 지속되고, 시정수가 짧을수록 과도현상은 빨리 사라진다.
  • $R \times C$회로의 시정수는 $R \times C$이므로 $R \times C$값이 클수록 과도전류의 값이 천천히 사라진다.

★☆☆
05 그림과 같은 회로에서 $t=0[\mathrm{s}]$에서 스위치 S를 닫아 직류전압 $100[\mathrm{V}]$를 회로의 양단에 인가하면 시간 t에서의 충전전하는? (단, $R=10[\Omega]$, $C=0.1[\mathrm{F}]$이다.)

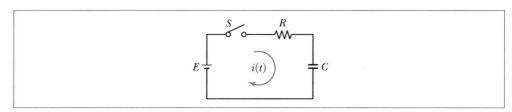

① $10(1-e^{-t})$ ② $-10(1-e^{t})$

③ $10e^{-t}$ ④ $-10e^{t}$

해설 $q = CE\left(1-e^{-\frac{1}{\tau}t}\right) = CE\left(1-e^{-\frac{1}{RC}t}\right) = 0.1 \times 100\left(1-e^{-\frac{1}{10 \times 0.1}t}\right) = 10(1-e^{-t})[\mathrm{C}]$

04 SECTION $R-L-C$ 직렬회로

1. 비진동, 임계진동, 진동

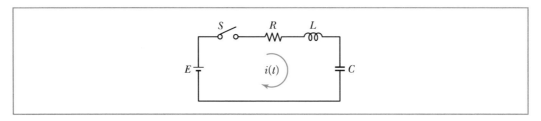

① 비진동 : $R^2 - \dfrac{4L}{C} > 0$ 또는 $\left(\dfrac{R}{2L}\right)^2 - \dfrac{1}{LC} > 0$

② 임계진동 : $R^2 - \dfrac{4L}{C} = 0$ 또는 $\left(\dfrac{R}{2L}\right)^2 - \dfrac{1}{LC} = 0$

③ 진동 : $R^2 - \dfrac{4L}{C} < 0$ 또는 $\left(\dfrac{R}{2L}\right)^2 - \dfrac{1}{LC} < 0$

2. 시정수

① $\tau = \dfrac{2L}{R}$

② 시정수가 클수록 과도현상은 오랫동안 지속된다.

⚡ 과년도 기출 및 예상문제

★☆☆
01 그림과 같은 $R - L - C$ 직렬회로에서 발생하는 과도현상이 진동이 되지 않는 조건은 어느 것인가?

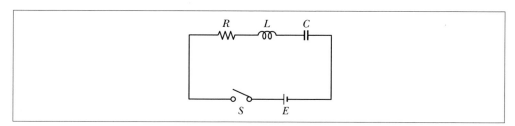

① $\left(\dfrac{R}{2L}\right)^2 - \dfrac{1}{LC} < 0$

② $\left(\dfrac{R}{2L}\right)^2 - \dfrac{1}{LC} > 0$

③ $\left(\dfrac{R}{2L}\right)^2 = \dfrac{1}{LC}$

④ $\dfrac{R}{2L} = \dfrac{1}{LC}$

해설 • 비진동 : $\left(\dfrac{R}{2L}\right)^2 - \dfrac{1}{LC} > 0$

• 진동 : $\left(\dfrac{R}{2L}\right)^2 - \dfrac{1}{LC} < 0$

• 임계 : $\left(\dfrac{R}{2L}\right)^2 - \dfrac{1}{LC} = 0$

★★★
02 $R - L - C$ 직렬회로에서 진동 조건은 어느 것인가?

① $R < 2\sqrt{\dfrac{C}{L}}$

② $R < 2\sqrt{\dfrac{L}{C}}$

③ $R < 2\sqrt{LC}$

④ $R < \dfrac{1}{2\sqrt{LC}}$

해설 진동적 조건 $R^2 - 4\dfrac{L}{C} < 0$에서 $R < 2\sqrt{\dfrac{L}{C}}$

★★☆
03 $R - L - C$ 직렬회로에서 직류 전압 인가 시 $R^2 = \dfrac{4L}{C}$ 일 때의 과도 응답특성은?

① 진동상태

② 비진동상태

③ 임계상태

④ 정상상태

해설 임계적 조건 $\left(\dfrac{R}{2L}\right)^2 - \dfrac{1}{LC} = 0$에서 $R^2 = \dfrac{4L}{C}$

정답 | 01 ② 02 ② 03 ③

04 $R-L-C$ 직렬회로에서 $R=100[\Omega]$, $L=0.1\times10^{-3}[\mathrm{H}]$, $C=0.1\times10^{-6}[\mathrm{F}]$일 때 이 회로는?

① 진동적이다.   ② 비진동이다.

③ 정현파 진동이다.   ④ 임계진동이다.

해설 • 진동 여부의 판별식에서 $R^2-4\dfrac{L}{C}=100^2-4\times\dfrac{0.1\times10^{-3}}{0.1\times10^{-6}}=100^2-4\times10^3=6{,}000$

     • $R^2-\dfrac{4L}{C}>0$이므로 비진동이다.

05 $R-L-C$ 직렬회로에서 시정수의 값이 작을수록 과도현상이 소멸되는 시간은 어떻게 되는가?

① 짧아진다.   ② 관계없다.

③ 길어진다.   ④ 과도상태가 된다.

해설 • 시정수는 과도현상의 길고 짧음을 나타내는 척도이다.

     • 시정수가 크면 클수록 과도현상은 오래 지속되고 시정수가 작으면 과도현상은 짧아진다.

정답 | **04** ②   **05** ①

02

전기기사 필기
과년도 기출문제

전기기사 핵심완성 시리즈 - 4. 회로이론

CRAFTSMAN
ELECTRICITY

※ 2022년 2회 이후 CBT로 출제된 기출문제는 개정된 출제기준과
　해당 회차의 기출 키워드 등을 분석하여 복원하였습니다.

2020년 제1·2회 과년도 기출문제

01 3상 전류가 $I_a = 10 + j3$[A], $I_b = -5 - j2$[A], $I_c = -3 + j4$[A]일 때 정상분 전류의 크기는 약 몇 [A]인가?

① 5

② 6.4

③ 10.5

④ 13.34

해설 계산기 사용

$$I_1 = \frac{1}{3}\left(I_a + aI_b + a^2 I_c\right) = \frac{1}{3}\left\{(10 + j3) + 1\angle 120(-5 - j2) + 1\angle 240(-3 + j4)\right\}$$
$$= 6.4 + j0.09 = 6.4\angle 0.8$$

02 그림의 회로에서 영상 임피던스 Z_{01}이 6[Ω]일 때, 저항 R의 값은 몇 [Ω]인가?

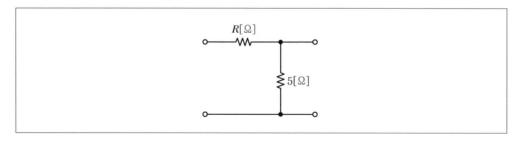

① 2

② 4

③ 6

④ 9

해설 • $Z_{01} = \sqrt{\dfrac{AB}{CD}}$

$-A = 1 + \searrow = 1 + \dfrac{R}{5}$

$-B = R$

$-C = \dfrac{1}{5}$

$-D = 1 + \swarrow = 1$

정답 | 01 ② 02 ②

$$\bullet \ Z_{01} = \sqrt{\frac{AB}{CD}}$$

$$6 = \sqrt{\frac{(1+\frac{R}{5})R}{\frac{1}{5} \times 1}} \ \text{은} \ 6 = \sqrt{(5+R)R} \ \therefore \ R^2 + 5R - 36 = 0$$

인수분해하면 $(R+9)(R-4) = 0 \ \therefore \ R = 4$

03 Y결선의 평형 3상 회로에서 선간전압 V_{ab}와 상전압 V_{an}의 관계로 옳은 것은? (단, $V_{bn} = V_{an} e^{-j(2\pi/3)}$, $V_{cn} = V_{bn} e^{j(2\pi/3)}$)

① $V_{ab} = \dfrac{1}{\sqrt{3}} e^{j(\pi/6)} V_{an}$　　　　　② $V_{ab} = \sqrt{3} e^{j(\pi/6)} V_{an}$

③ $V_{ab} = \dfrac{1}{\sqrt{3}} e^{-j(\pi/6)} V_{an}$　　　　　④ $V_{ab} = \sqrt{3} e^{-j(\pi/6)} V_{an}$

해설 $V_{ab} = 2 \sin \dfrac{\pi}{n} V_{an} \angle \dfrac{\pi}{2} \left(1 - \dfrac{2}{n}\right) = 2 \sin \dfrac{\pi}{3} V_{an} \angle \dfrac{\pi}{2} \left(1 - \dfrac{2}{3}\right)$

$\qquad = \sqrt{3} V_{an} \angle \dfrac{\pi}{6} = \sqrt{3} e^{j(\pi/6)} V_{an}$

04 $f(t) = t^2 e^{-\alpha t}$를 라플라스 변환하면?

① $\dfrac{2}{(s+\alpha)^2}$　　　　　　　　② $\dfrac{3}{(s+\alpha)^2}$

③ $\dfrac{2}{(s+\alpha)^3}$　　　　　　　　④ $\dfrac{3}{(s+\alpha)^3}$

해설 복소 추이 정리

$\qquad F(s) = \mathcal{L}\left[t^2 e^{-\alpha t}\right] = \dfrac{2}{s^3}\Big|_{s \to s+\alpha} = \dfrac{2}{(s+\alpha)^3}$

05 선로의 단위 길이당 인덕턴스, 저항, 정전용량, 누설 컨덕턴스를 각각 L, R, C, G라 하면 전파정수는?

① $\dfrac{\sqrt{(R+j\omega L)}}{(G+j\omega C)}$　　　　　　② $\sqrt{(R+j\omega L)(G+j\omega C)}$

③ $\sqrt{\dfrac{(R+j\omega C)}{(G+j\omega L)}}$　　　　　④ $\sqrt{\dfrac{(G+j\omega C)}{(R+j\omega L)}}$

해설 $\Upsilon = \sqrt{ZY} = \sqrt{(R+j\omega L)(G+j\omega C)}$

06 회로에서 $0.5[\Omega]$ 양단 전압(V)은 약 몇 [V]인가?

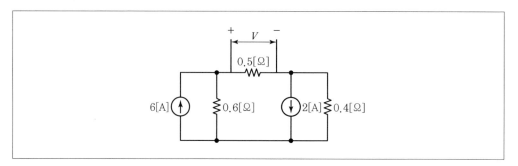

① 0.6
② 0.93
③ 1.47
④ 1.5

해설 **중첩의 정리**
- 2[A] 전류원 개방(전류는 남의 저항만큼 흐름)

$$I_1 = \frac{0.6}{0.6+0.9} \times 6 = 2.4[\text{A}], \quad V_1 = 0.5 \times 2.4 = 1.2[\text{V}]$$

- 6[A] 전류원 개방(전류는 남의 저항만큼 흐름)

$$I_2 = \frac{0.4}{1.1+0.4} \times 2 = 0.53[\text{A}], \quad V_2 = 0.5 \times 0.53 = 0.265[\text{V}]$$

$$\therefore \ V = V_1 + V_2 = 1.2 + 0.265 = 1.465[\text{V}]$$

07 RLC직렬회로의 파라미터가 $R^2 = \dfrac{4L}{C}$의 관계를 가진다면, 이 회로에 직류 전압을 인가하는 경우 과도 응답특성은?

① 무제동
② 과제동
③ 부족제동
④ 임계제동

해설
- 비진동 : $R^2 - \dfrac{4L}{C} > 0$

- 임계진동 : $R^2 - \dfrac{4L}{C} = 0$

- 진동 : $R^2 - \dfrac{4L}{C} < 0$

08 $v(t) = 3 + 5\sqrt{2}\sin\omega t + 10\sqrt{2}\sin\left(3\omega t - \dfrac{\pi}{3}\right)$[V]의 실횻값 크기는 약 몇 [V]인가?

① 9.6
② 10.6
③ 11.6
④ 12.6

정현파의 실횻값 $I = \dfrac{I_m(최댓값)}{\sqrt{2}}$

$$I = \sqrt{3^2 + \left(\dfrac{5\sqrt{2}}{\sqrt{2}}\right)^2 + \left(\dfrac{10\sqrt{2}}{\sqrt{2}}\right)^2} = \sqrt{3^2 + 5^2 + 10^2} = 11.57[\mathrm{A}]$$

09 그림과 같이 결선된 회로의 단자(a, b, c)에 선간전압이 $V[\mathrm{V}]$인 평형 3상 전압을 인가할 때 상전류 $I[\mathrm{A}]$의 크기는?

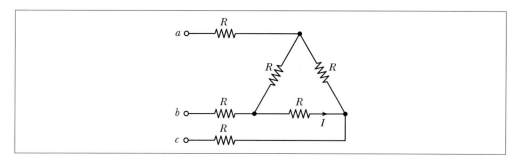

① $\dfrac{V}{4R}$

② $\dfrac{3V}{4R}$

③ $\dfrac{\sqrt{3}\,V}{4R}$

④ $\dfrac{V}{4\sqrt{3}\,R}$

• △ → Y 변환로 변환하면

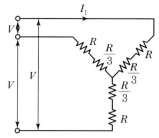

$$R' = \dfrac{R \times R}{R + R + R} = \dfrac{R}{3}$$

1상당 저항값은 $R_a = R + \dfrac{R}{3} = \dfrac{4R}{3}$

1상당 전압값은 $V_p = \dfrac{V}{\sqrt{3}}$

• 선류값은 $I_l = \dfrac{V_p}{R_a} = \dfrac{\dfrac{V}{\sqrt{3}}}{\dfrac{4R}{3}} = \dfrac{3V}{4\sqrt{3}\,R}$

상값은 $I_p = I = \dfrac{I_l}{\sqrt{3}} = \dfrac{\dfrac{3V}{4\sqrt{3}\,R}}{\sqrt{3}} = \dfrac{3V}{4 \times 3R} = \dfrac{V}{4R}[\mathrm{A}]$

정답 | 09 ①

10 $8+j6[\Omega]$인 임피던스에 $13+j20[V]$의 전압을 인가할 때 복소전력은 약 몇 $[VA]$인가?

① $12.7+j34.1$ 　　　　　　　　② $12.7+j55.5$

③ $45.5+j34.1$ 　　　　　　　　④ $45.5+j55.5$

해설 ・ $P_a = VI^*$ 이므로 $V=13+j20$, $I=\dfrac{V}{Z}=\dfrac{13+j20}{8+j6}=2.24+j0.82$

・ $P_a = VI^* = (13+j20)(2.24+j0.82)^* = (13+j20)(2.24-j0.82) = 45.52+j34.14[VA]$

---

11 특성방정식이 $s^3+2s^2+Ks+10=0$로 주어지는 제어시스템이 안정하기 위한 K의 범위는?

① $K>0$ 　　　　　　　　② $K>5$

③ $K<0$ 　　　　　　　　④ $0<K<5$

해설 **루드−훌비쯔 표**

s^3	1	K
s^2	2	10
s^1	$\dfrac{2K-10}{2}$	0
s^0	10	

제1열의 부호 변화가 없으려면 $\dfrac{2K-10}{2}>0$

$\therefore K>5$

---

12 제어시스템의 개루프 전달함수가 $G(s)H(s)=\dfrac{K(s+30)}{s^4+s^3+2s^2+s+7}$로 주어질 때, 다음 중 $K>0$인 경우 근궤적의 점근선이 실수축과 이루는 각$[°]$은?

① $20[°]$ 　　　　　　　　② $60[°]$

③ $90[°]$ 　　　　　　　　④ $120[°]$

해설 ・ 점근선의 각 : $\beta_0 = \dfrac{(2k+1)\pi}{극점의 수 - 영점의 수}$ (k=0, 1, 2, 3, …)

　　− 극점의 수는 분모가 4차식이므로 4개

　　− 영점의 수는 분자가 1차식이므로 1개

・ k=0 : $\beta_0 = \dfrac{(2k+1)\pi}{극점의 수 - 영점의 수} = \dfrac{\pi}{4-1} = \dfrac{\pi}{3} = 60[°]$

　k=1 : $\beta_0 = \dfrac{(2k+1)\pi}{극점의 수 - 영점의 수} = \dfrac{(2+1)\pi}{4-1} = \pi = 180[°]$

　k=2 : $\beta_0 = \dfrac{(2k+1)\pi}{극점의 수 - 영점의 수} = \dfrac{(4+1)\pi}{4-1} = \dfrac{5}{3}\pi = 300[°] = -60[°]$

정답 | 10 ③ 11 ② 12 ②

13 z 변환된 함수 $F(z) = \dfrac{3z}{(z - e^{-3T})}$ 에 대응되는 라플라스변환 함수는?

① $\dfrac{1}{(s+3)}$ ② $\dfrac{3}{(s-3)}$

③ $\dfrac{1}{(s-3)}$ ④ $\dfrac{3}{(s+3)}$

해설 라플라스 변환함수

$f(t)$	$F(s)$	$F(z)$
e^{-at}	$\dfrac{1}{s+a}$	$\dfrac{z}{z - e^{-at}}$
$3e^{-3t}$	$3 \times \dfrac{1}{s+3}$	$3 \times \dfrac{z}{z - e^{-3t}}$

14 그림과 같은 제어시스템의 전달함수 $\dfrac{C(s)}{R(s)}$ 는?

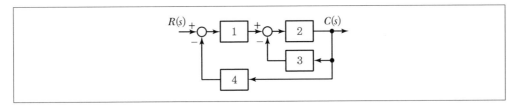

① $\dfrac{1}{15}$ ② $\dfrac{2}{15}$

③ $\dfrac{3}{15}$ ④ $\dfrac{4}{15}$

해설 간이 전달함수 계산

$$\text{전달함수} = \frac{\text{출력}}{\text{입력}} = \frac{C(s)}{R(s)} = \frac{\sum \text{경로}}{1 - \sum \text{피드백}} = \frac{1 \times 2}{1 - (-2 \times 3 - 1 \times 2 \times 4)} = \frac{2}{15}$$

15 전달함수가 $G_C(s) = \dfrac{2s+5}{7s}$ 인 제어기가 있다. 이 제어기는 어떤 제어기인가?

① 비례·미분 제어기   ② 적분 제어기

③ 비례·적분 제어기   ④ 비례·적분·미분 제어기

해설 $G_C(s) = \dfrac{2s+5}{7s} = \dfrac{2}{7} + \dfrac{5}{7s} = \dfrac{2}{7}\left(1 + \dfrac{1}{\frac{2}{5}s}\right)$ 이므로 비례 · 적분 제어기이다.

16 단위 피드백제어계에서 개루프 전달함수 $G(s)$가 다음과 같이 주어졌을 때 단위계단입력에 대한 정상상태 편차는?

$$G(s) = \frac{5}{s(s+1)(s+2)}$$

① 0

② 1

③ 2

④ 3

해설 정상편차 : $e_{ss} = \lim_{s \to 0} E(s) = \lim_{s \to 0} \frac{R(s)}{1+G(s)}$

$$e_{ss} = \lim_{s \to 0} E(s) = \lim_{s \to 0} \frac{R(s)}{1+G(s)} = \lim_{s \to 0} \frac{\frac{1}{s}}{1+\frac{5}{s(s+1)(s+2)}} = \lim_{s \to 0} \frac{1}{1+\frac{5}{s(s+1)(s+2)}} = \frac{1}{1+\infty} = 0$$

17 그림과 같은 논리회로의 출력 Y는?

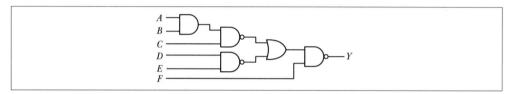

① $ABCDE + \overline{F}$

② $\overline{A}\,\overline{B}\,\overline{C}DE + F$

③ $\overline{A} + \overline{B} + \overline{C} + \overline{D} + \overline{E} + F$

④ $A + B + C + D + E + \overline{F}$

해설 $Z = \overline{\overline{(\overline{ABC} + \overline{DE})}\,F} = \overline{\overline{(ABC + DE)}}\,\overline{F} = ABCDE + \overline{F}$

18 그림의 신호흐름선도에서 전달함수 $\dfrac{C(s)}{R(s)}$는?

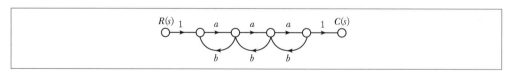

① $\dfrac{a^3}{(1-ab)^3}$

② $\dfrac{a^3}{(1-3ab+a^2b^2)}$

③ $\dfrac{a^3}{1-3ab}$

④ $\dfrac{a^3}{1-3ab+2a^2b^2}$

정답 | 16 ① 17 ① 18 ②

해설 전달함수 $= \dfrac{C(s)}{R(s)} = \dfrac{\sum \left[G(1-loop)\right]}{1-\sum L_1 + \sum L_2 - \sum L_3} = \dfrac{aaa}{1-(ab+ab+ab)+ab\cdot ab} = \dfrac{a^3}{1-3ab+a^2b^2}$

- G : 각각의 순방향 경로의 이득 → aaa
- loop : 각각의 순방향 경로에 접촉하지 않는 이득 → 없음
- $\sum L_1$: 각각의 모든 폐루프 이득의 곱의 합 → $ab+ab+ab=3ab$
- $\sum L_2$: 서로 접촉하고 있지 않은 2개 이상의 L_1의 곱의 합 → $ab\cdot ab=a^2b^2$
- $\sum L_3$: 서로 접촉하고 있지 않은 3개 이상의 L_1의 곱의 합 → 없음

19 다음과 같은 미분방정식으로 표현되는 제어시스템의 시스템 행렬 A는?

$$\frac{d^2c(t)}{dt^2}+5\frac{dc(t)}{dt}+3c(t)=r(t)$$

① $\begin{bmatrix} -5 & -3 \\ 0 & 1 \end{bmatrix}$ ② $\begin{bmatrix} -3 & -5 \\ 0 & 1 \end{bmatrix}$

③ $\begin{bmatrix} 0 & 1 \\ -3 & -5 \end{bmatrix}$ ④ $\begin{bmatrix} 0 & 1 \\ -5 & -3 \end{bmatrix}$

해설
- $x_1(t)=c(t)$라 놓으면 $x_2(t)=\dfrac{d}{dt}x_1(t)=\dfrac{d}{dt}c(t)=\dot{x}_1(t)$
- $x_3(t)=\dfrac{d}{dt}x_2(t)=\dfrac{d}{dt}(\dfrac{d}{dt}x_1(t))=\dfrac{d}{dt}x_2(t)=\dot{x}_2(t)$

  그러므로 주어진 식은 $\dfrac{d^2c(t)}{dt^2}=-3c(t)-5\dfrac{dc(t)}{dt}+r(t)$

  $\dot{x}_2(t)=-3x_1(t)-5x_2(t)+r(t)$
- $\dot{x}_1(t)=0x_1(t)+x_2(t)+0r(t)$

  $\dot{x}_2(t)=-3x_1(t)-5x_2(t)+r(t)$

  $\therefore \begin{bmatrix} \dot{x}_1(t) \\ \dot{x}_2(t) \end{bmatrix} = \begin{bmatrix} 0 & 1 \\ -3 & -5 \end{bmatrix}\begin{bmatrix} x_1(t) \\ x_2(t) \end{bmatrix} + \begin{bmatrix} 0 \\ 1 \end{bmatrix}r(t)$

20 안정한 제어시스템의 보드 선도에서 이득여유는?

① $-20 \sim 20[dB]$ 사이에 있는 크기[dB] 값이다.
② $0 \sim 20[dB]$ 사이에 있는 크기 선도의 길이이다.
③ 위상이 $0[°]$가 되는 주파수에서 이득의 크기[dB]이다.
④ 위상이 $-180[°]$가 되는 주파수에서 이득의 크기[dB]이다.

해설 **이득여유**

위상 선도가 $-180[°]$ 축과 교차되는 점에 대응되는 이득의 크기[dB]

정답 | 19 ③   20 ④

01 선간전압이 V_{ab}[V]인 3상 평형 전원에 대칭 부하 R[Ω]이 그림과 같이 접속되어 있을 때, a, b 두 상 간에 접속된 전력계의 지시 값이 W[W]라면 C상 전류의 크기[A]는?

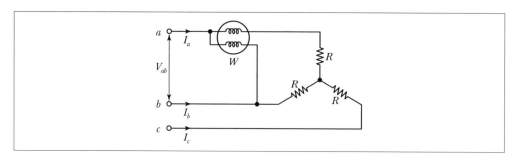

① $\dfrac{W}{2V_{ab}}$

② $\dfrac{2W}{3V_{ab}}$

③ $\dfrac{2W}{\sqrt{3}\,V_{ab}}$

④ $\dfrac{\sqrt{3}\,W}{V_{ab}}$

> 해설 • 3상 평형이므로 $V_{ab} = V_{bc} = V_{ca} = V$, $I_a = I_b = I_c = I$
>
> • $P = 2W = \sqrt{3}\,VI$
>
> $I = \dfrac{2W}{\sqrt{3}\,V}$ ∴ $I_c = \dfrac{2W}{\sqrt{3}\,V_{ab}}$

02 불평형 3상 전류가 $I_a = 15 + j2$[A], $I_b = -20 - j14$[A], $I_c = -3 + j10$[A]일 때, 역상분 전류 I_2[A]는?

① $1.91 + j6.24$

② $15.74 - j3.57$

③ $-2.67 - j0.67$

④ $-8 - j2$

> 해설 계산기 사용
>
> $I_2 = \dfrac{1}{3}(I_a + a^2 I_b + a I_c) = \dfrac{1}{3}\{(15 + j2) + 1\angle240(-20 - j14) + 1\angle120(-3 + j10)\}$
>
> $= 1.91 + j6.24 = 6.525 \angle 72.988$

정답 | 01 ③ 02 ①

03 회로에서 20[Ω]의 저항이 소비하는 전력은 몇 [W]인가?

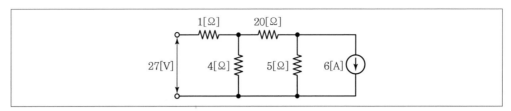

① 14

② 27

③ 40

④ 80

해설 **중첩의 정리**

• 전류원 개방

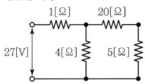

−합성저항 $R = 1 + \dfrac{4 \times 25}{4 + 25} = \dfrac{129}{29}$

−전체전류 $I = \dfrac{V}{R} = \dfrac{27}{\dfrac{129}{29}} = \dfrac{261}{43}$

−20[Ω]에 흐르는 전류 $I_1 = \dfrac{4}{4 + 25} \times \dfrac{261}{43} = 0.837$[A]

• 전압원 단락

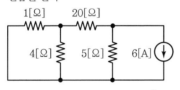

20[Ω]에 흐르는 전류 $I_2 = \dfrac{5}{5 + \left(20 + \dfrac{4}{5}\right)} \times 6 = 1.163$[A]

• 20[Ω]에 흐르는 전전류 $I = 0.837 + 1.163 = 2$

$P = I^2 R = 2^2 \times 20 = 80$[W]

정답 | 03 ④

04 RC 직렬회로에 직류전압 V[V]가 인가되었을 때, 전류 $i(t)$에 대한 전압방정식[KVL]이 $V = Ri(t) + \frac{1}{C}\int i(t)dt$[V]이다. 전류 $i(t)$의 라플라스 변환인 $I(s)$는? (단, C에는 초기 전하가 없다.)

① $I(s) = \frac{V}{R}\dfrac{1}{s - \dfrac{1}{RC}}$

② $I(s) = \frac{C}{R}\dfrac{1}{s + \dfrac{1}{RC}}$

③ $I(s) = \frac{V}{R}\dfrac{1}{s + \dfrac{1}{RC}}$

④ $I(s) = \frac{R}{C}\dfrac{1}{s - \dfrac{1}{RC}}$

해설 실미분 정리, 실적분 정리

- 양변을 라플라스하면 $\dfrac{V}{s} = RI(s) + \dfrac{1}{C}\dfrac{1}{s}I(s)$
- 공통인수를 묶으면 $\dfrac{V}{s} = I(s)\left(R + \dfrac{1}{Cs}\right)$

$$I(s) = \frac{V}{s}\frac{1}{R + \dfrac{1}{Cs}} = \frac{V}{s}\frac{Cs}{RCs + 1} = \frac{V}{sRC}\frac{Cs}{s + \dfrac{1}{RC}} = \frac{V}{R}\frac{1}{s + \dfrac{1}{RC}}$$

05 선간전압이 100[V]이고, 역률이 0.6인 평형 3상 부하에서 무효전력이 $Q = 10$[kVar]일 때, 선전류의 크기는 약 [A]인가?

① 57.7

② 72.2

③ 96.2

④ 125

해설 • $Q = \sqrt{3}\,VI\sin\theta$[Var]

• $I = \dfrac{Q}{\sqrt{3}\,V\sin\theta} = \dfrac{10 \times 10^3}{\sqrt{3} \times 100 \times \sqrt{1 - 0.6^2}} = 72.2$[A]

06 그림과 같은 T형 4단자 회로망에서 4단자 정수 A와 C는? (단, $Z_1 = \dfrac{1}{Y_1}$, $Z_2 = \dfrac{1}{Y_2}$, $Z_3 = \dfrac{1}{Y_3}$)

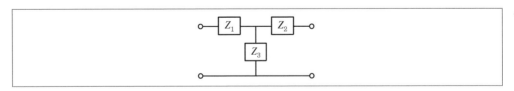

① $A = 1 + \dfrac{Y_3}{Y_1}$, $C = Y_2$

② $A = 1 + \dfrac{Y_3}{Y_1}$, $C = \dfrac{1}{Y_3}$

③ $A = 1 + \dfrac{Y_3}{Y_1}$, $C = Y_3$

④ $A = 1 + \dfrac{Y_1}{Y_3}$, $C = \left(1 + \dfrac{Y_1}{Y_3}\right)\dfrac{1}{Y_3} + \dfrac{1}{Y_2}$

정답 | **04** ③ **05** ② **06** ③

해설
- $A = 1 + \searrow = 1 + \dfrac{Z_1}{Z_3} = 1 + \dfrac{Y_3}{Y_1}$,

- $B = Z_1 + \dfrac{Z_1 Z_2}{Z_3} + Z_2 = \dfrac{Z_1 Z_2 + Z_2 Z_3 + Z_3 Z_1}{Z_3}$

- $C = Y_3 = \dfrac{1}{Z_3}$

- $D = 1 + \swarrow = 1 + \dfrac{Z_2}{Z_3}$

---

07 어떤 회로의 유효전력이 300[W], 무효전력이 400[Var]이다. 이 회로의 복소전력의 크기[VA]는?

① 350

② 500

③ 600

④ 700

해설 $P_a = P + jP_r = 300 + j400 = \sqrt{300^2 + 400^2} = 500[\text{VA}]$

---

08 $R = 4[\Omega]$, $\omega L = 3[\Omega]$의 직렬회로에 $e = 100\sqrt{2}\sin\omega t + 50\sqrt{2}\sin 3\omega t$를 인가할 때 이 회로의 소비전력은 약 몇 [W]인가?

① 1,000

② 1,414

③ 1,560

④ 1,703

해설
- 기본파 전압이 걸리면 전류는 $I_1 = \dfrac{E_1}{Z} = \dfrac{100}{\sqrt{4^2 + 3^2}} = \dfrac{100}{5} = 20[\text{A}]$

  이때 전력 $P_1 = I_1^2 R = 20^2 \times 4 = 1,600[\text{W}]$

- 제3고조파 전압이 걸리면 전류는 $I_3 = \dfrac{E_3}{R + 3j\omega L} = \dfrac{50}{4 + j9} = \dfrac{50}{\sqrt{4^2 + 9^2}} = 5.076[\text{A}]$

  이때 전력 $P_3 = I_3^2 R = 5.076^2 \times 4 = 103[\text{W}]$
- $P = P_1 + P_3 = 1,600 + 103 = 1,703[\text{W}]$

---

09 단위 길이당 인덕턴스가 $L[\text{H/m}]$이고, 단위 길이 당 정전용량이 $C[\text{F/m}]$인 무손실선로에서의 진행파 속도[m/s]는?

① $\sqrt{LC}$

② $\dfrac{1}{\sqrt{LC}}$

③ $\sqrt{\dfrac{C}{L}}$

④ $\sqrt{\dfrac{L}{C}}$

해설 $v = \dfrac{\omega}{\beta} = \dfrac{\omega}{\omega\sqrt{LC}} = \dfrac{1}{\sqrt{LC}}[\text{m/s}]$

정답 | **07** ② **08** ④ **09** ②

10 $t = 0[\mathrm{s}]$에서 스위치(S)를 닫았을 때 $t = 0^{+}$에서의 $i(t)$는 몇 [A]인가? (단, 커패시터에 초기 전하는 없다.)

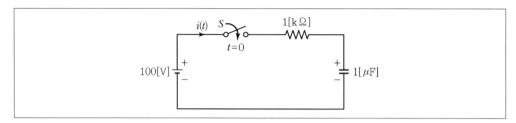

① 0.1   ② 0.2

③ 0.4   ④ 1.0

> **해설** $i(t) = \dfrac{E}{R} e^{-\frac{1}{RC}t}$ 에서 $t = 0$이므로
>
> $$i(t) = \frac{100}{1,000} e^{0} = \frac{1}{10} \times 1 = 0.1[\mathrm{A}]$$

11 그림과 같은 피드백제어 시스템에서 입력이 단위계단함수일 때 정상상태 오차상수인 위치상수(K_p)는?

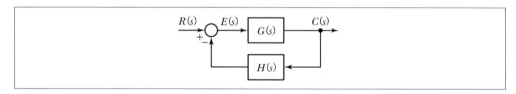

① $K_p = \displaystyle\lim_{s \to 0} G(s) H(s)$ ② $K_p = \displaystyle\lim_{s \to 0} \frac{G(s)}{H(s)}$

③ $K_p = \displaystyle\lim_{s \to \infty} G(s) H(s)$ ④ $K_p = \displaystyle\lim_{s \to \infty} \frac{G(s)}{H(s)}$

> **해설** 정상 위치편차 : 입력이 단위계단 $u(t)$일 때 $R(s) = \mathcal{L}[u(t)] = \dfrac{1}{s}$
>
> $$e_{ss} = \lim_{s \to 0} s \frac{R(s)}{1 + G(s)H(s)} = \lim_{s \to 0} s \frac{\frac{1}{s}}{1 + G(s)H(s)} = \lim_{s \to 0} \frac{1}{1 + G(s)H(s)}$$
>
> $$= \frac{1}{1 + \lim_{s \to 0} G(s)H(s)} = \frac{1}{1 + K_P} \ (K_P : \text{위치편차 상수})$$

정답   **10** ①   **11** ①

12 적분 시간 4[sec], 비례 감도가 4인 비례 · 적분동작을 하는 제어요소에 동작신호 $z(t) = 2t$를 주었을 때 이 제어요소의 조작량은? (단, 조작량의 초깃값은 0이다.)

① $t^2 + 8t$

② $t^2 + 2t$

③ $t^2 - 8t$

④ $t^2 - 2t$

해설 • 비례 · 적분동작(PI)이므로

$$y(t) = K_P[z(t) + \frac{1}{T_i} \int z(t)dt]$$

$$y(t) = 4[2t + \frac{1}{4} \int 2tdt]$$

• 양변을 라플라스하면

$$Y(s) = 4[2\frac{1}{s^2} + \frac{1}{4}\frac{1}{s}2\frac{1}{s^2}] = \frac{8}{s^2} + \frac{2}{s^3}$$

• 역라플라스하면

$$y(t) = 8t + t^2$$

※ 실적분 정리 : $\mathcal{L}\left[\int f(t)\,dt\right] = \frac{1}{s}F(s)$

13 시간함수 $f(t) = \sin\omega t$의 z변환은? (단, T는 샘플링 주기이다.)

① $\dfrac{z\sin\omega T}{z^2 + 2z\cos\omega T + 1}$

② $\dfrac{z\sin\omega T}{z^2 - 2z\cos\omega T + 1}$

③ $\dfrac{z\cos\omega T}{z^2 - 2z\sin\omega T + 1}$

④ $\dfrac{z\cos\omega T}{z^2 + 2z\sin\omega T + 1}$

해설 **시간함수에 대한 z변환표**

$f(t)$	$F(s)$	$F(z)$
$\delta(t)$	1	1
$u(t)$	$\dfrac{1}{s}$	$\dfrac{z}{z-1}$
t	$\dfrac{1}{s^2}$	$\dfrac{Tz}{(z-1)^2}$
e^{-at}	$\dfrac{1}{s+a}$	$\dfrac{z}{z-e^{-at}}$
$\sin\omega t$	$\dfrac{\omega}{s^2+\omega^2}$	$\dfrac{z\sin\omega T}{z^2-2z\cos\omega T+1}$
$\cos\omega t$	$\dfrac{s}{s^2+\omega^2}$	$\dfrac{z(z-\cos\omega T)}{z^2-2z\cos\omega T+1}$

14 다음과 같은 신호흐름선도에서 $\dfrac{C(s)}{R(s)}$ 의 값은?

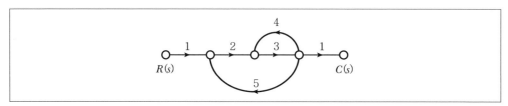

① $-\dfrac{1}{41}$　　　　　　　　　② $-\dfrac{3}{41}$

③ $-\dfrac{6}{41}$　　　　　　　　　④ $-\dfrac{8}{41}$

> **해설** **간이 전달함수 계산법**
>
> $$\text{전달함수}=\frac{\text{출력}}{\text{입력}}=\frac{C(s)}{R(s)}=\frac{\sum \text{경로}}{1-\sum \text{피드백}}=\frac{1\times2\times3\times1}{1-(3\times4+2\times3\times5)}=-\frac{6}{41}$$

15 Routh – Hurwitz 방법으로 특성방정식이 $s^4+2s^3+s^2+4s+2=0$인 시스템의 안정도를 판별하면?

① 안정　　　　　　　　　② 불안정
③ 임계안정　　　　　　　　④ 조건부 안정

> **해설** **루드－홀비쯔 표**
>
> | s^4 | 1 | 1 | 2 |
> |:---:|:---:|:---:|:---:|
> | s^3 | 2 | 4 | 0 |
> | s^2 | $\dfrac{2-4}{2}=-1$ | $\dfrac{4-0}{2}=2$ | |
> | s^1 | $\dfrac{-4-4}{-1}=8$ | | |
> | s^0 | 2 | | |
>
> • 제1열의 부호 변화가 있어 불안정
> • 부호의 변화가 2번 있으므로 불안정 근이 2개(안정근 : 2개)
> ※ 불안정 근 : s 평면의 우반면에 존재하는 근의 수

정답 | 14 ③ 15 ②

16 제어시스템의 상태방정식이 $\dfrac{dx(t)}{dt} = Ax(t) + Bu(t)$, $A = \begin{bmatrix} 0 & 1 \\ -3 & 4 \end{bmatrix}$, $B = \begin{bmatrix} 1 \\ 1 \end{bmatrix}$ 일 때, 특성방정식을 구하면?

① $s^2 - 4s - 3 = 0$

② $s^2 - 4s + 3 = 0$

③ $s^2 + 4s + 3 = 0$

④ $s^2 + 4s - 3 = 0$

해설 $\dfrac{d}{dt} x(t) = Ax(t) + Bu(t) = \begin{bmatrix} 0 & 1 \\ -3 & 4 \end{bmatrix} x(t) + \begin{bmatrix} 1 \\ 1 \end{bmatrix} u(t)$

$|sI - A| = \begin{bmatrix} s & 0 \\ 0 & s \end{bmatrix} - \begin{bmatrix} 0 & 1 \\ -3 & 4 \end{bmatrix} = \begin{bmatrix} s & -1 \\ 3 & s-4 \end{bmatrix} = s(s-4) + 3 = s^2 - 4s + 3 = 0$

• 특성방정식 : $s^2 - 4s + 3 = 0$

• 고유값 : 특성방정식의 근($s = 1$, $s = 3$)

17 어떤 제어시스템의 개루프 이득이 $G(s)H(s) = \dfrac{K(s+2)}{s(s+1)(s+3)(s+4)}$ 일 때 이 시스템이 가지는 근궤적의 가지(Branch) 수는?

① 1

② 3

③ 4

④ 5

해설 • 근궤적의 개수는 극점의 수와 영점의 수에서 큰 것과 일치한다.

• 근의 수(P)와 영점수(Z)에서 $Z = 1$, $P = 4$이므로 근궤적의 개수는 4이다.

18 다음 회로에서 입력전압 $v_1(t)$에 대한 출력전압 $v_2(t)$의 전달함수 $G(s)$는?

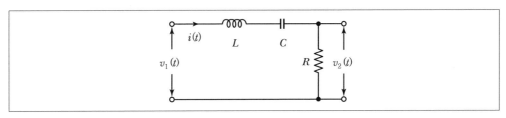

① $\dfrac{RCs}{LCs^2 + RCs + 1}$

② $\dfrac{RCs}{LCs^2 - RCs - 1}$

③ $\dfrac{Cs}{LCs^2 + RCs + 1}$

④ $\dfrac{Cs}{LCs^2 - RCs - 1}$

해설 $G(s) = \dfrac{V_2(s)}{V_1(s)} = \dfrac{R}{Ls + \dfrac{1}{Cs} + R} = \dfrac{RCs}{LCs^2 + RCs + 1}$

19 특성방정식의 모든 근이 s평면(복소평면)의 $j\omega$축(허수 축)에 있을 때 이 제어시스템의 안정도는?

① 알 수 없다.   ② 안정하다.

③ 불안정하다.   ④ 임계안정이다.

해설 ▸ • s 평면의 좌반부 : 안정
- • s 평면의 허수축상 : 임계안정
- • s 평면의 우반부 : 불안정

20 논리식 $((AB+A\overline{B})+AB)+\overline{A}B$를 간단히 하면?

① $A+B$ ② $\overline{A}+B$

③ $A+\overline{B}$ ④ $A+A \cdot B$

해설 ▸ $((AB+A\overline{B})+AB)+\overline{A}B=(AB+A\overline{B}+AB)+\overline{A}B=AB+A\overline{B}+\overline{A}B$
$= A(B+\overline{B})+A\overline{B}=A+\overline{A}B=(A+\overline{A})(A+B)=A+B$

01 대칭 3상 전압이 공급되는 3상 유도 전동기에서 각 계기의 지시는 다음과 같다. 유도전동기의 역률은 약 얼마인가?

• 전력계(W_1) : 2.84[kW], 전력계(W_2) : 6.00[kW]
• 전압계(V) : 200[V], 전류계[A] : 30[A]

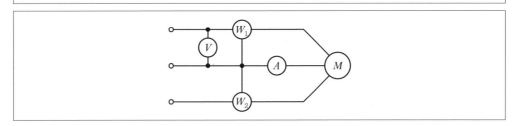

① 0.70
② 0.75
③ 0.80
④ 0.85

해설 $\cos\theta = \dfrac{P}{\sqrt{3}\,VI} = \dfrac{2.84+6}{\sqrt{3}\times0.2\times30} = 0.85$

02 불평형 3상 전류 $I_a = 25+j4$[A], $I_b = -18-j16$[A], $I_c = 7+j15$[A]일 때 영상전류 I_0[A]는?

① $2.67+j1$
② $2.67+j2$
③ $4.67+j1$
④ $4.67+j2$

해설 $I_0 = \dfrac{1}{3}\left(\dot{I}_a + \dot{I}_b + \dot{I}_c\right) = \dfrac{1}{3}(25+j4-18-j16+7+j15) = \dfrac{1}{3}(14+j3) = 4.67+j1$[A]

03 Δ결선으로 운전 중인 3상 변압기에서 하나의 변압기 고장에 의해 V결선으로 운전하는 경우, V결선으로 공급할 수 있는 전력은 고장 전 Δ결선으로 공급할 수 있는 전력에 비해 약 몇 [%]인가?

① 86.6
② 75.0
③ 66.7
④ 57.7

정답 | 01 ④ 02 ③ 03 ④

• 고장 전 출력비 $\dfrac{P_v}{P_\triangle} = \dfrac{\sqrt{3}\,V_p I_p}{3\,V_p I_p} = \dfrac{1}{\sqrt{3}} = 0.577$

• 고장 후 이용률 $\dfrac{\sqrt{3}\,V_p I_p}{2\,V_p I_p} = \dfrac{\sqrt{3}}{2} = 0.866$

04 분포정수회로에서 직렬 임피던스를 Z, 병렬 어드미턴스를 Y라 할 때, 선로의 특성 임피던스 Z_c는?

① ZY

② $\sqrt{ZY}$

③ $\sqrt{\dfrac{Y}{Z}}$

④ $\sqrt{\dfrac{Z}{Y}}$

선로의 특성 임피던스

$$Z_\omega = \sqrt{\dfrac{Z}{Y}} = \sqrt{\dfrac{R+j\omega L}{G+j\omega C}} = \sqrt{\dfrac{L}{C}}\;(R \ll \omega L,\; G \ll \omega C)$$

05 4단자 정수 A, B, C, D 중에서 전압이득의 차원을 가진 정수는?

① A

② B

③ C

④ D

$\begin{bmatrix} V_1 \\ I_1 \end{bmatrix} = \begin{bmatrix} A\ B \\ C\ D \end{bmatrix} \begin{bmatrix} V_2 \\ I_2 \end{bmatrix} \begin{cases} V_1 = A V_2 + B I_2 \\ I_1 = C C_2 + D I_2 \end{cases}$

• $A = \dfrac{V_1}{V_2}\big|_{I_2=0}$: 전압이득

• $B = \dfrac{V_1}{I_2}\big|_{V_2=0}$: 임피던스 차원

• $C = \dfrac{I_1}{V_2}\big|_{I_2=0}$: 어드미턴스 차원

• $D = \dfrac{I_1}{I_2}\big|_{V_2=0}$: 전류이득

06 그림과 같은 회로의 구동점 임피던스[Ω]는?

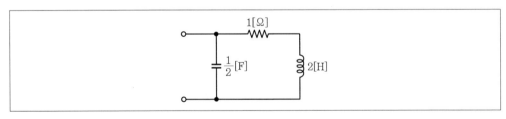

① $\dfrac{2(2s+1)}{2s^2+s+2}$

② $\dfrac{2s^2+s-2}{-2(2s+1)}$

③ $\dfrac{-2(2s+1)}{2s^2+s-2}$

④ $\dfrac{2s^2+s+2}{2(2s+1)}$

• $\dfrac{1}{Z} = \dfrac{1}{\dfrac{1}{sC}} + \dfrac{1}{R+sL} = sC + \dfrac{1}{R+sL} = \dfrac{sC(R+sL)+1}{R+sL}$

• $Z = \dfrac{R+sL}{sC(R+sL)+1} = \dfrac{1+2s}{\dfrac{1}{2}s(1+2s)+1} = \dfrac{1+2s}{s^2+\dfrac{1}{2}s+1} = \dfrac{2(2s+1)}{2s^2+s+2}$

07 회로의 단자 a와 b 사이에 나타나는 전압 V_{ab}는 몇 [V]인가?

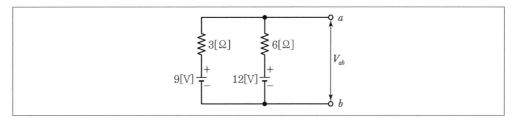

① 3
③ 10

② 9
④ 12

밀만의 정리

$$V_{ab} = \dfrac{I}{Y} = \dfrac{YE}{Y} = \dfrac{\dfrac{1}{3}\times 9 + \dfrac{1}{6}\times 12}{\dfrac{1}{3}+\dfrac{1}{6}} = 10[\text{V}]$$

08 $R-L$ 직렬회로에 순시치 전압 $v(t) = 20 + 100\sin\omega t + 40\sin(3\omega t + 60[°]) + 40\sin 5\omega t[\text{V}]$를 가할 때 제 5고조파 전류의 실횻값 크기는 약 몇 [A]인가? (단, $R=4[\Omega]$, $\omega L = 1[\Omega]$이다.)

① 4.4
③ 6.25

② 5.66
④ 8.0

• $Z_3 = R + j5\omega L = 4 + j5 \times 1 = 4 + j5 = \sqrt{41} \angle 51.3$

• $V_5 = \dfrac{40}{\sqrt{2}} = 20\sqrt{2}[\text{V}]$

• $I_5 = \dfrac{V_5}{|Z_5|} = \dfrac{20\sqrt{2}}{\sqrt{41}} = 4.417[\text{A}]$

정답 | 07 ③　08 ①

09 그림의 교류 브리지 회로가 평형이 되는 조건은?

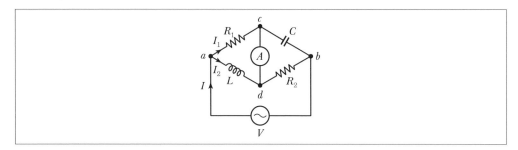

① $L = \dfrac{R_1 R_2}{C}$

② $L = \dfrac{C}{R_1 R_2}$

③ $L = R_1 R_2 C$

④ $L = \dfrac{R_2}{R_1} C$

해설 • $R_1 R_2 = j\omega L \dfrac{1}{j\omega C}$

• $R_1 R_2 = \dfrac{L}{C}$

∴ $L = R_1 R_2 C$

10 $f(t) = t^n$ 의 라플라스 변환식은?

① $\dfrac{n}{s^n}$

② $\dfrac{n+1}{s^{n+1}}$

③ $\dfrac{n!}{s^{n+1}}$

④ $\dfrac{n+1}{s^{n!}}$

해설 $\dfrac{n!}{s^{n+1}}$ (단, $n \neq n \times (n-1) + \cdots + 2 \times 1$)

11 그림과 같은 블록선도의 제어시스템에서 속도 편차 상수 K_v는 얼마인가?

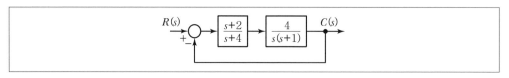

① 0

② 0.5

③ 2

④ ∞

• 정상속도 편차 : 입력이 단위속도 $t\,u(t)$일 때 $R(s)=\mathcal{L}\,[t\,u(t)]=\dfrac{1}{s^2}$

$$e_{ss}=\lim_{s\to 0}s\frac{R(s)}{1+G(s)}=\lim_{s\to 0}s\frac{\dfrac{1}{s^2}}{1+G(s)}=\lim_{s\to 0}\frac{1}{s(1+G(s))}$$

$$=\lim_{s\to 0}\frac{1}{s+s\,G(s)}=\frac{1}{\lim_{s\to 0}s\,G(s)}=\frac{1}{K_v}\ (K_v\,:\,\text{속도편차 상수})$$

• $G(s)=\dfrac{s+2}{s+4}\times\dfrac{4}{s(s+1)}=\dfrac{4(s+2)}{s(s+1)(s+4)}$

• $K_v=\lim_{s\to 0}s\,G(s)=\lim_{s\to 0}s\dfrac{4(s+2)}{s(s+1)(s+4)}=\lim_{s\to 0}\dfrac{4(s+2)}{(s+1)(s+4)}=\dfrac{8}{4}=2$

12 근궤적의 성질 중 틀린 것은?

① 근궤적은 실수축을 기준으로 대칭이다.
② 점근선은 허수축 상에서 교차한다.
③ 근궤적의 가짓수는 특성방정식의 차수와 같다.
④ 근궤적은 개루프 전달함수의 극점으로부터 출발한다.

점근선의 교차점은 실수축에서만 교차하고 그 수는 $n=P-Z$이다.

13 Routh – Hurwitz 안정도 판별법을 이용하여 특성방정식이 $s^3+3s^2+3s+1+K=0$으로 주어진 제어 시스템이 안정하기 위한 K의 범위를 구하면?

① $-1\le K<8$ ② $-1<K\le 8$
③ $-1<K<8$ ④ $K<-1$ 또는 $K>8$

루드－훌비쯔 표

s^3	1	3
s^2	3	$1+K$
s^1	$\dfrac{9-(1+K)}{3}$	0
s^0	$1+K$	

제1열의 부호 변화가 없으려면 $\dfrac{9-(1+K)}{3}>0,\ 1+K>0$

$\therefore -1<K<8$

14 $e(t)$의 z변환을 $E(z)$라고 했을 때 $e(t)$의 초깃값 $e(0)$는?

① $\lim\limits_{z \to 1} E(z)$

② $\lim\limits_{z \to \infty} E(z)$

③ $\lim\limits_{z \to 1}(1-z^{-1})E(z)$

④ $\lim\limits_{z \to \infty}(1-z^{-1})E(z)$

해설 z변환에 대한 중요한 정리

구분	s변환	z변환
초깃값 정리	$\lim\limits_{t \to 0} f(t) = \lim\limits_{s \to \infty} sE(s)$	$\lim\limits_{k \to 0} e(KT) = \lim\limits_{z \to \infty} E(z)$
최종값 정리	$\lim\limits_{t \to \infty} f(t) = \lim\limits_{s \to 0} sF(s)$	$\lim\limits_{k \to \infty} e(KT) = \lim\limits_{z \to 1}(1-z^{-1})E(z)$

15 그림의 신호흐름선도에서 $\dfrac{C(s)}{R(s)}$ 는?

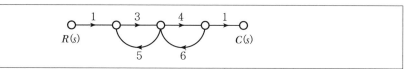

① $-\dfrac{2}{5}$

② $-\dfrac{6}{19}$

③ $-\dfrac{12}{29}$

④ $-\dfrac{12}{37}$

해설 전달함수 $= \dfrac{출력}{입력} = \dfrac{C(s)}{R(s)} = \dfrac{\sum 경로}{1 - \sum 피드백} = \dfrac{1 \times 3 \times 4 \times 1}{1-(3 \times 5+4 \times 6)} = -\dfrac{12}{38} = -\dfrac{6}{19}$

16 전달함수가 $G(s) = \dfrac{10}{s^2+3s+2}$ 으로 표현되는 제어시스템에서 직류 이득은 얼마인가?

① 1

② 2

③ 3

④ 5

해설 직류 이득은 $s=0$이다.

$\therefore G(0) = \dfrac{10}{2} = 5$

17 전달함수가 $\dfrac{C(s)}{R(s)} = \dfrac{25}{s^2+6s+25}$ 인 2차 제어시스템의 감쇠 진동 주파수(ω_d)는 몇 [rad/sec]인가?

① 3

② 4

③ 5

④ 6

해설 • 전달함수= $\dfrac{C(s)}{R(s)} = \dfrac{\omega_n^2}{s^2+2\delta\omega_n s+\omega_n^2} = \dfrac{25}{s^2+6s+25}$

　－고유각주파주 : $\omega_n^2 = 25$, $\omega_n = \sqrt{25} = 5$

　－감쇠비(제동비) : $2\delta\omega_n = 6$에서 $2\delta \times 5 = 6$ ∴ $\delta = 0.6$

• 진동 주파수 : $\omega_d = \omega_n\sqrt{1-\delta^2} = 5\sqrt{1-0.6^2} = 4$

18 다음 논리식을 간단히 한 것은?

$$Y = \overline{A}BC\overline{D} + \overline{A}BCD + \overline{A}\,\overline{B}C\overline{D} + \overline{A}\,\overline{B}CD$$

① $Y = \overline{A}\,C$

② $Y = A\overline{C}$

③ $Y = AB$

④ $Y = BC$

해설 $Y = \overline{A}BC\overline{D} + \overline{A}BCD + \overline{A}\,\overline{B}C\overline{D} + \overline{A}\,\overline{B}CD = \overline{A}BC(\overline{D}+D) + \overline{A}\,\overline{B}C(\overline{D}+D)$

　$= \overline{A}BC + \overline{A}\,\overline{B}C = \overline{A}C(B+\overline{B}) = \overline{A}C$

19 폐루프 시스템에서 응답의 잔류 편차 또는 정상상태오차를 제거하기 위한 제어 기법은?

① 비례 제어

② 적분 제어

③ 미분 제어

④ On–Off 제어

해설 **조절부의 동작에 의한 제어**
- 비례 제어(P동작 : Proportional)
  - 잔류편차(off–set) 발생
  - 정상오차 수반
- 적분 제어(I동작 : Integral)
  - 잔류편차 (off–set) 제거
- 미분 제어(D동작 : Derivative)
  - 오차가 커지는 것을 미리 방지
- 비례 · 적분 제어(PI동작)
  - 잔류편차(off–set) 제거
  - 정상특성 개선에 활용
- 비례 · 미분 제어(PD동작)
  - 진상요소이므로 응답 속응성의 개선
  - 진동억제

정답 | 17 ② 18 ① 19 ②

- 비례 · 적분 · 미분 제어(PID동작)
  - 정상특성과 응답 속응성을 동시에 개선
  - 뒤진, 앞선 회로의 특성과 같으며 정상 편차, 응답 속응성 모두가 최적

20 시스템행렬 A가 다음과 같을 때 상태천이행렬을 구하면?

$$A = \begin{bmatrix} 0 & 1 \\ -2 & -3 \end{bmatrix}$$

① $\begin{bmatrix} 2e^t - e^{2t} & -e^t + e^{2t} \\ 2e^t - 2e^{2t} & -e^t - 2e^{2t} \end{bmatrix}$

② $\begin{bmatrix} 2e^{-t} - e^{-2t} & e^{-t} - e^{-2t} \\ -2e^{-t} + 2e^{-2t} & -e^{-t} - 2e^{-2t} \end{bmatrix}$

③ $\begin{bmatrix} 2e^{-t} - e^{-2t} & -e^{-t} + e^{-2t} \\ 2e^{-t} - 2e^{-2t} & -e^{-t} - 2e^{-2t} \end{bmatrix}$

④ $\begin{bmatrix} 2e^{-t} - e^{-2t} & e^{-t} - e^{-2t} \\ -2e^{-t} + 2e^{-2t} & -e^{-t} + 2e^{-2t} \end{bmatrix}$

해설 • 상태방정식

$$|sI - A| = \begin{bmatrix} s & 0 \\ 0 & s \end{bmatrix} - \begin{bmatrix} 0 & 1 \\ -2 & -3 \end{bmatrix} = \begin{bmatrix} s & -1 \\ 2 & s+3 \end{bmatrix}$$

• 상태천이행렬

$$-\varnothing(s) = [(sI-A)^{-1}] = \begin{bmatrix} s & -1 \\ 2 & s+3 \end{bmatrix}^{-1} = \frac{1}{\begin{bmatrix} s & -1 \\ 2 & s+3 \end{bmatrix}} \begin{bmatrix} s+3 & 1 \\ -2 & s \end{bmatrix}$$

$$= \frac{1}{s^2 + 3s + 2} \begin{bmatrix} s+3 & 1 \\ -2 & s \end{bmatrix} = \begin{bmatrix} \dfrac{s+3}{(s+1)(s+2)} & \dfrac{1}{(s+1)(s+2)} \\ \dfrac{-2}{(s+1)(s+2)} & \dfrac{s}{(s+1)(s+2)} \end{bmatrix}$$

$$-\varnothing(t) = \mathcal{L}^{-1}[(sI-A)^{-1}] = \mathcal{L}^{-1} \begin{bmatrix} \dfrac{s+3}{(s+1)(s+2)} & \dfrac{1}{(s+1)(s+2)} \\ \dfrac{-2}{(s+1)(s+2)} & \dfrac{s}{(s+1)(s+2)} \end{bmatrix}$$

$$= \begin{bmatrix} 2e^{-t} - e^{-2t} & e^{-t} - e^{-2t} \\ -2e^{-t} + 2e^{-2t} & -e^{-t} + 2e^{-2t} \end{bmatrix}$$

01 특성 임피던스가 400[Ω]인 회로 말단에 1,200[Ω]의 부하가 연결되어 있다. 전원 측에 20[kV]의 전압을 인가할 때 반사파의 크기[kV]는? (단, 선로에서의 전압감쇠는 없는 것으로 간주한다.)

① 3.3

② 5

③ 10

④ 33

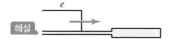

해설

- 반사계수 $\beta = \dfrac{Z_2 - Z_1}{Z_2 + Z_1} = \dfrac{1,200 - 400}{1,200 + 400} = \dfrac{1}{2}$

- 반사전압 $V = \beta \times e\,(입사전압) = \dfrac{1}{2} \times 20 = 10[kV]$

02 그림과 같은 H형 4단자 회로망에서 4단자 정수(전송 파라미터) A는? (단, V_1은 입력전압이고, V_2는 출력전압이고, A는 출력 개방 시 회로망의 전압이득$\left(\dfrac{V_1}{V_2}\right)$이다.)

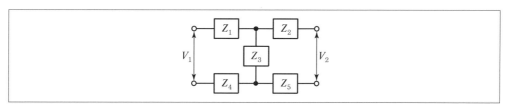

① $\dfrac{Z_1 + Z_2 + Z_3}{Z_3}$

② $\dfrac{Z_1 + Z_3 + Z_4}{Z_3}$

③ $\dfrac{Z_2 + Z_3 + Z_5}{Z_3}$

④ $\dfrac{Z_3 + Z_4 + Z_5}{Z_3}$

해설 $A = 1 + \searrow + \nearrow = 1 + Z_1 \dfrac{1}{Z_3} + Z_4 \dfrac{1}{Z_3} = \dfrac{Z_1 + Z_3 + Z_4}{Z_3}$

정답 | 01 ③ 02 ②

03 $F(s) = \dfrac{2s^2 + s - 3}{s(s^2 + 4s + 3)}$ 의 라플라스 역변환은?

① $1 - e^{-t} + 2e^{-3t}$

② $1 - e^{-t} - 2e^{-3t}$

③ $-1 - e^{-t} - 2e^{-3t}$

④ $-1 + e^{-t} + 2e^{-3t}$

해설 $F(s) = \mathcal{L}\left[-1 + e^{-t} + 2e^{-3t}\right] = -\dfrac{1}{s} + \dfrac{1}{s+1} + 2\dfrac{1}{s+3}$

$= \dfrac{-(s+1)(s+3) + s(s+3) + 2s(s+1)}{s(s+1)(s+3)} = \dfrac{-s^2 - 4s - 3 + s^2 + 3s + 2s^2 + 2s}{s(s^2 + 4s + 3)}$

$= \dfrac{2s^2 + s - 3}{s(s^2 + 4s + 3)}$

04 △결선된 평형 3상 부하로 흐르는 선전류가 I_a, I_b, I_c일 때, 이 부하로 흐르는 영상분 전류 I_0[A]는?

① $3I_a$

② I_a

③ $\dfrac{1}{3} I_a$

④ 0

해설 비접지 △결선에서는 영상전류는 흐르지 않는다.

05 저항 $R = 15$[Ω]과 인덕턴스 $L = 3$[mH]를 병렬로 접속한 회로의 서셉턴스의 크기는 약 몇 [℧]인가? (단, $\omega = 2\pi \times 10^5$)

① 3.2×10^{-2}

② 8.6×10^{-3}

③ 5.3×10^{-4}

④ 4.9×10^{-5}

해설 • 병렬회로 $\dfrac{1}{Z} = \dfrac{1}{R} + \dfrac{1}{j\omega L} = \dfrac{1}{R} - j\dfrac{1}{\omega L}$

$Y = G - jB$

－콘덕턴스 $G = \dfrac{1}{R}$

－서셉턴스 $B = \dfrac{1}{\omega L}$

• $B = \dfrac{1}{\omega L} = \dfrac{1}{2\pi \times 10^5 \times 3 \times 10^{-3}} = 5.3 \times 10^{-4}$

정답 | 03 ④ 04 ④ 05 ③

06 그림과 같이 △회로를 Y회로로 등가 변환하였을 때 임피던스 $Z_a[\Omega]$는?

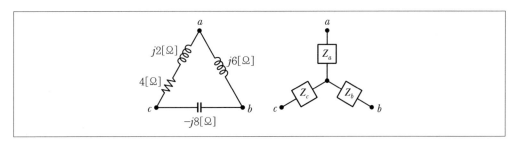

① 12

② $-3+j6$

③ $4-j8$

④ $6+j8$

해설 $Z_a = \dfrac{Z_{ca} \times Z_{ab}}{Z_{ab} + Z_{bc} + Z_{ca}} = \dfrac{(j2+4) \times j6}{j2+4+j6-j8} = -3+j6$

07 회로에서 $t=0$[초]일 때 닫혀 있는 스위치 S를 열었다. 이때 $\dfrac{dv(0^+)}{dt}$ 의 값은? (단, C의 초기 전압은 0[V]이다.)

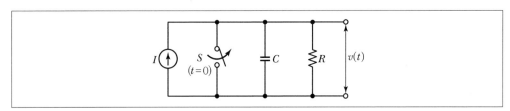

① $\dfrac{1}{RI}$

② $\dfrac{C}{I}$

③ RI

④ $\dfrac{I}{C}$

해설 스위치를 off할 때 C에 흐르는 전류는 $i(t) = C\dfrac{dv(t)}{dt}$ 이다.

$t=0$일 때 모든 전류는 C에만 흐르므로 $i(0) = C\dfrac{dv(0)}{dt} = I$에서

$C\dfrac{dv(0)}{dt} = I$

$\dfrac{dv(0)}{dt} = \dfrac{I}{C}$

08 회로에서 전압 V_{ab}[V]는?

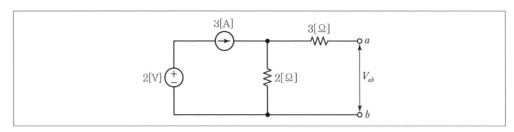

① 2

② 3

③ 6

④ 9

> **해설** **중첩의 정리**
> - 전류원 개방 : $V_{ab1} = 0$
> - 전압원 단락 : $V_{ab2} = 3 \times 2 = 6[V]$
> - $V_{ab} = V_{ab1} + V_{ab2} = 0 + 6 = 6[V]$

09 전압 및 전류가 다음과 같을 때 유효전력[W] 및 역률[%]은 각각 약 얼마인가?

$$v(t) = 100\sin\omega t - 50\sin(3\omega t + 30[°]) + 20\sin(5\omega t + 45[°])[V]$$
$$i(t) = 20\sin(\omega t + 30[°]) + 10\sin(3\omega t - 30[°]) + 5\cos 5\omega t[A]$$

① 825[W], 48.6[%]

② 776.4[W], 59.7[%]

③ 1,120[W], 77.4[%]

④ 1,850[W], 89.6[%]

> **해설** • 전류에서 코사인을 사인으로 일치시키면
> $$-v(t) = 100\sin\omega t - 50\sin(3\omega t + 30[°]) + 20\sin(5\omega t + 45[°])[V]$$
> $$-i(t) = 20\sin(\omega t + 30[°]) + 10\sin(3\omega t - 30[°]) + 5\sin(5\omega t + 90[°])[A]$$
> • 주파수가 같은 고조파만이 전력이 유도된다.
> $$-P = V_1 I_1 \cos\theta_1 + V_3 I_3 \cos\theta_3 + V_5 I_5 \cos\theta_5$$
> $$= \frac{100}{\sqrt{2}} \times \frac{20}{\sqrt{2}} \times \cos 30[°] + \frac{-50}{\sqrt{2}} \times \frac{10}{\sqrt{2}} \times \cos 60[°] + \frac{20}{\sqrt{2}} \times \frac{5}{\sqrt{2}} \times \cos 45[°]$$
> $$= \frac{2,000}{2} \times \frac{\sqrt{3}}{2} - \frac{500}{2} \times \frac{1}{2} + \frac{100}{2} \times \frac{\sqrt{2}}{2} = 866 - 125 + 35.35 = 776.35[W]$$
> $$-P_a = VI = \sqrt{\left(\frac{100}{\sqrt{2}}\right)^2 + \left(\frac{50}{\sqrt{2}}\right)^2 + \left(\frac{20}{\sqrt{2}}\right)^2} \times \sqrt{\left(\frac{20}{\sqrt{2}}\right)^2 + \left(\frac{10}{\sqrt{2}}\right)^2 + \left(\frac{5}{\sqrt{2}}\right)^2}$$
> $$= 80.31 \times 16.2 = 1,301[VA]$$
> $$\cos\theta = \frac{P}{P_a} = \frac{776.35}{1,301} = 0.5967 = 59.67[%]$$

정답 | 08 ③ 09 ②

10 △결선된 대칭 3상 부하가 0.5[Ω]인 저항만의 선로를 통해 평형 3상 전압원에 연결되어 있다. 이 부하의 소비전력이 1,800[W]이고 역률이 0.8(지상)일 때, 선로에서 발생하는 손실이 50[W]이면 부하의 단자전압[V]의 크기는?

① 627

② 525

③ 326

④ 225

해설 • 선로손실 $P_l = 3I^2 R$[W]

$50 = 3I^2 \times 0.5$

$\therefore I = \sqrt{\dfrac{50}{3 \times 0.5}} = 5.77$[A]

• 소비전력 $P = \sqrt{3} \, VI\cos\theta$[W]

$1,800 = \sqrt{3} \, V \times 5.77 \times 0.8$

$\therefore V = \dfrac{1,800}{\sqrt{3} \times 5.77 \times 0.8} = 225.136$[V]

11 개루프 전달함수 $G(s)H(s)$로부터 근궤적을 작성할 때 실수축에서의 점근선의 교차점은?

$$G(s)H(s) = \frac{K(s-2)(s-3)}{s(s+1)(s+2)(s+4)}$$

① 2

② 5

③ −4

④ −6

해설 • 영점의 수 : $(s-2)(s-3) = 0$ $\therefore s = 2,\ 3$(2개)

• 극점의 수 : $s(s+1)(s+2)(s+4) = 0$ $\therefore s = 0,\ -1,\ -2,\ -4$(4개)

• 교차점 $= \dfrac{\sum 극점 - \sum 영점}{극점의 수 - 영점의 수} = \dfrac{(-1-2-4)-(2+3)}{4-2} = \dfrac{-12}{2} = -6$

12 특성방정식이 $2s^4 + 10s^3 + 11s^2 + 5s + K = 0$으로 주어진 제어시스템이 안정하기 위한 조건은?

① $0 < K < 2$

② $0 < K < 5$

③ $0 < K < 6$

④ $0 < K < 10$

해설 **루드−홀비쯔 표**

s^4	2	11	K
s^3	10	5	0
s^2	$\dfrac{10\times11-2\times5}{10}=10$	$\dfrac{10K-0}{10}=K$	
s^1	$\dfrac{10\times5-10\times K}{10}=5-K$		
s^0	K		

제1열의 부호 변화가 같아야 하므로 $5-K>0$, $K>0$이어야 한다.

∴ $0<K<5$

13 신호흐름선도에서 전달함수 $\left(\dfrac{C(s)}{R(s)} \right)$는?

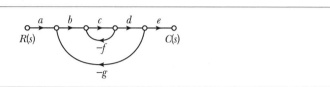

① $\dfrac{abcde}{1-cg-bcdg}$

② $\dfrac{abcde}{1-cf+bcdg}$

③ $\dfrac{abcde}{1+cf-bcdg}$

④ $\dfrac{abcde}{1+cf+bcdg}$

해설 간이식

$$G(s)=\frac{C}{R}=\frac{\sum 경로}{1-\sum 피드백}=\frac{abcde}{1-(-cf-bcdg)}=\frac{abcde}{1+cf+bcdg}$$

14 적분시간이 3[sec], 비례감도가 3인 비례 · 적분동작을 하는 제어요소가 있다. 이 제어요소에 동작신호 $x(t)=2t$를 주었을 때 조작량은 얼마인가? (단, 초기 조작량 $y(t)$는 0으로 한다.)

① t^2+2t

② t^2+4t

③ t^2+6t

④ t^2+8t

해설 • 비례 · 적분동작(PI)이므로

$$y(t)=K_P[z(t)+\frac{1}{T_i}\int z(t)dt\,]$$

$$y(t)=3[2t+\frac{1}{3}\int 2tdt\,]$$

• 양변을 라플라스하면

$$Y(s)=3[2\frac{1}{s^2}+\frac{1}{3}\frac{1}{s}2\frac{1}{s^2}]=\frac{6}{s^2}+\frac{2}{s^3}$$

• 역라플라스하면

$$y(t)=6t+t^2$$

※ 실적분 정리 : $\mathcal{L}\left[\int f(t)\,dt\right]=\frac{1}{s}F(s)$

15 $\overline{A}+\overline{B}\cdot\overline{C}$와 등가인 논리식은?

① $\overline{A\cdot(B+C)}$ ② $\overline{A+B\cdot C}$

③ $\overline{A\cdot B+C}$ ④ $\overline{A\cdot B}+C$

해설 $\overline{A}+\overline{B}\cdot\overline{C}=\overline{A}+(\overline{B+C})=\overline{A(B+C)}$

16 블록선도와 같은 단위 피드백 제어시스템의 상태방정식은? (단, 상태변수는 $x_1(t)=c(t)$, $x_2(t)$ $=\dfrac{d}{dt}c(t)$로 한다.)

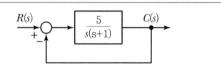

① $\dot{x_1}(t)=x_2(t)$, $\dot{x_2}(t)=-5x_1(t)-x_2(t)+5r(t)$

② $\dot{x_1}(t)=x_2(t)$, $\dot{x_2}(t)=-5x_1(t)-x_2(t)-5r(t)$

③ $\dot{x_1}(t)=-x_2(t)$, $\dot{x_2}(t)=5x_1(t)+x_2(t)-5r(t)$

④ $\dot{x_1}(t)=-x_2(t)$, $\dot{x_2}(t)=-5x_1(t)+x_2(t)+5r(t)$

해설 • 전달함수 $\dfrac{C(s)}{R(s)}=\dfrac{\dfrac{5}{s(s+1)}}{1+\dfrac{5}{s(s+1)}}=\dfrac{5}{s(s+1)+5}=\dfrac{5}{s^2+s+5}$ 에서

$$\dfrac{C(s)}{R(s)}=\dfrac{5}{s^2+s+5}$$

$$C(s)(s^2+s+5)=5R(s)$$

$$s^2C(s)+sC(s)+5C(s)=5R(s)$$

$$\dfrac{d^2}{dt^2}c(t)+\dfrac{d}{dt}c(t)+5c(t)=5r(t)$$

• $x_1(t)=c(t)$라 놓으면 $x_2(t)=\dfrac{d}{dt}x_1(t)=\dfrac{d}{dt}c(t)=\dot{x_1}(t)$

• $\dfrac{d}{dt}x_2(t)=\dfrac{d}{dt}(\dfrac{d}{dt}x_1(t))=\dfrac{d}{dt}(\dfrac{d}{dt}c(t))=\dfrac{d}{dt}x_2(t)=\dot{x_2}(t)$

• $\dfrac{d^2}{dt^2}c(t)+\dfrac{d}{dt}c(t)+5c(t)=5r(t)$은

$$\dot{x_2}(t)+x_2(t)+5x_1(t)=5r(t)$$

$$\dot{x_2}(t)=-5x_1(t)-x_2(t)+5r(t)$$

17 2차 제어시스템의 감쇠율(Damping Ratio, ζ)이 $\zeta < 0$인 경우 제어시스템의 과도응답 특성은?

① 발산
② 무제동
③ 임계제동
④ 과제동

해설 2차 지연 제어계의 과도응답

전달함수$= \dfrac{C(s)}{R(s)} = \dfrac{\omega_n^2}{S^2 + 2\zeta\omega_n S + \omega_n^2}$ (ζ : 감쇠비(제동비), ω_n : 고유각주파주(고유진동수))

특성방정식 : $S^2 + 2\delta\omega_n S + \omega_n^2 = 0$

- $\zeta > 1$: 과제동(비제동)
- $\zeta = 1$: 임계진동(제동)
- $0 < \zeta < 1$: 감쇠진동(부족제동)
- $\zeta = 0$: 무제동
- $\zeta < 0$: 발산

18 $e(t)$의 z변환을 $E(z)$라고 했을 때 $e(t)$의 최종값 $e(\infty)$은?

① $\lim\limits_{z \to 1} E(z)$
② $\lim\limits_{z \to \infty} E(z)$
③ $\lim\limits_{z \to 1}(1 - z^{-1})E(z)$
④ $\lim\limits_{z \to \infty}(1 - z^{-1})E(z)$

해설 z변환에 대한 중요한 정리

구분	s변환	z변환
초깃값 정리	$\lim\limits_{t \to 0} f(t) = \lim\limits_{s \to \infty} sE(s)$	$\lim\limits_{k \to 0} e(KT) = \lim\limits_{z \to \infty} E(z)$
최종값 정리	$\lim\limits_{t \to \infty} f(t) = \lim\limits_{s \to 0} sF(s)$	$\lim\limits_{k \to \infty} e(KT) = \lim\limits_{z \to 1}(1 - z^{-1})E(z)$

19 블록선도의 제어시스템은 단위 램프 입력에 대한 정상상태 오차(정상편차)가 0.01이다. 이 제어시스템의 제어요소인 $G_{C1}(s)$의 k는?

$$G_{C1}(s) = k, \ G_{C2}(s) = \frac{1 + 0.1s}{1 + 0.2s}$$

$$G_P(s) = \frac{200}{s(s+1)(s+2)}$$

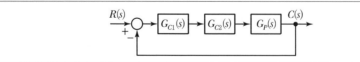

① 0.1
② 1
③ 10
④ 100

• 정상속도 편차 : 입력이 단위속도 $t\,u(t)$일 때 $R(s)=\mathcal{L}\,[t\,u(t)]=\dfrac{1}{s^2}$

$$e_{ss}=\lim_{s\to 0}s\,\frac{R(s)}{1+G(s)}=\lim_{s\to 0}s\,\frac{\dfrac{1}{s^2}}{1+G(s)}=\lim_{s\to 0}\frac{1}{s(1+G(s))}$$

$$=\lim_{s\to 0}\frac{1}{s+s\,G(s)}=\frac{1}{\lim\limits_{s\to 0}s\,G(s)}=\frac{1}{K_v}\,(K_v:\text{속도편차 상수})$$

• $G(s)=k\times\dfrac{1+0.1s}{1+0.2s}\times\dfrac{200}{s(s+1)(s+2)}=\dfrac{200k(1+0.1s)}{s(s+1)(s+2)(1+0.2s)}$

$$e_{ss}=\frac{1}{\lim\limits_{s\to 0}s\,G(s)}=\frac{1}{\lim\limits_{s\to 0}s\,\dfrac{200k(1+0.1s)}{s(s+1)(s+2)(1+0.2s)}}=\frac{1}{\lim\limits_{s\to 0}\dfrac{200k(1+0.1s)}{(s+1)(s+2)(1+0.2s)}}=\frac{1}{100k}$$

$$e_{ss}=\frac{1}{100k}$$

$$0.01=\frac{1}{100k}\quad\therefore k=1$$

20 블록선도의 전달함수$\left(\dfrac{C(s)}{R(s)}\right)$는?

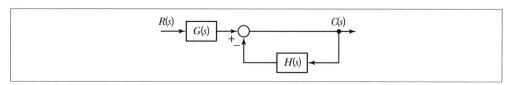

① $\dfrac{G(s)}{1+H(s)}$

② $\dfrac{G(s)}{1+G(s)H(s)}$

③ $\dfrac{1}{1+H(s)}$

④ $\dfrac{1}{1+G(s)H(s)}$

간이식

$$G(s)=\frac{C}{R}=\frac{\sum\text{경로}}{1-\sum\text{피드백}}=\frac{G(s)}{1-(-H(s))}=\frac{G(s)}{1+H(s)}$$

정답 | 20 ①

01 그림 (a)와 같은 회로에 대한 구동점 임피던스의 극점과 영점이 각각 그림 (b)에 나타낸 것과 같고 $Z(0) = 1$일 때, 이 회로에서 $R[\Omega]$, $L[\mathrm{H}]$, $C[\mathrm{F}]$의 값은?

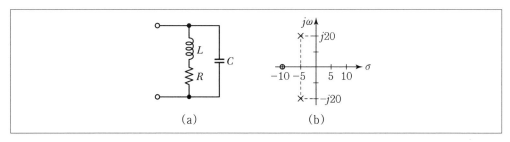

(a)   (b)

① $R=1.0[\Omega]$, $L=0.1[\mathrm{H}]$, $C=0.0235[\mathrm{F}]$

② $R=1.0[\Omega]$, $L=0.2[\mathrm{H}]$, $C=1.0[\mathrm{F}]$

③ $R=2.0[\Omega]$, $L=0.1[\mathrm{H}]$, $C=0.0235[\mathrm{F}]$

④ $R=2.0[\Omega]$, $L=0.2[\mathrm{H}]$, $C=1.0[\mathrm{F}]$

해설

- $\dfrac{1}{Z} = \dfrac{1}{Ls+R} + \dfrac{1}{\dfrac{1}{sC}} = \dfrac{1}{Ls+R} + \dfrac{sC}{1} = \dfrac{1+sC(Ls+R)}{Ls+R} = \dfrac{LCs^2 + RCs + 1}{Ls+R}$

$\therefore Z(s) = \dfrac{R+Ls}{LCs^2 + RCs + 1}$ .... ①식

- $Z(0) = \dfrac{R+L\times 0}{LC\times 0^2 + RC\times 0 + 1}$ $\therefore R=1.0[\Omega]$

- ①식에 $R=1$을 대입하면 $Z(s) = \dfrac{1+Ls}{LCs^2 + Cs + 1}$ .... ②식

- (b)에서 영점은 -10이므로 $s=-10$

②식에서 $1+Ls=0$, $s=-\dfrac{1}{L}=-10$ $\therefore L=\dfrac{1}{10}=0.1[\mathrm{H}]$

- ②식에 $L=\dfrac{1}{10}=0.1[\mathrm{H}]$을 대입하면

$Z(s) = \dfrac{1+0.1s}{0.1Cs^2 + Cs + 1} = \dfrac{s+10}{Cs^2 + 10Cs + 10} = \dfrac{s+10}{s^2 + 10s + \dfrac{10}{C}}$ ..... ③식

- (b)에서 극점은 분모가 $s=-5+j20$, $s=-5-j20$이므로

$(s+5-j20)(s+5+j20) = (s+5)^2 + 20^2 = s^2 + 10s + 425$

③식에서 $\dfrac{10}{C} = 425$ $\therefore C = \dfrac{10}{425} = 0.0235[\mathrm{F}]$

정답 | 01 ①

02 회로에서 저항 1[Ω]에 흐르는 전류 I[A]는?

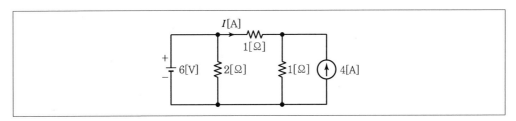

① 3

② 2

③ 1

④ −1

해설 **중첩의 정리**

- 전류원 개방 시 1[Ω]에 흐르는 전류

  − 합성저항 $R = \dfrac{2 \times 2}{2+2} = 1[\Omega]$

  − 전체전류 $I = \dfrac{V}{R} = \dfrac{6}{1} = 6[A]$

  − 1[Ω]에 흐르는 전류 $I_1 = \dfrac{2}{2+2} \times 6 = 3[A]$

- 전압원 단락 : 1[Ω]에 흐르는 전류 $I_2 = \dfrac{1}{1+1} \times (-4) = -2[A]$

- 1[Ω]에 흐르는 전전류 $I = I_1 + I_2 = 3 - 2 = 1[A]$

03 파형이 톱니파인 경우 파형률은 약 얼마인가?

① 1.155

② 1.732

③ 1.414

④ 0.577

해설 **파형에 따른 실횻값, 평균값**

파형	실횻값	평균값
삼각파	$\dfrac{V_m}{\sqrt{3}}$	$\dfrac{V_m}{2}$

$$\text{파형률} = \frac{\text{실횻값}}{\text{평균값}} = \frac{\dfrac{V_m}{\sqrt{3}}}{\dfrac{V_m}{2}} = \frac{2V_m}{\sqrt{3}\,V_m} = \frac{2}{\sqrt{3}} = 1.1547$$

정답 | **02** ③ **03** ①

04 무한장 무손실 전송선로의 임의의 위치에서 전압이 100[V]이었다. 이 선로의 인덕턴스가 $7.5[\mu H/m]$ 이고, 커패시턴스가 $0.012[\mu F/m]$일 때 이 위치에서 전류[A]는?

① 2

② 4

③ 6

④ 8

해설 · $Z_\omega = \sqrt{\dfrac{L}{C}} = \sqrt{\dfrac{7.5 \times 10^{-6}}{0.012 \times 10^{-6}}} = \sqrt{\dfrac{7.5}{0.012}} = 25[\Omega]$

· $I = \dfrac{V}{Z_\omega} = \dfrac{100}{25} = 4[A]$

05 전압 $v(t) = 14.14\sin\omega t + 7.07\sin\left(3\omega t + \dfrac{\pi}{6}\right)[V]$의 실횻값은 약 몇 [V]인가?

① 3.87

② 11.2

③ 15.8

④ 21.2

해설 비정현파 교류 실횻값 $V = \sqrt{\left(\dfrac{14.14}{\sqrt{2}}\right)^2 + \left(\dfrac{7.07}{\sqrt{2}}\right)^2} = 11.178[V]$

06 그림과 같은 평형 3상 회로에서 전원 전압이 $V_{ab} = 200[V]$이고 부하 한상의 임피던스가 $Z = 4 + j3[\Omega]$ 인 경우 전원과 부하 사이 선전류 I_a는 약 몇 [A]인가?

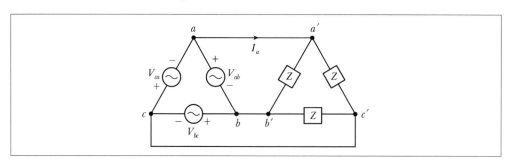

① $40\sqrt{3} \angle 36.87[°]$

② $40\sqrt{3} \angle -36.87[°]$

③ $40\sqrt{3} \angle 66.87[°]$

④ $40\sqrt{3} \angle -66.87[°]$

해설 · 전원 전압이 $V_{ab} = 200[V]$이므로

부하의 전압 $V_{a'b'} = 200[V]$ 부하의 상전류 $I_p = \dfrac{V_p}{Z} = \dfrac{200}{4 + j3} = 40 \angle -36.87[A]$

· $I_l = 2\sin\dfrac{\pi}{n}I_p \angle -\dfrac{\pi}{2}\left(1 - \dfrac{2}{n}\right) = \sqrt{3}\,I_p \angle -30[°]$이므로

선전류 $I_l = \sqrt{3}\,I_p \angle -30[°] = \sqrt{3} \times 40 \angle -36.87[°] - 30[°] = 40\sqrt{3} \angle -66.87[°][A]$

07 정상상태에서 $t = 0$[초]인 순간에 스위치 S를 열었다. 이때 흐르는 전류 $i(t)$는?

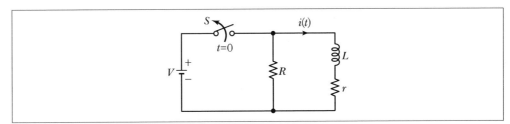

① $\dfrac{V}{R}e^{-\frac{R+r}{L}t}$

② $\dfrac{V}{r}e^{-\frac{R+r}{L}t}$

③ $\dfrac{V}{R}e^{-\frac{L}{R+r}t}$

④ $\dfrac{V}{r}e^{-\frac{L}{R+r}t}$

해설 개방 시 전압방정식 $L\dfrac{d}{dt}i(t) + (R+r)i(t) = 0$

$\dfrac{d}{dt}i(t) + \dfrac{R+r}{L}i(t) = 0$

양변을 라플라스하면

$sI(s) + \dfrac{R+r}{L}I(s) = A$

$I(s)\left(s + \dfrac{R+r}{L}\right) = A$

$I(s) = A\dfrac{1}{s + \dfrac{R+r}{L}}$

$\therefore i(t) = Ae^{-\frac{R+r}{L}t}$

• $t = 0$에서 $i(0) = Ae^{-\frac{R+r}{L} \times 0} = A = \dfrac{V}{r}$

　(병렬은 전압이 같고, L은 단락과 같으므로 전류 $i(0) = \dfrac{V}{r}$ 만큼 흐른다.)

• $i(t) = \dfrac{V}{r}e^{-\frac{R+r}{L}t}$ [A]

08 선간전압이 150[V], 선전류가 $10\sqrt{3}$ [A], 역률이 80[%]인 평형 3상 유도성 부하로 공급되는 무효전력 [Var]은?

① 3,600

② 3,000

③ 2,700

④ 1,800

해설 무효전력 $P_r = \sqrt{3}\,VI\sin\theta$ [Var]

$\quad = \sqrt{3} \times 150 \times 10\sqrt{3} \times 0.6$ [Var] $= 2,700$ [Var]

$\quad (\sin\theta = \sqrt{1 - \cos^2\theta} = \sqrt{1 - 0.8^2} = 0.6)$

정답 | 07 ② 08 ③

09 그림과 같은 함수의 라플라스 변환은?

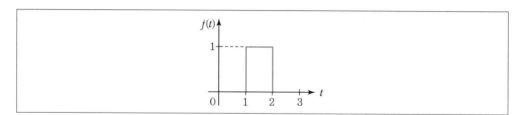

① $\dfrac{1}{s}(e^s - e^{2s})$

② $\dfrac{1}{s}(e^{-s} - e^{-2s})$

③ $\dfrac{1}{s}(e^{-2s} - e^{-s})$

④ $\dfrac{1}{s}(e^{-s} + e^{-2s})$

해설 ▶ $F(s) = \mathcal{L}[f(t)] = \mathcal{L}[u(t-1) - u(t-2)] = \mathcal{L}[u(t-1)] - \mathcal{L}[u(t-2)]$

$= \dfrac{1}{s}e^{-1s} - \dfrac{1}{s}e^{-2s} = \dfrac{1}{s}(e^{-s} - e^{-2s})$

10 상의 순서가 $a-b-c$인 불평형 3상 전류가 $I_a = 15 + j2[\text{A}]$, $I_b = -20 - j14[\text{A}]$, $I_c = -3 + j10[\text{A}]$일 때 영상분 전류 I_0는 약 몇 [A]인가?

① $2.67 + j0.38$

② $2.02 + j6.98$

③ $15.5 - j3.56$

④ $-2.67 - j0.67$

해설 ▶ $I_0 = \dfrac{1}{3}(I_a + I_b + I_c) = \dfrac{1}{3}(15 + j2 - 20 - j14 - 3 + j10) = \dfrac{1}{3}(-8 - j2)$

$= -2.666 - j0.666[\text{A}]$

11 전달함수가 $G_c(s) = \dfrac{s^2 + 3s + 5}{2s}$인 제어기가 있다. 이 제어기는 어떤 제어기인가?

① 비례·미분 제어기
② 적분 제어기
③ 비례·적분 제어기
④ 비례·미분·적분 제어기

해설 ▶ $G_C(s) = \dfrac{s^2 + 3s + 5}{2s} = \dfrac{s^2}{2s} + \dfrac{3s}{2s} + \dfrac{5}{2s} = \dfrac{s}{2} + \dfrac{3}{2} + \dfrac{5}{2s} = \dfrac{3}{2}\left(1 + \dfrac{1}{3}s + \dfrac{1}{\frac{3}{5}s}\right)$이므로 비례·미분·적분 제어기

12 다음 논리회로의 출력 Y는?

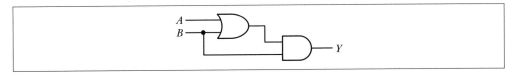

① A

② B

③ $A+B$

④ $A \cdot B$

해설 $Y = (A+B)B = AB + BB = AB + B = B$

13 그림과 같은 제어시스템이 안정하기 위한 k의 범위는?

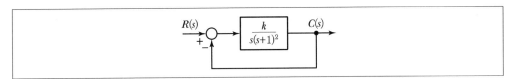

① $k > 0$

② $k > 1$

③ $0 < k < 1$

④ $0 < k < 2$

해설 • 전달함수 $\dfrac{C(s)}{R(s)} = \dfrac{\sum 경로}{1 - \sum 피드백} = \dfrac{\dfrac{k}{s(s+1)^2}}{1 - \left(-\dfrac{k}{s(s+1)^2}\right)} = \dfrac{\dfrac{k}{s(s+1)^2}}{1 + \dfrac{k}{s(s+1)^2}}$

$\qquad\qquad\qquad = \dfrac{k}{s(s+1)^2 + k} = \dfrac{k}{s^3 + 2s^2 + s + k}$

특성방정식은 $s^3 + 2s^2 + s + k = 0$

• 루드-홀비쯔 표

s^3	1	1
s^2	2	k
s^1	$\dfrac{2-k}{2}$	0
s^0	k	

제1열의 부호 변화가 없으려면 $\dfrac{2-k}{2} > 0$, $k > 0$ ∴ $0 < k < 2$

정답 | 12 ② 13 ④

14 다음과 같은 상태방정식으로 표현되는 제어시스템의 특성방정식의 근(s_1, s_2)은?

$$\begin{bmatrix} \dot{x_1} \\ \dot{x_2} \end{bmatrix} = \begin{bmatrix} 0 & 1 \\ -2 & -3 \end{bmatrix} \begin{bmatrix} x_1 \\ x_2 \end{bmatrix} + \begin{bmatrix} 1 \\ 0 \end{bmatrix} u$$

① 1, -3　　　　　　　　　② -1, -2
③ -2, -3　　　　　　　　④ -1, -3

해설 $|sI-A| = \begin{bmatrix} s & 0 \\ 0 & s \end{bmatrix} - \begin{bmatrix} 0 & 1 \\ -2 & -3 \end{bmatrix} = \begin{bmatrix} s & -1 \\ 2 & s+3 \end{bmatrix} = s(s+3)+2 = s^2+3s+2 = (s+1)(s+2) = 0$

- 특성방정식 : $s^2+3s+2=0$
- 고유값 : 특성방정식의 근($s=-1$, $s=-2$)

15 그림의 블록선도와 같이 표현되는 제어시스템에서 $A=1$, $B=1$일 때, 블록선도의 출력 C는 약 얼마인가?

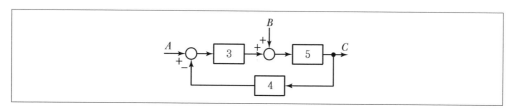

① 0.22　　　　　　　　　② 0.33
③ 1.22　　　　　　　　　④ 3.1

해설 간이식

- $\dfrac{C_1}{A} = \dfrac{3 \times 5}{1-(-3 \times 5 \times 4)} = \dfrac{15}{61}$, $\dfrac{C_2}{B} = \dfrac{5}{1-(-5 \times 4 \times 3)} = \dfrac{5}{61}$

  $C_1 = \dfrac{15}{61} \times A = \dfrac{15}{61} \times 1 = \dfrac{15}{61}$, $C_2 = \dfrac{5}{61} \times B = \dfrac{5}{61} \times 1 = \dfrac{5}{61}$

- $C = C_1 + C_2 = \dfrac{15}{61} + \dfrac{5}{61} = \dfrac{20}{61} = 0.327$

16 제어요소가 제어대상에 주는 양은?

① 동작신호　　　　　　　　　　　　② 조작량
③ 제어량　　　　　　　　　　　　　④ 궤환량

해설 **자동 제어장치 구성**

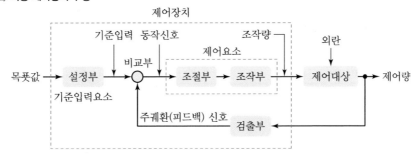

17 전달함수가 $\dfrac{C(s)}{R(s)} = \dfrac{1}{3s^2+4s+1}$ 인 제어시스템의 과도응답 특성은?

① 무제동　　　　　　　　　　　　　② 부족제동
③ 임계제동　　　　　　　　　　　　④ 과제동

해설 • 전달함수 $= \dfrac{C(s)}{R(s)} = \dfrac{\omega_n^2}{S^2+2\delta\omega_n S+\omega_n^2}$ 로 만든다.

• $\dfrac{C(s)}{R(s)} = \dfrac{1}{3s^2+4s+1} \times \dfrac{\frac{1}{3}}{\frac{1}{3}} = \dfrac{1 \times \frac{1}{3}}{(3s^2+4s+1)\frac{1}{3}} = \dfrac{\frac{1}{3}}{s^2+\frac{4}{3}s+\frac{1}{3}}$

• $\dfrac{\omega_n^2}{s^2+2\delta\omega_n s+\omega_n^2} = \dfrac{\frac{1}{3}}{s^2+\frac{4}{3}s+\frac{1}{3}}$ 에서

$-\omega_n^2 = \dfrac{1}{3}$, ∴ $\omega_n = \dfrac{1}{\sqrt{3}}$

$-2\delta\omega_n = \dfrac{4}{3}$ 에서

$2\delta\dfrac{1}{\sqrt{3}} = \dfrac{4}{3}$

∴ $\delta = \dfrac{4\times\sqrt{3}}{2\times 3} = 1.15$ 이므로 $\delta > 1$인 과제동(비제동)이다.

정답 | 16 ② 17 ④

18 함수 $f(t) = e^{-at}$의 z변환함수 $F(z)$는?

① $\dfrac{2z}{z - e^{aT}}$ 　　　　　　　② $\dfrac{1}{z + e^{aT}}$

③ $\dfrac{z}{z + e^{-aT}}$ 　　　　　　　④ $\dfrac{z}{z - e^{-aT}}$

해설 **시간함수에 대한 z변환표**

$f(t)$	$F(s)$	$F(z)$
$\delta(t)$	1	1
$u(t)$	$\dfrac{1}{s}$	$\dfrac{z}{z-1}$
t	$\dfrac{1}{s^2}$	$\dfrac{Tz}{(z-1)^2}$
e^{-at}	$\dfrac{1}{s+a}$	$\dfrac{z}{z-e^{-at}}$

19 제어시스템의 주파수 전달함수가 $G(j\omega) = j5\omega$이고, 주파수가 $\omega = 0.02$[rad/sec]일 때 이 제어시스템의 이득[dB]은?

① 20 　　　　　　　② 10

③ -10 　　　　　　　④ -20

해설 이득$(g) = 20\log |G(j\omega)|$ [dB]

　　$g = 20\log |G(j\omega)| = 20\log|j5\omega| = 20\log|j5 \times 0.02| = 20\log|0.1| = -20$ [dB]

20 그림과 같은 제어시스템의 폐루프 전달함수 $T(s) = \dfrac{C(s)}{R(s)}$에 대한 감도 S_K^T는?

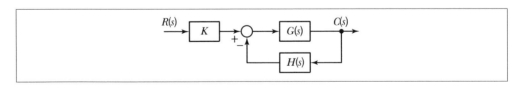

① 0.5 　　　　　　　② 1

③ $\dfrac{G}{1 + GH}$ 　　　　　　　④ $\dfrac{-GH}{1 + GH}$

해설 • 전달함수 $T = \dfrac{C}{R} = \dfrac{KG}{1 + GH}$

• $S_K^T = \dfrac{K}{T} \dfrac{d}{dK} T = \dfrac{K}{\dfrac{KG}{1+GH}} \dfrac{d}{dK}\left(\dfrac{KG}{1+GH}\right) = \dfrac{1+GH}{G} \dfrac{(KG)^{'}(1+GH) - KG(1+GH)^{'}}{(1+GH)^2}$

$\quad = \dfrac{1+GH}{G} \dfrac{G(1+GH) - 0}{(1+GH)^2} = \dfrac{1+GH}{G} \dfrac{G(1+GH)}{(1+GH)^2} = \dfrac{G}{G} = 1$

※ $\dfrac{d}{dS} \dfrac{f(s)}{g(s)} = \dfrac{f^{'}(x)g(x) - f(x)g^{'}(x)}{\{g(x)\}^2}$

2021년 제3회 과년도 기출문제

01 그림과 같은 파형의 라플라스 변환은?

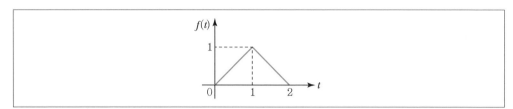

① $\dfrac{1}{s^2}(1-2e^s)$

② $\dfrac{1}{s^2}(1-2e^{-s})$

③ $\dfrac{1}{s^2}(1-2e^s+e^{2s})$

④ $\dfrac{1}{s^2}(1-2e^{-s}+e^{-2s})$

해설
$$F(s) = \pounds\,[f(t)] = \int_0^1 t e^{-st}\,dt + \int_1^2 (2-t)e^{-st}\,dt$$
$$= \left[t\,\frac{e^{-st}}{-s}\right]_0^1 + \frac{1}{s}\int_0^1 e^{-st}\,dt + \left[(2-t)\,\frac{e^{-st}}{-s}\right]_1^2 - \frac{1}{s}\int_1^2 e^{-st}\,dt$$
$$= -\frac{e^{-s}}{s} - \frac{e^{-s}}{s^2} + \frac{1}{s^2} + \frac{e^{-s}}{s} + \frac{e^{-2s}}{s^2} - \frac{e^{-s}}{s^2} = \frac{1}{s^2}(1-2e^{-s}+e^{-2s})$$

02 단위 길이당 인덕턴스 및 커패시턴스가 각각 L 및 C일 때 전송선로의 특성 임피던스는? (단, 전송선로는 무손실 선로이다.)

① $\sqrt{\dfrac{L}{C}}$

② $\sqrt{\dfrac{C}{L}}$

③ $\dfrac{L}{C}$

④ $\dfrac{C}{L}$

해설 **선로의 특성 임피던스**
$$Z_\omega = \sqrt{\frac{Z}{Y}} = \sqrt{\frac{R+j\omega L}{G+j\omega C}} = \sqrt{\frac{L}{C}}\ (R \ll \omega L,\ G \ll \omega C)$$

정답 | 01 ④ 02 ①

03 전압 $v(t)$를 $R-L$ 직렬회로에 인가했을 때 제3고조파 전류의 실횻값[A]의 크기는? (단, $R=8[\Omega]$, $\omega L=2[\Omega]$, $v(t)=100\sqrt{2}\sin\omega t+200\sqrt{2}\sin 3\omega t+50\sqrt{2}\sin 5\omega t[\text{V}]$이다.)

① 10　　　　　　　　　　　　　② 14

③ 20　　　　　　　　　　　　　④ 28

해설 • $Z_3=R+j3\omega L=8+j3\times 2=8+j6=10\angle 36.87$

　　　• $V_3=\dfrac{200\sqrt{2}}{\sqrt{2}}=200[\text{V}]$

　　　• $I_3=\dfrac{V_3}{|Z_3|}=\dfrac{200}{10}=20[\text{A}]$

04 내부 임피던스가 $0.3+j2[\Omega]$인 발전기에 임피던스가 $1.1+j3[\Omega]$인 선로를 연결하여 어떤 부하에 전력을 공급하고 있다. 이 부하의 임피던스가 몇 $[\Omega]$일 때 발전기로부터 부하로 전달되는 전력이 최대가 되는가?

① $1.4-j5$　　　　　　　　　　② $1.4+j5$

③ 1.4　　　　　　　　　　　　④ $j5$

해설 • $Z_g+Z_\ell=0.3+j2+1.1+j3=1.4+j5$

　　　• $Z_L=(Z_g+Z_\ell)^*=(1.4+j5)^*=1.4-j5$

05 회로에서 $t=0[\text{초}]$에 전압 $v_1(t)=e^{-4t}[\text{V}]$를 인가하였을 때 $v_2(t)$는 몇 $[\text{V}]$인가? (단, $R=2[\Omega]$, $L=1[\text{H}]$이다.)

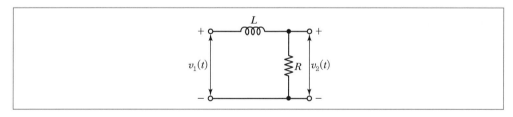

① $e^{-2t}-e^{-4t}$　　　　　　　　② $2e^{-2t}-2e^{-4t}$

③ $-2e^{-2t}+2e^{-4t}$　　　　　　④ $-2e^{-2t}-2e^{-4t}$

해설 전달함수 $\dfrac{V_2(s)}{V_1(s)}=\dfrac{R}{Ls+R}$

$V_2(s)=\dfrac{R}{Ls+R}V_1(s)=\dfrac{2}{s+2}\times\dfrac{1}{s+4}=\dfrac{2}{(s+2)(s+4)}=\dfrac{1}{s+2}-\dfrac{1}{s+4}$

$v_2(t)=e^{-2t}-e^{-4t}$

06 동일한 저항 $R[\Omega]$ 6개를 그림과 같이 결선하고 대칭 3상 전압 $V[V]$를 가하였을 때 전류 $I[A]$의 크기는?

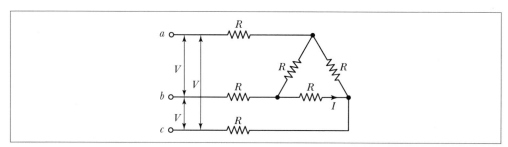

① $\dfrac{V}{R}$

② $\dfrac{V}{2R}$

③ $\dfrac{V}{4R}$

④ $\dfrac{V}{5R}$

해설 • $\triangle \rightarrow$ Y 변환으로 변환하면

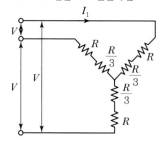

$$R' = \frac{R \times R}{R + R + R} = \frac{R}{3}$$

1상당 저항값은 $R_a = R + \dfrac{R}{3} = \dfrac{4R}{3}$

1상당 전압값은 $V_p = \dfrac{V}{\sqrt{3}}$

• 선류값은 $I_l = \dfrac{V_p}{R_a} = \dfrac{\dfrac{V}{\sqrt{3}}}{\dfrac{4R}{3}} = \dfrac{3V}{4\sqrt{3}\,R}$

상값은 $I_p = I = \dfrac{I_l}{\sqrt{3}} = \dfrac{\dfrac{3V}{4\sqrt{3}\,R}}{\sqrt{3}} = \dfrac{3V}{4 \times 3R} = \dfrac{V}{4R}$ [A]

07 각 상의 전류가 $i_a(t) = 90\sin\omega t[A]$, $i_b(t) = 90\sin(\omega t - 90[°])[A]$, $i_c(t) = 90\sin(\omega t + 90[°])[A]$일 때 영상분 전류[A]의 순시치는?

① $30\cos\omega t$

② $30\sin\omega t$

③ $90\sin\omega t$

④ $90\cos\omega t$

정답 | 06 ③　07 ②

해설 계산기 사용

$$I_0 = \frac{1}{3}(i_a + i_b + i_c) = \frac{1}{3}[90\sin\omega t + 90\sin(\omega t - 90[°]) + 90\sin(\omega t + 90[°])$$

$$= \frac{1}{3}(90\angle 0[°] + 90\angle -90[°] + 90\angle 90[°]) = \frac{90}{3}\angle 0[°] = 30\sin\omega t[\text{A}]$$

08 어떤 선형 회로망의 4단자 정수가 $A = 8$, $B = j2$, $D = 1.625 + j$일 때, 이 회로망의 4단자 정수 C는?

① $24 - j14$ ② $8 - j11.5$

③ $4 - j6$ ④ $3 - j4$

해설
- $AD - BC = 1$
- $AD - 1 = BC$
- $C = \dfrac{AD - 1}{B} = \dfrac{8(1.625 + j) - 1}{j2} = 4 - j6$

09 평형 3상 부하에 선간전압의 크기가 200[V]인 평형 3상 전압을 인가했을 때 흐르는 선전류의 크기가 8.6[A]이고 무효전력이 1,298[Var]이었다. 이때 이 부하의 역률은 약 얼마인가?

① 0.6   ② 0.7

③ 0.8   ④ 0.9

해설
- 무효전력 $P_r = \sqrt{3}\,VI\sin\theta\,[\text{Var}]$

$$1{,}298 = \sqrt{3} \times 200 \times 8.6 \times \sin\theta\,[\text{Var}]$$

$$\sin\theta = \frac{1{,}298}{\sqrt{3} \times 200 \times 8.6} = 0.435$$

- $\cos\theta = \sqrt{1 - \sin^2\theta} = \sqrt{1 - 0.435^2} = 0.9$

10 어떤 회로에서 $t = 0$[초]에 스위치를 닫은 후 $i = 2t + 3t^2$[A]의 전류가 흘렀다. 30초까지 스위치를 통과한 총 전기량[A · h]은?

① 4.25   ② 6.75

③ 7.75   ④ 8.25

해설 계산기 사용

$$Q = \int_0^t i\,dt = \int_0^{30}(2X + 3X^2) = 27{,}900[\text{A} \cdot \text{sec}] = \frac{27{,}900}{3{,}600}[\text{A} \cdot \text{h}] = 7.75[\text{A} \cdot \text{h}]$$

정답 | 08 ③ 09 ④ 10 ③

11 블록선도의 전달함수가 $\dfrac{C(s)}{R(s)} = 10$과 같이 되기 위한 조건은?

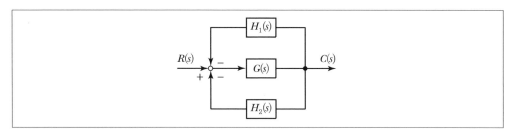

① $G(s) = \dfrac{1}{1 - H_1(s) - H_2(s)}$

② $G(s) = \dfrac{10}{1 - H_1(s) - H_2(s)}$

③ $G(s) = \dfrac{1}{1 - 10H_1(s) - 10H_2(s)}$

④ $G(s) = \dfrac{10}{1 - 10H_1(s) - 10H_2(s)}$

해설 $\dfrac{C(s)}{R(s)} = \dfrac{\sum 경로}{1 - \sum 피드백} = \dfrac{G(s)}{1 - (-G(s)H_1(s) - G(s)H_2(s))} = \dfrac{G(s)}{1 + [H_1(s) + H_2(s)]G(s)}$

$10 = \dfrac{G(s)}{1 + [H_1(s) + H_2(s)]G(s)}$

$10 + [10H_1(s) + 10H_2(s)]G(s) = G(s)$

$10 = G(s) - [10H_1(s) + 10H_2(s)]G(s)$

$10 = [1 - 10H_1(s) - 10H_2(s)]G(s)$

$G(s) = \dfrac{10}{1 - 10H_1(s) - 10H_2(s)}$

12 그림의 제어시스템이 안정하기 위한 K의 범위는?

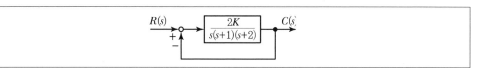

① $0 < K < 3$

② $0 < K < 4$

③ $0 < K < 5$

④ $0 < K < 6$

해설   전달함수 $\dfrac{C(s)}{R(s)} = \dfrac{\sum 경로}{1 - \sum 피드백} = \dfrac{\dfrac{2k}{s(s+1)(s+2)}}{1 - (-\dfrac{2k}{s(s+1)(s+2)})} = \dfrac{\dfrac{2k}{s(s+1)(s+2)}}{1 + \dfrac{2k}{s(s+1)(s+2)}}$

$= \dfrac{2k}{s(s+1)(s+2) + 2k} = \dfrac{2k}{s^3 + 3s^2 + 2s + 2k}$

특성방정식은 $s^3 + 3s^2 + 2s + 2k = 0$

• 루드-훌비쯔 표

s^3	1	2
s^2	3	$2k$
s^1	$\dfrac{6-2k}{3}$	0
s^0	$2k$	

제1열의 부호 변화가 없으려면 $\dfrac{6-2k}{3}>0,\ 2k>0$

$\therefore 0<k<3$

13 개루프 전달함수가 다음과 같은 제어시스템의 근궤적이 $j\omega$(허수)축과 교차할 때 K는 얼마인가?

$$G(s)H(s)=\dfrac{K}{s(s+3)(s+4)}$$

① 30　　　　　　　　　　　② 48
③ 84　　　　　　　　　　　④ 180

해설 • 전달함수 $\dfrac{C(s)}{R(s)}=\dfrac{\sum 경로}{1-\sum 피드백}=\dfrac{\dfrac{K}{s(s+3)(s+4)}}{1-\left(-\dfrac{K}{s(s+3)(s+4)}\right)}=\dfrac{\dfrac{K}{s(s+3)(s+4)}}{1+\dfrac{K}{s(s+3)(s+4)}}$

$=\dfrac{K}{s(s+3)(s+4)+K}=\dfrac{K}{s^3+7s^2+12s+K}$

특성방정식은 $s^3+7s^2+12s+K=0$

• 루드-훌비쯔 표

s^3	1	12
s^2	7	K
s^1	$\dfrac{84-K}{7}$	0
s^0	K	

허수축과 교차하면 제1요소가 0이 되면 얻을 수 있다.

$\dfrac{84-K}{7}=0$

$\therefore K=84$

정답 | 13 ③

14 제어요소의 표준 형식인 적분요소에 대한 전달함수는? (단, K는 상수이다.)

① Ks

② $\dfrac{K}{s}$

③ K

④ $\dfrac{K}{1+Ts}$

> **해설** • 비례요소 : K
>
> • 미분요소 : Ks
>
> • 적분요소 : $\dfrac{K}{s}$
>
> • 1차 지연요소 : $\dfrac{K}{Ts+1}$
>
> • 2차 지연요소 : $\dfrac{K}{T^2 s^2 + 2\delta Ts + 1}$

15 블록선도의 제어시스템은 단위 램프 입력에 대한 정상상태 오차(정상편차)가 0.01이다. 이 제어시스템의 제어요소인 $G_{C1}(s)$의 k는?

> • $G_{C1}(s) = k$
>
> • $G_{C2}(s) = \dfrac{1+0.1s}{1+0.2s}$
>
> • $G_P(s) = \dfrac{20}{s(s+1)(s+2)}$

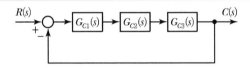

① 0.1

② 1

③ 10

④ 100

> **해설** • 정상속도 편차 : 입력이 단위속도 $t\,u(t)$일 때 $R(s) = \mathcal{L}\,[t\,u(t)] = \dfrac{1}{s^2}$
>
> $$e_{ss} = \lim_{s \to 0} s \frac{R(s)}{1+G(s)} = \lim_{s \to 0} s \frac{\frac{1}{s^2}}{1+G(s)} = \lim_{s \to 0} \frac{1}{s(1+G(s))} = \lim_{s \to 0} \frac{1}{s + s\,G(s)} = \frac{1}{\lim_{s \to 0} s\,G(s)} = \frac{1}{K_v}$$
>
> (K_v : 속도편차 상수)
>
> • $G(s) = k \times \dfrac{1+0.1s}{1+0.2s} \times \dfrac{20}{s(s+1)(s+2)} = \dfrac{20k(1+0.1s)}{s(s+1)(s+2)(1+0.2s)}$
>
> $$e_{ss} = \frac{1}{\lim_{s \to 0} s\,G(s)} = \frac{1}{\lim_{s \to 0} s \frac{20k(1+0.1s)}{s(s+1)(s+2)(1+0.2s)}} = \frac{1}{\lim_{s \to 0} \frac{20k(1+0.1s)}{(s+1)(s+2)(1+0.2s)}} = \frac{1}{10k}$$

$$e_{ss} = \frac{1}{10k}$$

$$0.01 = \frac{1}{10k} \quad \therefore k = \frac{1}{10 \times 0.01} = \frac{1}{0.1} = 10$$

16 그림과 같은 신호흐름선도에서 $\dfrac{C(s)}{R(s)}$ 는?

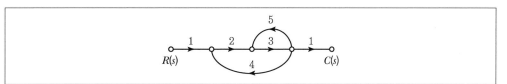

① $-\dfrac{6}{38}$

② $\dfrac{6}{38}$

③ $-\dfrac{6}{41}$

④ $\dfrac{6}{41}$

해설 $\therefore G(s) = \dfrac{C}{R} = \dfrac{\sum 경로}{1 - \sum 피드백} = \dfrac{1 \times 2 \times 3 \times 1}{1 - (5 \times 3 + 2 \times 3 \times 4)} = \dfrac{6}{1 - (15 + 24)} = -\dfrac{6}{38}$

17 단위계단 함수 $u(t)$를 z변환하면?

① $\dfrac{1}{z-1}$

② $\dfrac{z}{z-1}$

③ $\dfrac{1}{Tz-1}$

④ $\dfrac{Tz}{Tz-1}$

해설 시간함수에 대한 z변환표

$f(t)$	$F(s)$	$F(z)$
$\delta(t)$	1	1
$u(t)$	$\dfrac{1}{s}$	$\dfrac{z}{z-1}$
t	$\dfrac{1}{s^2}$	$\dfrac{Tz}{(z-1)^2}$
e^{-at}	$\dfrac{1}{s+a}$	$\dfrac{z}{z-e^{-at}}$

정답 | 16 ① 17 ②

18 그림의 논리회로와 등가인 논리식은?

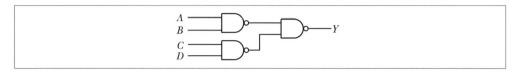

① $Y = A \cdot B \cdot C \cdot D$

② $Y = A \cdot B + C \cdot D$

③ $Y = \overline{A \cdot B} + \overline{C \cdot D}$

④ $Y = (\overline{A} + \overline{B}) \cdot (\overline{C} + \overline{D})$

해설 $Z = \overline{\overline{AB} \cdot \overline{CD}} = \overline{\overline{AB} + \overline{CD}} = AB + CD$ 또는 $Z = \overline{\overline{AB} \cdot \overline{CD}} = \overline{\overline{AB}} + \overline{\overline{CD}}$

19 다음과 같은 상태방정식으로 표현되는 제어시스템에 대한 특성방정식의 근(s_1, s_2)은?

$$\begin{bmatrix} \dot{x}_1 \\ \dot{x}_2 \end{bmatrix} = \begin{bmatrix} 0 & -3 \\ 2 & -5 \end{bmatrix} \begin{bmatrix} x_1 \\ x_2 \end{bmatrix} + \begin{bmatrix} 1 \\ 0 \end{bmatrix} u$$

① $1, -3$

② $-1, -2$

③ $-2, -3$

④ $-1, -3$

해설 $|s I - A| = \begin{bmatrix} s & 0 \\ 0 & s \end{bmatrix} - \begin{bmatrix} 0 & -3 \\ 2 & -5 \end{bmatrix} = \begin{bmatrix} s & 3 \\ -2 & s+5 \end{bmatrix} = s(s+5) + 6 = s^2 + 5 + 6 = (s+2)(s+3) = 0$

- 특성방정식 : $s^2 + 3s + 2 = 0$
- 고유값 : 특성방정식의 근$(s = -2, \ s = -3)$

20 주파수 전달함수가 $G(j\omega) = \dfrac{1}{j100\omega}$ 인 제어시스템에서 $\omega = 1.0[\text{rad/s}]$ 일 때의 이득[dB]과 위상각[°] 은 각각 얼마인가?

① $20[\text{dB}], 90[°]$

② $40[\text{dB}], 90[°]$

③ $-20[\text{dB}], -90[°]$

④ $-40[\text{dB}], -90[°]$

해설 • 이득 $g = 20\log|G(j\omega)| = 20\log\left|\dfrac{1}{j100\omega}\right| = 20\log\left|\dfrac{1}{j100 \times 1}\right| = 20\log\left|\dfrac{1}{100}\right| = -40[\text{dB}]$

- 위상각 $\theta = \angle G(j\omega) = \angle \dfrac{1}{j100\omega} = \angle \dfrac{1}{j100 \times 1} = \angle \dfrac{1}{j100} = -90[°]$

01 $f_3(t)$가 우함수이고 $f_0(t)$가 기함수일 때 주기함수 $f(t) = f_e(t) + f_0(t)$에 대한 다음 식 중 틀린 것은?

① $f_e(t) = f_e(-t)$

② $f_o(t) = -f_o(-t)$

③ $f_o(t) = \dfrac{1}{2}[f(t) - f(-t)]$

④ $f_e(t) = \dfrac{1}{2}[f(t) - f(-t)]$

> **해설** ① 우함수는 여현대칭이므로 $f_e(t) = f_e(-t)$
> ② 기함수는 정현대칭이므로 $f_o(t) = -f_o(-t)$
> ③ $\dfrac{1}{2}[f(t) - f(-t)] = \dfrac{1}{2}[(f_e(t) + f_0(t)) - (f_e(-t) + f_0(-t))]$
> $= \dfrac{1}{2}[f_0(t) - f_0(-t)] = \dfrac{1}{2}[f_0(t) - (-f_0(t))] = f_0(t)$

02 3상 평형회로에 Y결선의 부하가 연결되어 있고, 부하에서의 선간전압이 $V_{ab} = 100\sqrt{3} \angle 0[°][V]$일 때 선전류가 $I_a = 20 \angle -60[°][A]$이었다. 이 부하의 한상의 임피던스[Ω]는? (단, 3상 전압의 상순은 $a-b-c$이다.)

① $5 \angle 30[°]$

② $5\sqrt{3} \angle 30[°]$

③ $5 \angle 60[°]$

④ $5\sqrt{3} \angle 60[°]$

> **해설** • $V_l = 2\sin\dfrac{\pi}{n} V_p \angle \dfrac{\pi}{2}\left(1 - \dfrac{2}{n}\right) = \sqrt{3}\, V_p \angle 30[°]$이므로
> $V_p = \dfrac{V_{ab}}{\sqrt{3}} \angle -30[°] = \dfrac{100\sqrt{3} \angle 0}{\sqrt{3}} \times 1 \angle -30[°] = 100 \angle -30[°]$
> • $Z = \dfrac{V_p}{I_p} = \dfrac{V_p}{I_a} = \dfrac{100 \angle -30[°]}{20 \angle -60[°]} = 5 \angle 30[°]$

정답	01 ④ 02 ①

03 그림의 회로에서 120[V]와 30[V]의 전압원(능동소자)에서의 전력은 각각 몇 [W]인가? (단, 전압원(능동소자)에서 공급 또는 발생하는 전력은 양수(+)이고, 소비 또는 흡수하는 전력은 음수(−)이다.)

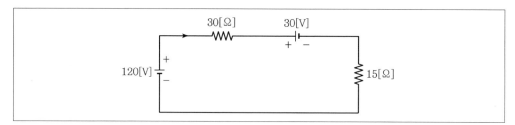

① 240[W], 60[W]

② 240[W], −60[W]

③ −240[W], 60[W]

④ −240[W], −60[W]

해설 • $\sum V = \sum IR$

$120 - 30 = I(30 + 15)$

$I = \dfrac{90}{45} = 2$

• $P_{공급} = VI = 120 \times 2 = 240[\text{W}]$

• $P_{소비} = -30 \times 2 = -60[\text{W}]$

04 각 상의 전압이 다음과 같을 때 영상분전압[V]의 순시치는? (단, 3상 전압의 상순은 $a-b-c$이다.)

$$v_a(t) = 40\sin\omega t[\text{V}]$$

$$v_b(t) = 40\sin\left(\omega t - \frac{\pi}{2}\right)[\text{V}]$$

$$v_c(t) = 40\sin\left(\omega t + \frac{\pi}{2}\right)[\text{V}]$$

① $40\sin\omega t$

② $\dfrac{40}{3}\sin\omega t$

③ $\dfrac{40}{3}\sin\left(\omega t - \dfrac{\pi}{2}\right)$

④ $\dfrac{40}{3}\sin\left(\omega t + \dfrac{\pi}{2}\right)$

해설 계산기 사용

$V_0 = \dfrac{1}{3}(v_a + v_b + v_c) = \dfrac{1}{3}[40\sin\omega t + 40\sin(\omega t - 90[°]) + 40\sin(\omega t + 90[°])$

$= \dfrac{1}{3}(40\angle 0[°] + 40\angle -90[°] + 40\angle 90[°]) = \dfrac{40}{3}\angle 0[°] = \dfrac{40}{3}\sin\omega t[\text{V}]$

정답 | 03 ② 04 ②

05 그림과 같이 3상 평형의 순저항부하에 단상전력계를 연결하였을 때 전력계가 W[W]를 지시하였다. 이 3상 부하에서 소모하는 전체 전력[W]은?

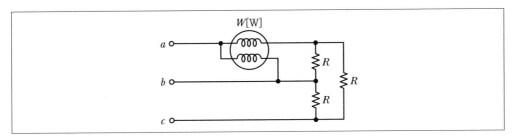

① $2W$

② $3W$

③ $\sqrt{2}\ W$

④ $\sqrt{3}\ W$

해설 **3상 2전력계법**

$$P_a = P + jP_r = W + W + \sqrt{3}\,(W - W)i = 2W$$

06 정전용량이 C[F]인 커패시터에 단위임펄스의 전류원이 연결되어 있다. 이 커패시터의 전압 $v_C(t)$는? (단, $u(t)$는 단위계단함수이다.)

① $v_C(t) = C$

② $v_C(t) = Cu(t)$

③ $v_C(t) = \dfrac{1}{C}$

④ $v_C(t) = \dfrac{1}{C}u(t)$

해설 • $i(t) = \delta(t)$

$$v_c(t) = \frac{1}{C}\int i(t)\,dt = \frac{1}{C}\int \delta(t)\,dt \quad\cdots\cdots\cdots ①식$$

• ①식을 양변을 라플라스하면

$$V_c(s) = \frac{1}{C}\frac{1}{s} \times 1 = \frac{1}{C}\frac{1}{s} \quad\cdots\cdots\cdots\cdots\cdots\cdots ②식$$

• ②식을 양변을 역라플라스하면

$$v_c(t) = \frac{1}{C}u(t)$$

07 그림의 회로에서 $t = 0[\text{s}]$에 스위치(S)를 닫은 후 $t = 1[\text{S}]$일 때 이 회로에 흐르는 전류는 약 몇 [A]인가?

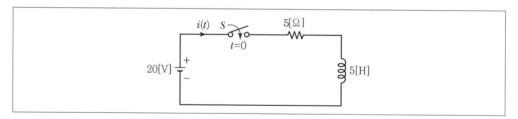

① 2.52

② 3.16

③ 4.21

④ 6.32

해설 **과도시간 동안의 과도전류**

$$i(t) = \frac{E}{R}(1 - e^{-\frac{1}{\frac{L}{R}}}) = \frac{E}{R}(1 - e^{-\frac{R}{L}}) = \frac{20}{5}(1 - e^{-\frac{5}{5} \times 1}) = \frac{20}{5}(1 - e^{-1}) = 2.528[\text{A}]$$

08 순시치전류 $i(t) = I_m \sin(\omega t + \theta_I)[\text{A}]$의 파고율은 약 얼마인가?

① 0.577

② 0.707

③ 1.414

④ 1.732

해설 정현파의 파고율 $= \dfrac{\text{최댓값}}{\text{실횻효}} = \dfrac{I_m}{\dfrac{I_m}{\sqrt{2}}} = \sqrt{2} = 1.414$

09 그림의 회로가 정저항회로로 되기 위한 $L[\text{mH}]$은? (단, $R = 10[\Omega]$, $C = 1,000[\mu\text{F}]$이다.)

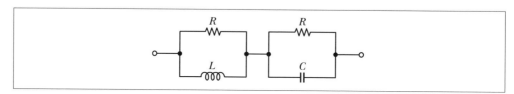

① 1

② 10

③ 100

④ 1,000

해설 정저항 회로조건 $R = \sqrt{\dfrac{L}{C}}$ 에서

$$L = R^2 C = 10^2 \times 1,000 \times 10^{-6} = 10^{-1} \times 10^3 \times 10^{-3} = 100[\text{mH}]$$

10 분포정수회로에 있어서 선로의 단위 길이당 저항이 $100[\Omega/\mathrm{m}]$, 인덕턴스가 $200[\mathrm{mH/m}]$, 누설컨덕턴스가 $0.5[\mho/\mathrm{m}]$일 때 일그러짐이 없는 조건(무왜형조건)을 만족하기 위한 단위 길이당 커패시턴스는 몇 $[\mu\mathrm{F/m}]$인가?

① 0.001　　　　　　　　　　　② 0.1

③ 10　　　　　　　　　　　　④ 1,000

해설 무왜형선로(일그러짐이 없는 조건) $RC=LG$ 에서

$$C=\frac{LG}{R}=\frac{200\times10^{-3}\times0.5}{100}=10^{-3}[\mathrm{F}]=10^{-3}\times10^{6}\times10^{-6}[\mathrm{F}]=1,000[\mu\mathrm{F}]$$

11 $F(z)=\dfrac{(1-e^{-aT})z}{(z-1)(z-e^{-aT})}$ 의 역z변환은?

① $1-e^{-aT}$　　　　　　　　② $1+e^{-aT}$

③ $t\cdot e^{-aT}$　　　　　　　　④ $t\cdot e^{aT}$

해설 • $R(z)=\dfrac{(1-e^{-aT})z}{(z-1)(z-e^{-aT})}$

$\dfrac{R(z)}{z}=\dfrac{(1-e^{-aT})}{(z-1)(z-e^{-aT})}$

• 위 식을 부분분수로 변형하면

$\dfrac{R(z)}{z}=\dfrac{1}{z-1}-\dfrac{1}{z-e^{-aT}}$

$R(z)=\dfrac{z}{z-1}-\dfrac{z}{z-e^{-aT}}$

• 역z변환하면

$r(z)=u(t)-e^{-aT}=1-e^{-aT}$

12 다음의 특성방정식 중 안정한 제어시스템은?

① $s^3+3s^2+4s+5=0$　　　　② $s^4+3s^3-s^2+s+10=0$

③ $s^5+s^3+2s^2+4s+3=0$　　④ $s^4-2s^3-3s^2+4s+5=0$

해설 ② $s^4+3s^3-s^2+s+10=0$: 특성방정식의 모든 계수의 부호가 같아야 한다. $-s^2$ 이 있어 불안정함

③ $s^5+s^3+2s^2+4s+3=0$: 계수 중 어느 하나라도 0이 되어서는 안 된다. s^4 이 없어 불안정함

④ $s^4-2s^3-3s^2+4s+5=0$: 특성방정식의 모든 계수의 부호가 같아야 한다. $-2s^3-3s^2$ 이 있어 불안정함

정답 **10** ④ **11** ① **12** ①

13 그림의 신호흐름선도에서 전달함수 $\dfrac{C(s)}{R(s)}$ 는?

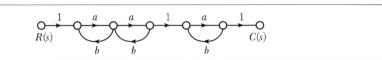

① $\dfrac{a^3}{(1-ab)^3}$

② $\dfrac{a^3}{1-3ab+a^2b^2}$

③ $\dfrac{a^3}{1-3ab}$

④ $\dfrac{a^3}{1-3ab+2a^2b^2}$

해설 전달함수 $= \dfrac{C(s)}{R(s)} = \dfrac{\sum[G(1-loop)]}{1-\sum L_1 + \sum L_2 - \sum L_3} = \dfrac{aaa}{1-(ab+ab+ab)+ab\cdot ab+ab\cdot ab} = \dfrac{a^3}{1-3ab+2a^2b^2}$

- G : 각각의 순방향 경로의 이득 → aaa
- loop : 각각의 순방향 경로에 접촉하지 않는 이득 → 없음
- $\sum L_1$: 각각의 모든 폐루프 이득의 곱의 합 → $ab+ab+ab = 3ab$
- $\sum L_2$: 서로 접촉하고 있지 않은 2개 이상의 L_1의 곱의 합 → $ab\cdot ab+ab\cdot ab = 2a^2b^2$
- $\sum L_3$: 서로 접촉하고 있지 않은 3개 이상의 L_1의 곱의 합 → 없음

14 그림과 같은 블록선도의 제어시스템에 단위계단함수가 입력되었을 때 정상상태오차가 0.01이 되는 a 의 값은?

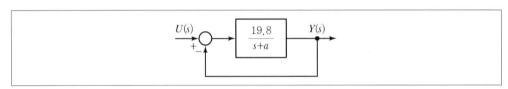

① 0.2

② 0.6

③ 0.8

④ 1.0

해설 정상 위치편차 : 입력이 단위계단 $u(t)$일 때 $R(s) = \mathcal{L}[u(t)] = \dfrac{1}{s}$

$$e_{ss} = \lim_{s\to 0} s\,\dfrac{R(s)}{1+G(s)} = \lim_{s\to 0} s\,\dfrac{\frac{1}{s}}{1+G(s)} = \dfrac{1}{\lim\limits_{s\to 0} 1+G(s)} = \dfrac{1}{\lim\limits_{s\to 0}(1+\frac{19.8}{s+a})} = \dfrac{1}{1+\frac{19.8}{a}}$$

$$0.01 = \dfrac{1}{1+\frac{19.8}{a}} \quad \therefore a = 0.2$$

정답 | 13 ④ 14 ①

15 그림과 같은 보드선도의 이득선도를 갖는 제어시스템의 전달함수는?

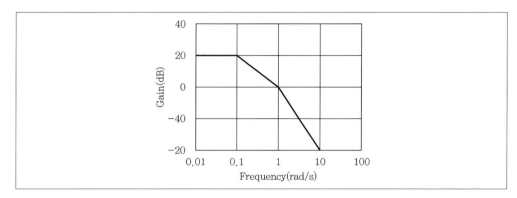

① $G(s) = \dfrac{10}{(s+1)(s+10)}$

② $G(s) = \dfrac{10}{(s+1)(10s+1)}$

③ $G(s) = \dfrac{20}{(s+1)(s+10)}$

④ $G(s) = \dfrac{20}{(s+1)(10s+1)}$

해설 $G(s) = \dfrac{10}{(s+1)(10s+1)}$ 의 보드선도 이득곡선은

$g[\text{dB}] = 20\log\left|\dfrac{10}{(j\omega+1)(j10\omega+1)}\right| = 20\log\dfrac{10}{\sqrt{\omega^2+1}\ \sqrt{(10\omega)^2+1}}$

$\qquad = 20\log10 - 20\log\sqrt{\omega^2+1} - 20\log\sqrt{(10\omega)^2+1}$

- $\omega < 0.1$일 때

  $g = 20 - 20\log1 - 20\log1 = 20\,[\text{dB}]$

- $0.1 < \omega < 1$일 때

  $g = 20 - 20\log1 - 20\log10\omega = 20 - 0 - 20\log10 - 20\log\omega = -20\log\omega$이므로 $-20\,[\text{dB/dec}]$

- $\omega > 1$일 때

  $g = 20 - 20\log1 - 20\log10\omega = 20 - 20\log\omega - 20\log10 - 20\log\omega = -40\log\omega$이므로 $-40\,[\text{dB/dec}]$

16 그림과 같은 블록선도의 전달함수 $\dfrac{C(s)}{R(s)}$ 는?

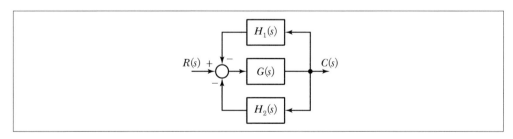

① $\dfrac{G(s)H_1(s)H_2(s)}{1+G(s)H_1(s)H_2(s)}$

② $\dfrac{G(s)}{1+G(s)H_1(s)H_2(s)}$

③ $\dfrac{G(s)}{1-G(s)(H_1(s)+H_2(s))}$

④ $\dfrac{G(s)}{1+G(s)(H_1(s)+H_2(s))}$

정답 | **15** ② **16** ④

$G(s) = \dfrac{C}{R} = \dfrac{\sum 경로}{1 - \sum 피드백} = \dfrac{G(s)}{1 - (-G(s)H_1(s) - G(s)H_2(s))} = \dfrac{G(s)}{1 + G(s)H_1(s) + G(s)H_2(s)}$

17 그림과 같은 논리회로와 등가인 것은?

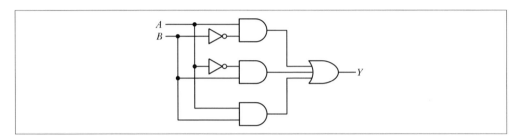

① $\begin{matrix} A \\ B \end{matrix}$ ⟩ AND Y ② $\begin{matrix} A \\ B \end{matrix}$ ⟩ OR Y

③ $\begin{matrix} A \\ B \end{matrix}$ ⟩ NAND Y ④ $\begin{matrix} A \\ B \end{matrix}$ ⟩ NOR Y

해설 $Y = A \cdot \overline{B} + \overline{A} \cdot B + AB = A \cdot \overline{B} + B(\overline{A} + A) = A \cdot \overline{B} + B = (A + B) \cdot (\overline{B} + B) = A + B$

18 다음의 개루프전달함수에 대한 근궤적의 점근선이 실수축과 만나는 교차점은?

$$G(s)H(s) = \frac{K(s+3)}{s^2(s+1)(s+3)(s+4)}$$

① $\dfrac{5}{3}$ ② $-\dfrac{5}{3}$

③ $\dfrac{5}{4}$ ④ $-\dfrac{5}{4}$

해설
- 영점의 수 : $s + 3 = 0$ $\therefore s = -3\,(1개)$
- 극점의 수 : $s^2(s+1)(s+3)(s+4) = 0$ $\therefore s = 0,\ 0,\ -1,\ -3,\ -4\,(5개)$
- 교차점 $= \dfrac{\sum 극점 - \sum 영점}{극점의 수 - 영점의 수} = \dfrac{(-1-3-4)-(-3)}{5-1} = -\dfrac{5}{4}$

정답 | 17 ② 18 ④

19 블록선도에서 ⓐ에 해당하는 신호는?

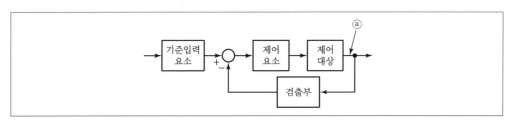

① 조작량   ② 제어량
③ 기준입력   ④ 동작신호

해설 **자동 제어장치의 구성**

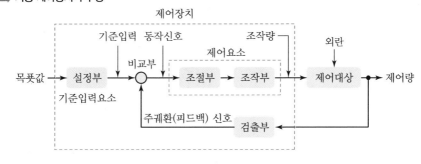

20 다음의 미분방정식과 같이 표현되는 제어시스템이 있다. 이 제어시스템을 상태방정식 $\dot{x} = Ax + Bu$로 나타내었을 때 시스템행렬 A는?

$$\frac{d^3 C(t)}{dt^3} + 5\frac{d^2 C(t)}{dt^2} + \frac{dC(t)}{dt} + 2C(t) = r(t)$$

①$\begin{bmatrix} 0 & 1 & 0 \\ 0 & 0 & 1 \\ -2 & -1 & -5 \end{bmatrix}$ ②$\begin{bmatrix} 1 & 0 & 0 \\ 0 & 1 & 0 \\ -2 & -1 & -5 \end{bmatrix}$

③$\begin{bmatrix} 0 & 1 & 0 \\ 0 & 0 & 1 \\ 2 & 1 & 5 \end{bmatrix}$ ④$\begin{bmatrix} 1 & 0 & 0 \\ 0 & 1 & 0 \\ 2 & 1 & 5 \end{bmatrix}$

해설 $\frac{d^3 C(t)}{dt^3} = -2C(t) - \frac{dc(t)}{dt} - 5\frac{d^2 C(t)}{dt^2} + r(t)$

정답 | 19 ② 20 ①

01 회로에서 6[Ω]에 흐르는 전류[A]는?

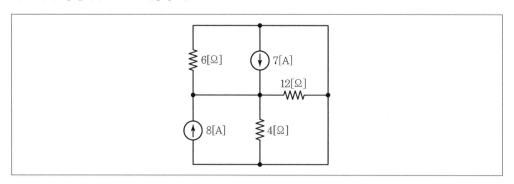

① 2.5

② 5

③ 7.5

④ 10

해설 전류의 방향은 같은 방향이므로 $I = I_1 + I_2 = 5$[A]

중첩의 정리

- 8[A] 전류원 개방 : $I_1 = \dfrac{3}{3+6} \times 7 = \dfrac{21}{9}$[A] $\left(\dfrac{1}{R} = \dfrac{1}{12} + \dfrac{1}{4} = \dfrac{1}{3} \therefore R = 3[\Omega] \right)$
- 6[A] 전류원 개방 : $I_2 = \dfrac{3}{6+3} \times 8 = \dfrac{24}{9}$[A] $\left(\dfrac{1}{R} = \dfrac{1}{12} + \dfrac{1}{4} = \dfrac{1}{3} \therefore R = 3[\Omega] \right)$
- 전류의 방향은 같은 방향이므로 $I = I_1 + I_2 = 5$[A]

02 $R-L$직렬회로에서 시정수가 0.03[s], 저항이 14.7[Ω]일 때 이 회로의 인덕턴스[mH]는?

① 441

② 362

③ 17.6

④ 2.53

해설 시정수 $\tau = \dfrac{L}{R}$ 에서

$$L = \tau R = 0.03 \times 14.7 = \dfrac{441}{1,000} = 441 \times 10^{-3}[\text{H}] = 441[\text{mH}]$$

정답 | 01 ② 02 ①

03 상의 순서가 $a-b-c$인 불평형 3상 교류회로에서 각 상의 전류가 $I_a = 7.28 \angle 15.95 [°][\text{A}]$, $I_b = 12.81 \angle -128.66[°][\text{A}]$, $I_c = 7.21 \angle 123.69[°][\text{A}]$일 때 역상분전류는 약 몇 [A]인가?

① $8.95 \angle -1.14[°]$

② $8.95 \angle 1.14[°]$

③ $2.51 \angle -96.55[°]$

④ $2.51 \angle 96.55[°]$

해설 $I_2 = \dfrac{1}{3}\left(I_a + a^2 I_b + a I_c\right)$

$\qquad = \dfrac{1}{3}(7.28 \angle 15.95[°] + 1 \angle 240[°] \times 12.81 \angle -128.66[°] + 1 \angle 120[°] \times 7.21 \angle 123.69[°])$

$\qquad = 2.506 \angle 96.549[\text{A}]$

04 그림과 같은 T형 4단자 회로의 임피던스 파라미터 Z_{22}는?

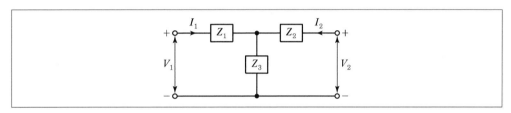

① Z_3

② $Z_1 + Z_2$

③ $Z_1 + Z_3$

④ $Z_2 + Z_3$

해설 • $Z_{11} = \dfrac{V_1}{I_1}\Big|_{I_2 = 0} = Z_1 + Z_3$

$\quad$ • $Z_{12} = \dfrac{V_1}{I_2}\Big|_{I_1 = 0} = Z_3$

$\quad$ • $Z_{21} = \dfrac{V_2}{I_1}\Big|_{I_2 = 0} = Z_3$

$\quad$ • $Z_{22} = \dfrac{V_2}{I_2}\Big|_{I_1 = 0} = Z_2 + Z_3$

정답 | 03 ④ 04 ④

05 그림과 같은 부하에 선간전압이 $V_{ab}=100\angle30°[V]$인 평형 3상 전압을 가했을 때 선전류 $I_a[A]$는?

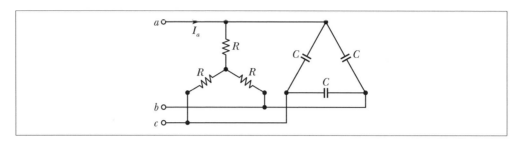

① $\dfrac{100}{\sqrt{3}}\left(\dfrac{1}{R}+j3\omega C\right)$

② $100\left(\dfrac{1}{R}+j\sqrt{3}\,\omega C\right)$

③ $\dfrac{100}{\sqrt{3}}\left(\dfrac{1}{R}+j\omega C\right)$

④ $100\left(\dfrac{1}{R}+j\omega C\right)$

해설 • 주어진 그림은 (a)와 같은 회로가 되므로 (a)를 (b)와 같이 Y로 변경하면

$$Z_a=\frac{Z_{ca}\times Z_{ab}}{Z_{ab}+Z_{bc}+Z_{ca}}=\frac{\dfrac{1}{j\omega C}\times\dfrac{1}{j\omega C}}{\dfrac{1}{j\omega C}+\dfrac{1}{j\omega C}+\dfrac{1}{j\omega C}}=\frac{1}{j3\omega C}$$

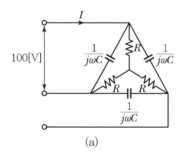 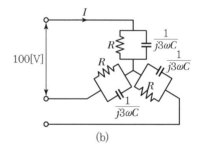

(a) (b)

• $I_a=I=YE=EY=\dfrac{100}{\sqrt{3}}\left(\dfrac{1}{R}+j3\omega C\right)$

06 분포정수로 표현된 선로의 단위 길이당 저항이 $0.5[\Omega/\mathrm{km}]$, 인덕턴스가 $1[\mu\mathrm{H}/\mathrm{km}]$, 커패시턴스가 $6[\mu\mathrm{F}/\mathrm{km}]$일 때 일그러짐이 없는 조건(무왜형조건)을 만족하기 위한 단위 길이당 컨덕턴스$[\mho/\mathrm{m}]$는?

① 1

② 2

③ 3

④ 4

해설 무왜형선로(일그러짐이 없는 조건) $RC=LG$ 이므로

$$G=\frac{RC}{L}=\frac{0.5\times6\times10^{-6}}{1\times10^{-6}}=3[\mho]$$

07 그림 (a)의 Y결선회로를 그림 (b)의 △결선회로로 등가변환했을 때 R_{ab}, R_{bc}, R_{ca}는 각각 몇 [Ω]인가?
(단, $R_a = 2[Ω]$, $R_b = 3[Ω]$, $R_c = 4[Ω]$)

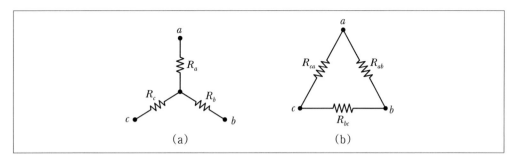

(a)   (b)

① $R_{ab} = \dfrac{6}{9}$, $R_{bc} = \dfrac{12}{9}$, $R_{ca} = \dfrac{8}{9}$

② $R_{ab} = \dfrac{1}{3}$, $R_{bc} = 1$, $R_{ca} = \dfrac{1}{2}$

③ $R_{ab} = \dfrac{13}{2}$, $R_{bc} = 13$, $R_{ca} = \dfrac{26}{3}$

④ $R_{ab} = \dfrac{11}{3}$, $R_{bc} = 11$, $R_{ca} = \dfrac{11}{2}$

해설 • $R_{ab} = \dfrac{R_a R_b + R_b R_c + R_c R_a}{R_c} = \dfrac{2 \times 3 + 3 \times 4 + 4 \times 2}{4} = \dfrac{26}{4} = \dfrac{13}{2}$

• $R_{bc} = \dfrac{R_a R_b + R_b R_c + R_c R_a}{R_a} = \dfrac{2 \times 3 + 3 \times 4 + 4 \times 2}{4} = \dfrac{26}{2} = 13$

• $R_{ca} = \dfrac{R_a R_b + R_b R_c + R_c R_a}{R_b} = \dfrac{2 \times 3 + 3 \times 4 + 4 \times 2}{3} = \dfrac{26}{3}$

08 다음과 같은 비정현파 교류전압 $v(t)$와 전류 $i(t)$에 의한 평균 전력은 약 몇 [W]인가?

• $v(t) = 200\sin 100\pi t + 80\sin\left(300\pi t - \dfrac{\pi}{2}\right)[V]$

• $i(t) = \dfrac{1}{5}\sin\left(100\pi t - \dfrac{\pi}{3}\right) + \dfrac{1}{10}\sin\left(300\pi t - \dfrac{\pi}{4}\right)[A]$

① 6.414　　　　　　　② 8.586

③ 12.828　　　　　　④ 24.212

해설 주파수가 같은 고조파만이 전력이 유도된다. 5고조파만이 주파수가 같으므로

$P = V_1 I_1 \cos\theta_1 + V_2 I_2 \cos\theta_2$

$= \dfrac{200}{\sqrt{2}} \times \dfrac{1}{5} \dfrac{1}{\sqrt{2}} \times \cos(0° - (-60[°])) + \dfrac{80}{\sqrt{2}} \times \dfrac{1}{10} \dfrac{1}{\sqrt{2}} \times \cos(-90[°] - (-45[°]))$

$= \dfrac{200}{\sqrt{2}} \times \dfrac{1}{5} \dfrac{1}{\sqrt{2}} \times \cos 60[°] + \dfrac{80}{\sqrt{2}} \times \dfrac{1}{10} \dfrac{1}{\sqrt{2}} \times \cos(-45[°]) = 12.828[W]$

정답 | 07 ③　08 ③

09 회로에서 $I_1 = 2e^{-j\frac{\pi}{6}}$ [A], $I_2 = 5e^{j\frac{\pi}{6}}$ [A], $I_3 = 5.0$[A], $Z_3 = 1.0$[Ω]일 때 부하(Z_1, Z_2, Z_3) 전체에 대한 복소전력은 약 몇 [VA]인가?

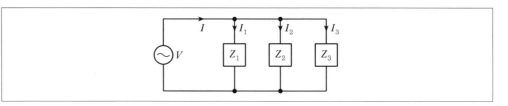

① $55.3 - j7.5$

② $55.3 + j7.5$

③ $45 - j26$

④ $45 + j26$

해설 • 병렬일 때는 전압이 같다.

$V = I_3 Z_3 = 5 \times 1 = 5$

• $I = I_1 + I + I_3 = 2\angle-30[°] + 5\angle30[°] + 5\angle0[°] = 11.163\angle7.722[°]$

• $P_a = VI^* = 5 \times (11.163\angle7.722[°])^* = 5 \times 11.163\angle-7.722[°] = 55.3 - 7.499$

10 $f(t) = \mathcal{L}^{-1}\left[\dfrac{s^2+3s+2}{s^2+2s+5}\right]$ 와 같은 식은?

① $\delta(t) + e^{-t}(\cos 2t - \sin 2t)$

② $\delta(t) + e^{-t}(\cos 2t + 2\sin 2t)$

③ $\delta(t) + e^{-t}(\cos 2t - 2\sin 2t)$

④ $\delta(t) + e^{-t}(\cos 2t + \sin 2t)$

해설 $f(t) = \mathcal{L}^{-1}\left[\dfrac{s^2+3s+10}{s^2+2s+5}\right] = \mathcal{L}^{-1}\left[1 + \dfrac{s+5}{s^2+2s+5}\right] = \mathcal{L}^{-1}\left[1 + \dfrac{s+5}{(s+1)^2+2^2}\right]$

$= \mathcal{L}^{-1}\left[1 + \dfrac{s+1}{(s+1)^2+2^2} + 2\dfrac{s+1}{(s+1)^2+2^2}\right]$

$= \delta(t) + e^{-t}\cos 2t + 2e^{-t}\sin 2t = \delta(t) + e^{-t}(\cos 2t + 2\sin 2t)$

11 다음 블록선도의 전달함수$\left(\dfrac{C(s)}{R(s)}\right)$는?

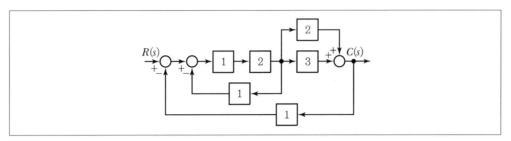

① $\dfrac{10}{9}$

② $\dfrac{10}{13}$

③ $\dfrac{12}{9}$

④ $\dfrac{12}{13}$

해설 간이식

$$G(s)=\frac{C}{R}=\frac{\sum 경로}{1-\sum 피드백}=\frac{1\times2\times2+1\times2\times3}{1-(-1\times2\times1-1\times2\times3\times1-1\times2\times2\times1)}=\frac{10}{13}$$

12 전달함수가 $G(s)=\dfrac{1}{0.1s\,(0.01s+1)}$ 과 같은 제어시스템에서 $\omega=0.1[\mathrm{rad/s}]$일 때의 이득[dB]과 위상각[°]은 약 얼마인가?

① $40[\mathrm{dB}],\ -90[°]$

② $-40[\mathrm{dB}],\ 90[°]$

③ $40[\mathrm{dB}],\ -180[°]$

④ $-40[\mathrm{dB}],\ -180[°]$

해설 • 이득 $g=20\log|G(jw)|=20\log\left|\dfrac{1}{0.1s(0.01s+1)}\right|=20\log\left|\dfrac{1}{0.1\times0.01s^2+0.1s}\right|$

$=20\log\left|\dfrac{1}{0.1s}\right|=20\log\left|\dfrac{1}{0.1j0.1}\right|=40$

• 위상각 $\theta=\angle\,G(j\omega)=\angle\,\dfrac{1}{0.1j\omega}=\angle\,\dfrac{1}{j0.1\times0.1}=-90[°]$

13 다음의 논리식과 등가인 것은?

$$Y=(A+B)(\overline{A}+B)$$

① $Y=A$

② $Y=B$

③ $Y=\overline{A}$

④ $Y=\overline{B}$

해설 $Y=(A+B)(\overline{A}+B)=A\overline{A}+AB+\overline{A}B+BB=0+AB+\overline{A}B+B=AB+B=B$

정답 | **11** ② **12** ① **13** ②

14 다음의 개루프 전달함수에 대한 근궤적이 실수축에서 이탈하게 되는 분리점은 약 얼마인가?

$$G(s)H(s) = \frac{K}{s(s+3)(s+8)}, \; K \geq 0$$

① -0.93 ② -5.74

③ -6.0 ④ -1.33

해설
- $1 + G(s)H(s) = 1 + \dfrac{K}{s(s+3)(s+8)} = 0$

  $s(s+3)(s+8) + K = 0$ ∴ $K = -s(s+3)(s+8)$

  $K(\sigma) = -\sigma(\sigma+3)(\sigma+8) = -\sigma^3 - 11\sigma^2 - 24\sigma$

  $\dfrac{dK(\sigma)}{d\sigma} = -3\sigma^2 - 22\sigma - 24 = 0$에서 $3\sigma^2 + 22\sigma + 24 = 0$

  ∴ $\sigma = \dfrac{-11 \pm \sqrt{11^2 - 3 \times 24}}{3} = -6, \; -1.333$

- 실수축상의 근궤적 범위

  $G(s)H(s)$의 극점과 영점으로 실수축울 분할될 때 오른쪽으로 실수축으로

  −극점과 영점의 수가 홀수면 그 구간(홀수 구간)에 근궤적이 존재한다.

  −극점과 영점의 수가 짝수면 그 구간(짝수 구간)에 근궤적이 존재한다.

  $K \geq 0$에 대한 실수축의 구간은 $0 \sim -3$, $-8 \sim \infty$이므로

  −6은 근궤적점이 될 수 없으므로 버린다.

15 $F(z) = \dfrac{(1-e^{-aT})z}{(z-1)(z-e^{-aT})}$ 의 역 z변환은?

① $t \cdot e^{-at}$ ② $a^t \cdot e^{-at}$

③ $1 + e^{-at}$ ④ $1 - e^{-at}$

해설
- $R(z) = \dfrac{(1-e^{-aT})z}{(z-1)(z-e^{-aT})}$

  $\dfrac{R(z)}{z} = \dfrac{(1-e^{-aT})}{(z-1)(z-e^{-aT})}$

- 위 식을 부분분수로 변형하면

  $\dfrac{R(z)}{z} = \dfrac{1}{z-1} - \dfrac{1}{z-e^{-aT}}$

  $R(z) = \dfrac{z}{z-1} - \dfrac{z}{z-e^{-aT}}$

- 역 z변환하면

  $r(z) = u(t) - e^{-aT} = 1 - e^{-aT}$

16 기본 제어요소인 비례요소의 전달함수는? (단, K는 상수이다.)

① $G(s) = K$

② $G(s) = Ks$

③ $G(s) = \dfrac{K}{s}$

④ $G(s) = \dfrac{K}{s+K}$

해설 • 비례요소 : K

• 미분요소 : Ks

• 적분요소 : $\dfrac{K}{s}$

• 1차 지연요소 : $\dfrac{K}{Ts+1}$

• 2차 지연요소 : $\dfrac{K}{T^2 s^2 + 2\delta Ts + 1}$

17 다음의 상태방정식으로 표현되는 시스템의 상태천이행렬은?

$$\begin{bmatrix} \dfrac{d}{dt}x_1 \\ \dfrac{d}{dt}x_2 \end{bmatrix} = \begin{bmatrix} 0 & 1 \\ -3 & -4 \end{bmatrix} \begin{bmatrix} x_1 \\ x_2 \end{bmatrix}$$

① $\begin{bmatrix} 1.5e^{-t} - 0.5e^{-3t} & -1.5e^{-t} + 1.5e^{-3t} \\ 0.5e^{-t} - 0.5e^{-3t} & -0.5e^{-t} + 1.5e^{-3t} \end{bmatrix}$

② $\begin{bmatrix} 1.5e^{-t} - 0.5e^{-3t} & 0.5e^{-t} - 0.5e^{-3t} \\ -1.5e^{-t} + 1.5e^{-3t} & -0.5e^{-t} + 1.5e^{-3t} \end{bmatrix}$

③ $\begin{bmatrix} 1.5e^{-t} - 0.5e^{-4t} & 0.5e^{-t} - 0.5e^{-4t} \\ -1.5e^{-t} + 1.5e^{-4t} & -0.5e^{-t} + 1.5e^{-4t} \end{bmatrix}$

④ $\begin{bmatrix} 1.5e^{-t} - 0.5e^{-4t} & -1.5e^{-t} + 1.5e^{-4t} \\ 0.5e^{-t} - 0.5e^{-4t} & -0.5e^{-t} + 1.5e^{-4t} \end{bmatrix}$

해설 • 상태방정식 $|sI - A| = \begin{bmatrix} s & 0 \\ 0 & s \end{bmatrix} - \begin{bmatrix} 0 & 1 \\ -3 & -4 \end{bmatrix} = \begin{bmatrix} s & -1 \\ 3 & s+4 \end{bmatrix}$

• 상태천이행렬 $\varnothing(s) = [(sI-A)^{-1}] = \begin{bmatrix} s & -1 \\ 3 & s+4 \end{bmatrix}^{-1} = \dfrac{1}{\begin{bmatrix} s & -1 \\ 3 & s+4 \end{bmatrix}} \begin{bmatrix} s+4 & 1 \\ -3 & s \end{bmatrix}$

$\quad = \dfrac{1}{s^2 + 4s + 3} \begin{bmatrix} s+4 & 1 \\ -3 & s \end{bmatrix} = \begin{bmatrix} \dfrac{s+4}{(s+1)(s+3)} & \dfrac{1}{(s+1)(s+3)} \\ \dfrac{-3}{(s+1)(s+3)} & \dfrac{s}{(s+1)(s+3)} \end{bmatrix}$

• $\varnothing(t) = \mathcal{L}^{-1}[(sI-A)^{-1}] = \mathcal{L}^{-1} \begin{bmatrix} \dfrac{s+4}{(s+1)(s+3)} & \dfrac{1}{(s+1)(s+3)} \\ \dfrac{-3}{(s+1)(s+3)} & \dfrac{s}{(s+1)(s+3)} \end{bmatrix}$

$\quad = \begin{bmatrix} 1.5e^{-t} - 0.5e^{-3t} & 0.5e^{-t} - 0.5e^{-3t} \\ -1.5e^{-t} + 1.5e^{-3t} & -0.5e^{-t} + 1.5e^{-3t} \end{bmatrix}$

정답 | 16 ① 17 ②

18 제어시스템의 전달함수가 $T(s) = \dfrac{1}{4s^2 + s + 1}$ 와 같이 표현될 때 이 시스템의 고유주파수($\omega_n[\text{rad/s}]$)와 감쇠율(δ)은?

① $\omega_n = 0.25,\ \delta = 1.0$ ② $\omega_n = 0.5,\ \delta = 0.25$

③ $\omega_n = 0.5,\ \delta = 0.5$ ④ $\omega_n = 1.0,\ \delta = 0.5$

해설 • 전달함수 $= \dfrac{C(s)}{R(s)} = \dfrac{\omega_n^2}{s^2 + 2\delta\omega_n s + \omega_n^2}$ 로 만든다.

• $\dfrac{C(s)}{R(s)} = \dfrac{1}{4s^2 + s + 1} \times \dfrac{\frac{1}{4}}{\frac{1}{4}} = \dfrac{1 \times \frac{1}{4}}{(4s^2 + s + 1)\frac{1}{4}} = \dfrac{\frac{1}{4}}{s^2 + \frac{1}{4}s + \frac{1}{4}}$

• $\dfrac{\omega_n^2}{s^2 + 2\delta\omega_n s + \omega_n^2} = \dfrac{\frac{1}{4}}{s^2 + \frac{1}{4}s + \frac{1}{4}}$ 에서

$-\omega_n^2 = \dfrac{1}{4}$ $\therefore \omega_n = \dfrac{1}{\sqrt{4}} = \dfrac{1}{2} = 0.5$

$-2\delta\omega_n = \dfrac{1}{4}$ 에서

$2\delta\dfrac{1}{2} = \dfrac{1}{4}$

$\therefore \delta = \dfrac{1}{4} = 0.25$

19 그림의 신호흐름선도를 미분방정식으로 표현한 것으로 옳은 것은? (단, 모든 초깃값은 0이다.)

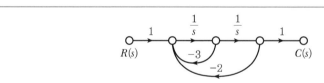

① $\dfrac{d^2 c(t)}{dt^2} + 3\dfrac{dc(t)}{dt} + 2c(t) = r(t)$ ② $\dfrac{d^2 c(t)}{dt^2} + 2\dfrac{dc(t)}{dt} + 3c(t) = r(t)$

③ $\dfrac{d^2 c(t)}{dt^2} - 3\dfrac{dc(t)}{dt} - 2c(t) = r(t)$ ④ $\dfrac{d^2 c(t)}{dt^2} - 2\dfrac{dc(t)}{dt} - 3c(t) = r(t)$

해설 • 간이식

$$G(s) = \dfrac{C(s)}{R(s)} = \dfrac{1 \times \frac{1}{s} \times \frac{1}{s} \times 1}{1 - [\frac{1}{s}(-3) + \frac{1}{s} \times \frac{1}{s} \times (-2)]} = \dfrac{\frac{1}{s^2}}{1 + \frac{3}{s} + \frac{2}{s^2}} = \dfrac{1}{s^2 + 3s + 2}$$

정답 | **18** ②   **19** ①

- $\dfrac{C(s)}{R(s)} = \dfrac{1}{s^2+3s+2}$ 에서

    $C(s)(s^2+3s+2) = R(s) \times 1$

    $\dfrac{d^2 c(t)}{dt^2} + 3\dfrac{dc(t)}{dt} + 2c(t) = r(t)$

20 제어시스템의 특성방정식이 $s^4+s^3-3s^2-s+2=0$와 같을 때, 이 특성방정식에서 s 평면의 오른쪽에 위치하는 근은 몇 개인가?

① 0

② 1

③ 2

④ 3

해설 **루드－훌비쯔 표**

s^4	1	-3	2
s^3	1	-1	0
s^2	$\dfrac{-3-(-1)}{1}=-2$	$\dfrac{2-0}{1}=2$	
s^1	$\dfrac{2-2}{-2}=0$		
s^0	2		

- 제1열의 부호 변화가 있어 불안정
- 부호의 변화가 2번 있으므로 불안정 근이 2개
※ 불안정 근은 s 평면의 오른쪽에 위치하는 근

CHAPTER 09 2022년 제3회 과년도 기출문제

01 무한장 무손실 전송 선로상의 어떤 점에서 전압이 100[V]였다. 이 선로의 인덕턴스가 $7.5[\mu H/m]$이고, 커패시턴스가 $0.003[\mu F/m]$일 때 이 점에서 전류는 몇 [A]인가?

① 2   ② 4
③ 6   ④ 8

해설 • $Z_\omega = \sqrt{\dfrac{L}{C}} = \sqrt{\dfrac{7.5 \times 10^{-6}}{0.003 \times 10^{-6}}} = \sqrt{\dfrac{7.5}{0.003}} = 50[\Omega]$

   • $I = \dfrac{V}{Z_\omega} = \dfrac{100}{50} = 2[A]$

02 $F(s) = \dfrac{3s + 10}{s^3 + 2s^2 + 5s}$ 일 때 $f(t)$ 의 최종값은?

① 0   ② 1
③ 2   ④ 8

해설 **최종값 정리**

$$\lim_{t \to \infty} f(t) = \lim_{s \to 0} sF(s) = \lim_{s \to 0} s\, \frac{3s + 10}{s(s^2 + 2s + 5)} = \frac{10}{5} = 2$$

03 그림과 같은 평형 3상 회로에서 전원 전압이 $V_{ab} = 200[V]$이고 부하 한상의 임피던스가 $Z = 4 + j3[\Omega]$인 경우 전원과 부하 사이 선전류 I_a는 약 몇 [A]인가?

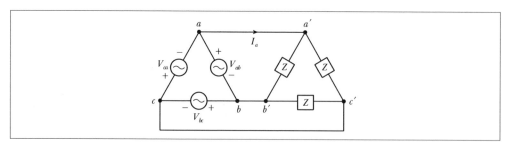

① $40\sqrt{3} \angle 36.87[°]$ ② $40\sqrt{3} \angle -36.87[°]$
③ $40\sqrt{3} \angle 66.87[°]$ ④ $40\sqrt{3} \angle -66.87[°]$

정답	01 ①	02 ③	03 ④

해설 • 전원 전압이 $V_{ab} = 200[\mathrm{V}]$이므로 부하의 전압 $V_{a'b'} = 200[\mathrm{V}]$

부하의 상전류 $I_p = \dfrac{V_p}{Z} = \dfrac{200}{4+j3} = 40 \angle -36.87[\mathrm{A}]$

• $I_l = 2\sin\dfrac{\pi}{n} I_p \angle -\dfrac{\pi}{2}\left(1-\dfrac{2}{n}\right) = \sqrt{3}\,I_p \angle -30[°]$이므로

선전류 $I_l = \sqrt{3}\,I_p \angle -30[°] = \sqrt{3} \times 40 \angle -36.87[°] -30[°] = 40\sqrt{3} \angle -66.87[°][\mathrm{A}]$

04 다음 회로의 구동점 임피던스를 구하면?

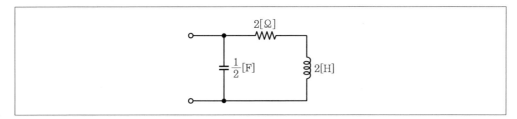

① $\dfrac{2(s+1)}{s^2+s+1}$

② $\dfrac{2(s+2)}{2s^2+s+1}$

③ $\dfrac{2(s+2)}{2s^2+2s+1}$

④ $\dfrac{(s+1)}{s^2+s+1}$

해설 • $\dfrac{1}{Z} = \dfrac{1}{\dfrac{1}{sC}} + \dfrac{1}{R+sL} = sC + \dfrac{1}{R+sL} = \dfrac{sC(R+sL)+1}{R+sL}$

• $Z = \dfrac{R+sL}{sC(R+sL)+1} = \dfrac{2+s2}{s\dfrac{1}{2}(2+s2)+1} = \dfrac{2+2s}{s^2+s+1} = \dfrac{2(s+1)}{s^2+s+1}$

05 그림과 같은 부하에 전압 $V = 100[\mathrm{V}]$의 대칭 3상 전압을 인가할 경우 선전류 dI는?

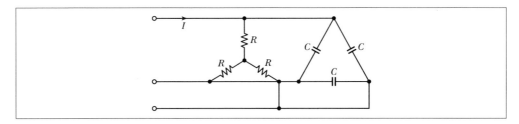

① $\dfrac{100}{\sqrt{3}}\left(\dfrac{1}{R} + j3\omega C\right)$

② $100\left(\dfrac{1}{R} + j\sqrt{3}\,\omega C\right)$

③ $\dfrac{100}{\sqrt{3}}\left(\dfrac{1}{R} + j\omega C\right)$

④ $100\left(\dfrac{1}{R} + j\omega C\right)$

| 정답 | **04** ① **05** ① |

• 주어진 그림은 (a)와 같은 회로가 되므로 (a)를 (b)와 같이 Y로 변경하면

$$Z_a = \frac{Z_{ca} \times Z_{ab}}{Z_{ab} + Z_{bc} + Z_{ca}} = \frac{\frac{1}{j\omega C} \times \frac{1}{j\omega C}}{\frac{1}{j\omega C} + \frac{1}{j\omega C} + \frac{1}{j\omega C}} = \frac{1}{j3\omega C}$$

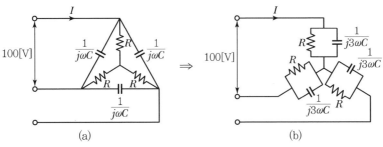

(a) $\Rightarrow$ (b)

• $I_a = I = YE = EY = \frac{100}{\sqrt{3}}\left(\frac{1}{R} + j3\omega C\right)$

---

06 R – C직렬회로에 $t = 0$일 때 직류전압 10[V]를 인가하면, $t = 0.1$초일 때 전류[mA]의 크기는? (단, R = 1,000[Ω], $C = 50[\mu F]$이고, 처음부터 정전용량의 전하는 없다.)

① 2.25   ② 1.8

③ 1.35   ④ 2.4

과도시간 동안의 과도전류

$$i(t) = \frac{E}{R}e^{-\frac{1}{RC}t} = \frac{10}{1,000}e^{-\frac{1}{1,000 \times 50 \times 10^{-6}} \times 0.1} = 1.35 \times 10^{-3}[A] = 1.35[mA]$$

---

07 불평형 3상 전류가 $I_a = 15 + j2[A]$, $I_b = -20 - j14[A]$, $I_c = -3 + j10[A]$일 때, 역상분전류 $I_2[A]$를 구하면?

① $1.91 + j6.24$ ② $15.74 - j3.57$

③ $-2.67 - j0.67$ ④ $2.67 - j0.67$

$I_2 = \frac{1}{3}\left(I_a + a^2 I_b + a I_c\right)$

$$= \frac{1}{3}((15 + j2) + 1 \angle 240[°] \times (-20 - j14) + 1 \angle 120[°] \times (-3 + j10))$$

$$= 1.91 + j6.24[A]$$

---

08 그림과 같은 회로에서 a, b단자에 나타나는 전압 V_{ab}는 몇 [V]인가?

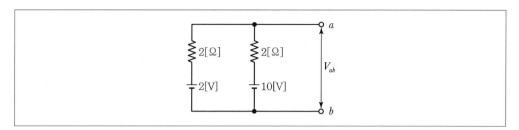

① 10

② 12

③ 8

④ 6

해설 밀만의 정리

$$V_{ab} = \frac{\dfrac{1}{Z_1}E_1 + \dfrac{1}{Z_2}E_2}{\dfrac{1}{Z_1} + \dfrac{1}{Z_2}} = \frac{\dfrac{1}{2} \times 2 + \dfrac{1}{2} \times 10}{\dfrac{1}{2} + \dfrac{1}{2}} = 6[\text{V}]$$

09 다음 왜형파전류의 왜형률을 구하면 얼마인가?

$$i(t) = 30\sin\omega t + 10\cos 3\omega t + 5\sin 5\omega t [\text{A}]$$

① 0.46

② 0.26

③ 0.53

④ 0.37

해설 왜형률 $= \dfrac{\text{전 고조파의 실횻값}}{\text{기본파의 실횻값}}$

$$= \frac{\sqrt{{I_3}^2 + {I_5}^2}}{I_1} = \frac{\sqrt{(10/\sqrt{2})^2 + (5/\sqrt{2})^2}}{30/\sqrt{2}} = \frac{\sqrt{10^2 + 5^2}}{30} = 0.3726$$

정답 | 08 ④   09 ④

10

$R-L$ 직렬회로에 있어서 서셉턴스는?

① $\dfrac{R}{R^2+X_L^2}$

② $\dfrac{X_L}{R^2+X_L^2}$

③ $\dfrac{-R}{R^2+X_L^2}$

④ $\dfrac{-X_L}{R^2+X_L^2}$

해설

$$Y=\frac{1}{Z}=\frac{1}{R+jX_L}=\frac{R-jX_L}{(R+jX_L)(R-jX_L)}=\frac{R-jX_L}{R^2+X_L^2}=\frac{R}{R^2+X_L^2}+j\frac{-X_L}{R^2+X_L^2}=G+jB$$

$$\therefore \ B=\frac{-X_L}{R^2+X_L^2}$$

11

$G(s)\,H(s)=\dfrac{K(s+1)}{s\,(s+2)\,(s+3)}$ 에서 근궤적의 수는?

① 1

② 2

③ 3

④ 4

해설
- 근궤적의 개수는 극점의 수와 영점의 수에서 큰 것과 일치한다.
- 근의 수(P)와 영점수(Z)에서 $Z=1$, $P=3$이므로 근궤적 개수는 3이다.

12

3차인 이산치시스템의 특성방정식의 근이 -0.3, -0.2, $+0.5$로 주어져 있다. 이 시스템의 안정도는?

① 이 시스템은 안정한 시스템이다.
② 이 시스템은 불안정한 시스템이다.
③ 이 시스템은 임계안정한 시스템이다.
④ 위 정보로서는 이 시스템의 안정도를 알 수 없다.

해설 근의 위치가 -0.3, -0.2, +0.5로 모두 단위원 내부에 있으므로 안정한 시스템이다.

13 $\overline{A}BC + \overline{A}B\overline{C} + A\overline{B}\,\overline{C} + AB\overline{C} + \overline{A}\,\overline{B}C + \overline{A}\,\overline{B}\,\overline{C}$의 논리식을 간략화하면?

① $A + AC$

② $A + C$

③ $\overline{A} + A\overline{B}$

④ $\overline{A} + A\overline{C}$

해설 $\overline{A}BC + \overline{A}B\overline{C} + A\overline{B}\,\overline{C} + AB\overline{C} + \overline{A}\,\overline{B}C + \overline{A}\,\overline{B}\,\overline{C}$

$= (\overline{A}BC + \overline{A}B\overline{C}) + (A\overline{B}\,\overline{C} + AB\overline{C}) + (\overline{A}\,\overline{B}C + \overline{A}\,\overline{B}\,\overline{C})$

$= \overline{A}B(C + \overline{C}) + A\overline{C}(\overline{B} + B) + \overline{A}\,\overline{B}(C + \overline{C}) = \overline{A}B + A\overline{C} + \overline{A}\,\overline{B} = \overline{A}(B + \overline{B}) + A\overline{C}$

$= \overline{A} + A\overline{C}$

14 블록선도의 전달함수가 $\dfrac{C(s)}{R(s)} = 10$과 같이 되기 위한 조건은?

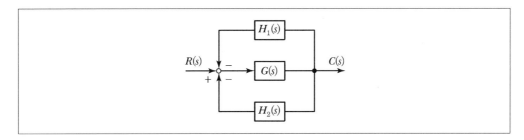

① $G(s) = \dfrac{1}{1 - H_1(s) - H_2(s)}$

② $G(s) = \dfrac{10}{1 - H_1(s) - H_2(s)}$

③ $G(s) = \dfrac{1}{1 - 10H_1(s) - 10H_2(s)}$

④ $G(s) = \dfrac{10}{1 - 10H_1(s) - 10H_2(s)}$

해설 $\dfrac{C(s)}{R(s)} = \dfrac{\sum 경로}{1 - \sum 피드백} = \dfrac{G(s)}{1 - (-G(s)H_1(s) - G(s)H_2(s))} = \dfrac{G(s)}{1 + [H_1(s) + H_2(s)]G(s)}$

$10 = \dfrac{G(s)}{1 + [H_1(s) + H_2(s)]G(s)}$

$10 + [10H_1(s) + 10H_2(s)]G(s) = G(s)$

$10 = G(s) - [10H_1(s) + 10H_2(s)]G(s)$

$10 = [1 - 10H_1(s) - 10H_2(s)]G(s)$

$G(s) = \dfrac{10}{1 - 10H_1(s) - 10H_2(s)}$

정답 | 13 ④ 14 ④

15 그림과 같은 보드선도의 이득선도를 갖는 제어시스템의 전달함수는?

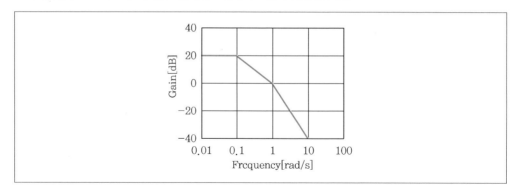

① $G(s) = \dfrac{10}{(s+1)(s+10)}$　　　　　② $G(s) = \dfrac{10}{(s+1)(10s+1)}$

③ $G(s) = \dfrac{20}{(s+1)(s+10)}$　　　　　④ $G(s) = \dfrac{20}{(s+1)(10s+1)}$

해설　$G(s) = \dfrac{10}{(s+1)(10s+1)}$ 의 보드선도 이득곡선은

$$g[\mathrm{dB}] = 20\log\left|\dfrac{10}{(j\omega+1)(j10\omega+1)}\right| = 20\log\dfrac{10}{\sqrt{\omega^2+1}\ \sqrt{(10\omega)^2+1}}$$

$$= 20\log 10 - 20\log\sqrt{\omega^2+1} - 20\log\sqrt{(10\omega)^2+1}$$

1) $\omega < 0.1$일 때

　$g = 20 - 20\log 1 - 20\log 1 = 20\,[\mathrm{dB}]$

2) $0.1 < \omega < 1$일 때

　$g = 20 - 20\log 1 - 20\log 10\omega = 20 - 0 - 20\log 10 - 20\log\omega = -20\log\omega$이므로 $-20\,[\mathrm{dB/dec}]$

3) $\omega > 1$일 때

　$g = 20 - 20\log 1 - 20\log 10\omega = 20 - 20\log\omega - 20\log 10 - 20\log\omega = -40\log\omega$이므로
　$-40\,[\mathrm{dB/dec}]$

16 그림과 같은 신호흐름선도의 전달함수는?

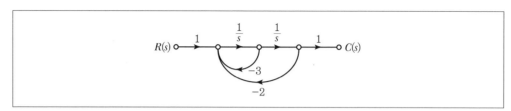

① $\dfrac{d^2c(t)}{dt^2} + 3\dfrac{dc(t)}{dt} + 2c(t) = r(t)$　　　　② $\dfrac{d^2c(t)}{dt^2} + 2\dfrac{dc(t)}{dt} + 3c(t) = r(t)$

③ $\dfrac{d^2c(t)}{dt^2} - 3\dfrac{dc(t)}{dt} - 2c(t) = r(t)$　　　　④ $\dfrac{d^2c(t)}{dt^2} - 2\dfrac{dc(t)}{dt} - 3c(t) = r(t)$

정답 ┃ 15 ② 16 ①

해설 1) 간이식

$$G(S) = \frac{C(S)}{R(S)} = \frac{1 \times \dfrac{1}{S} \times \dfrac{1}{S} \times 1}{1 - \left[\dfrac{1}{S}(-3) + \dfrac{1}{S} \times \dfrac{1}{S} \times (-2)\right]} = \frac{\dfrac{1}{S^2}}{1 + \dfrac{3}{S} + \dfrac{2}{S^2}} = \frac{1}{S^2 + 3S + 2}$$

2) $\dfrac{C(S)}{R(S)} = \dfrac{1}{S^2 + 3S + 2}$ 에서

$$C(S)(S^2 + 3S + 2) = R(S) \times 1$$

$$\frac{d^2 c(t)}{dt^2} + 3\frac{dc(t)}{dt} + 2c(t) = r(t)$$

17 그림의 제어시스템이 안정하기 위한 K의 범위는?

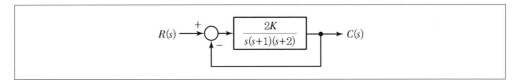

① $0 < K < 3$ ② $0 < K < 4$

③ $0 < K < 5$ ④ $0 < K < 6$

해설 1) 전달함수 $\dfrac{C(s)}{R(s)} = \dfrac{\sum 경로}{1 - \sum 피드백} = \dfrac{\dfrac{2k}{s(s+1)(s+2)}}{1 - \left(-\dfrac{2k}{s(s+1)(s+2)}\right)} = \dfrac{\dfrac{2k}{s(s+1)(s+2)}}{1 + \dfrac{2k}{s(s+1)(s+2)}}$

$$= \frac{2k}{s(s+1)(s+2) + 2k} = \frac{2k}{s^3 + 3s^2 + 2s + 2k}$$

특성방정식은 $s^3 + 3s^2 + 2s + 2k = 0$

2) 루드-홀비쯔 표

s^3	1	2
s^2	3	$2k$
s^1	$\dfrac{6 - 2k}{3}$	0
s^0	$2k$	

제1열의 부호 변화가 없으려면 $\dfrac{6 - 2k}{3} > 0$, $2k > 0$

$\therefore 0 < k < 3$

18 다음 회로망에서 입력전압을 $V_1(t)$, 출력전압을 $V_2(t)$라 할 때, $\dfrac{V_2(s)}{V_1(s)}$에 대한 고유주파수 ω_n과 제동

비 ζ의 값은? (단, $R = 100[\Omega]$, $L = 2[\text{H}]$, $C = 200[\mu\text{F}]$이고, 모든 초기 전하는 0이다.)

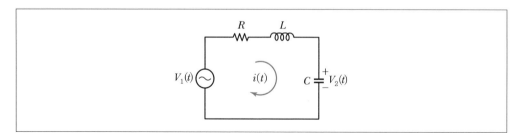

① $\omega_n = 50$, $\zeta = 0.5$

② $\omega_n = 50$, $\zeta = 0.7$

③ $\omega_n = 250$, $\zeta = 0.5$

④ $\omega_n = 250$, $\zeta = 0.7$

해설 1) $\dfrac{V_2(s)}{V_1(s)} = \dfrac{\dfrac{1}{Cs}}{R + Ls + \dfrac{1}{Cs}} = \dfrac{1}{LCs^2 + RCs + 1} = \dfrac{\dfrac{1}{LC}}{s^2 + \dfrac{R}{L}s + \dfrac{1}{LC}}$

$\qquad = \dfrac{\dfrac{1}{2 \times 200 \times 10^{-6}}}{s^2 + \dfrac{100}{2}s + \dfrac{1}{2 \times 200 \times 10^{-6}}} = \dfrac{2,500}{s^2 + 50s + 2,500}$

2) 전달함수 $= \dfrac{C(S)}{R(S)} = \dfrac{\omega_n^2}{S^2 + 2\zeta\omega_n S + \omega_n^2}$

  • 고유각주파주(고유진동수) $\omega_n^2 = 2,500$, $\omega_n = \sqrt{2,500} = 50$

  • 감쇠비(제동비) $2\zeta\omega_n = 50$

   $2\zeta \times 50 = 50$

   $\therefore \zeta = \dfrac{1}{2} = 0.5$

19 다음의 신호선도에서 $Y(s)$를 구하면?

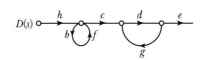

① $\dfrac{cdeh}{1-bf-dg+bdfg}$

② $\dfrac{abcde+hcde}{1-bf-dg+bfdg}$

③ $\dfrac{cdeh}{1-dg}$

④ $\dfrac{abcde+hcde}{1-dg}$

해설 전달함수 $= \dfrac{C(s)}{R(s)} = \dfrac{\sum[G(1-loop)]}{1-\sum L_1 + \sum L_2 - \sum L_3} = \dfrac{hcde}{1-(bf+dg)+bg\cdot dg}$

- G : 각각의 순방향 경로의 이득 → $hcde$
- loop : 각각의 순방향 경로에 접촉하지 않는 이득 → 없음
- $\sum L_1$: 각각의 모든 폐루프 이득의 곱의 합 → $bf+dg$
- $\sum L_2$: 서로 접촉하고 있지 않은 2개 이상의 L_1의 곱의 합 → $bf \cdot dg$
- $\sum L_3$: 서로 접촉하고 있지 않는 3개 이상의 L_1의 곱의 합 → 없음

20 단위 부궤환 제어시스템의 개루프전달함수 $G(s)$가 다음과 같이 주어져 있다. 이때 다음 설명 중 틀린 것은?

$$G(s) = \dfrac{\omega_n^2}{s\left(s+2\zeta\omega_n\right)}$$

① 이 시스템은 $\zeta = 1.2$일 때 과제동된 상태에 있게 된다.

② 이 폐루프시스템의 특성방정식은 $s^2 + 2\zeta\omega_n s + \omega_n^2 = 0$이다.

③ ζ값이 작게 될수록 제동이 많이 걸리게 된다.

④ ζ값이 음의 값이면 불안정하게 된다.

해설 제동계수가 작게 되면 제동이 적게 걸린다.

01 V_a, V_b, V_c를 3상 불평형 전압이라 하면 정상전압 V_1은? (단, $a = -\frac{1}{2} + j\frac{\sqrt{3}}{3}$ 이다.)

① $\frac{1}{3}(V_a + V_b + V_c)$

② $\frac{1}{3}(V_a + aV_b + a^2V_c)$

③ $\frac{1}{3}(V_a + a^2V_b + V_c)$

④ $\frac{1}{3}(V_a + a^2V_b + aV_c)$

해설 $V_1 = \frac{1}{3}(V_a + aV_b + a^2V_c)$

02 불평형 전압에서 역상 전압이 50[V]이고 정상 전압이 250[V], 영상 전압이 10[V]라고 할 때 전압의 불평형률은?

① 10

② 15

③ 20

④ 25

해설 불평형률 $= \frac{|V_2|}{|V_1|} \times 100 = \frac{50}{250} \times 100 = 20[\%] = 0.2$

03 전원과 부하가 다 같이 △결선된 3상 평형 회로가 있다. 전원 전압이 200[V], 부하 임피던스가 $6 + j8[\Omega]$인 경우 선전류[A]는?

① 20

② $\frac{20}{\sqrt{3}}$

③ $20\sqrt{3}$

④ $10\sqrt{3}$

해설 전원과 부하가 다 같이 △결선이므로 상전류 I_p는

$$I_p = \frac{V}{Z} = \frac{200}{\sqrt{6^2 + 8^2}} = 20[\text{A}]$$

$$\therefore I_l = \sqrt{3}\,I_p = 20\sqrt{3} = 34.6[\text{A}]$$

$$\text{※ } I_\ell = I_p = \frac{V_p}{Z} = \frac{200}{6 + j8} = 20 \angle -53.1[\text{A}]$$

$$\therefore I_l = \sqrt{3}\,I_p = \sqrt{3} \times 20 = 20\sqrt{3} = 34.6[\text{A}]$$

정답 | 01 ② 02 ③ 03 ③

04 다음과 같은 펄스의 라플라스 변환은 어느 것인가?

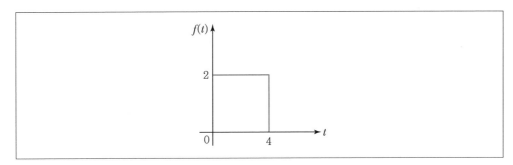

① $\dfrac{2}{s}(1+e^{-4s})$

② $\dfrac{4}{s}(1-e^{2s})$

③ $\dfrac{2}{s}(1-e^{-4s})$

④ $\dfrac{4}{s}(1-e^{-2s})$

> **해설** 시간 지연정리
> - $f(t) = 2u(t) - 2u(t-4)$
> - $F(s) = \mathcal{L}[f(t)] = \mathcal{L}[2u(t)] - \mathcal{L}[2u(t-4)] = 2\dfrac{1}{s} - 2\dfrac{1}{s}e^{-4s} = \dfrac{2}{s}(1-e^{-4s})$

05 선로의 임피던스 $Z = R + j\omega L\,[\Omega]$, 병렬 어드미턴스가 $Y = G + j\omega C\,[\mho]$일 때 선로의 저항과 컨덕턴스가 동시에 0이 되었을 때 전파정수는?

① $\sqrt{j\omega LC}$

② $j\omega\sqrt{LC}$

③ $j\omega\sqrt{\dfrac{L}{C}}$

④ $j\omega\sqrt{\dfrac{C}{L}}$

> **해설** $\Upsilon = \sqrt{ZY} = \sqrt{(R+j\omega L)(G+j\omega C)} = \sqrt{j\omega L \cdot j\omega C} = j\omega\sqrt{LC}$

06 그림에서 10[Ω]의 저항에 흐르는 전류는?

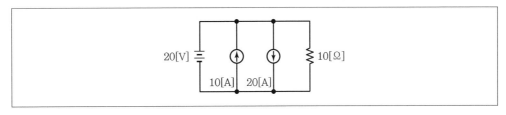

① 2[A]

② 12[A]

③ 30[A]

④ 32[A]

정답 | **04** ③ **05** ② **06** ①

중첩의 정리

- 전압원 단락(전류원 개방) : $I_1 = \dfrac{V}{R} = \dfrac{20}{10} = 2[\mathrm{A}]$

- 전류원 개방(전압원 단락)

  $-I_2 = \dfrac{0}{0+10} \times 10 = 0[\mathrm{A}]$

  $-I_3 = \dfrac{0}{0+10} \times 20 = 0[\mathrm{A}]$

  $\therefore\ I = I_1 + I_2 + I_3 = 2 + 0 + 0 = 2[\mathrm{A}]$

---

07 R_1, R_2 저항 및 인덕턴스 L의 직렬회로가 있다. 이 회로의 시정수는?

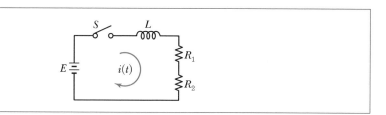

① $\dfrac{L}{R_1 + R_2}$

② $\dfrac{R_1 + R_2}{L}$

③ $\dfrac{-L}{R_1 + R_2}$

④ $-\dfrac{R_1 + R_2}{L}$

해설 $R_1 + R_2$를 R이라 하면 $R-L$ 직렬회로와 같다.

$\therefore \tau = \dfrac{L}{R} = \dfrac{L}{R_1 + R_2}$

---

08 $v = 10 + 100\sqrt{2}\sin\omega t + 50\sqrt{2}\sin(3\omega t + 60) + 60\sqrt{2}\sin(5\omega t + 30)[\mathrm{V}]$인 전압을 $R-L$ 직렬회로에 가할 때 제3고조파 전류의 실횻값[A]은? (단, $R = 8[\Omega]$, $\omega L = 2[\Omega]$이다.)

① 1 　　　　　　　　　　　　② 3

③ 5 　　　　　　　　　　　　④ 7

해설
- $Z_3 = R + j3\omega L = 8 + j3 \times 2 = 8 + j6 = 10 \angle 36.87$

- $V_3 = \dfrac{50\sqrt{2}}{\sqrt{2}} = 50[\mathrm{V}]$

- $I_3 = \dfrac{V_3}{|Z_3|} = \dfrac{50}{10} = 5[\mathrm{A}]$

정답 | **07** ① **08** ③

09 단상 전력계 2개로 3상 전력을 측정하고자 한다. 이때 전력계의 지시가 각각 700[W], 1,400[W]를 가리켰다고 한다. 피상전력은 약 몇 [VA]인가?

① 2,425

② 2,771

③ 2,873

④ 2,974

해설 계산기 사용

$$P_a = P + jP_r = P_1 + P_2 + \sqrt{3}(P_1 - P_2)i = 1,400 + 700 + j\sqrt{3}(1,400 - 700) = 2,424.87 \angle 30 [VA]$$

- 유효전력 : $P = 1,400 + 700 = 2,100[W]$
- 역률 : $\cos\theta = \cos 30 = 0.866$

10 기전력 E, 내부저항 r인 전원으로부터 부하저항 R_L에 최대 전력을 공급하기 위한 조건과 그때의 최대 전력 P_m은?

① $R_L = r$, $P_m = \dfrac{E^2}{4r}$

② $R_L = r$, $P_m = \dfrac{E^2}{3r}$

③ $R_L = 2r$, $P_m = \dfrac{E^2}{4r}$

④ $R_L = 2r$, $P_m = \dfrac{E^2}{3r}$

해설 최대전력조건은 $r = R_L$이므로

- $I = \dfrac{E}{r + R_L} = \dfrac{E}{r + r} = \dfrac{E}{2r}$

- $P = I^2 r = \left(\dfrac{E}{2r}\right)^2 \cdot r = \dfrac{E^2}{4r}$

11 $s^3 + 4s^2 + 2s + K = 0$에서 시스템이 안정하기 위한 K의 범위는?

① $0 < K < 8$

② $-8 < K < 0$

③ $1 < K < 8$

④ $-1 < K < 8$

해설 루드-훌비쯔 표

s^3	1	2
s^2	4	K
s^1	$\dfrac{8-K}{4}$	0
s^0	K	

제1열의 부호 변화가 없으려면 $\dfrac{8-K}{4} > 0$, $K > 0$

$\therefore 0 < K < 8$

정답	09 ① 10 ① 11 ①

12 $G(s)H(s) = \dfrac{K}{s(s+4)(s+5)}$ 에서 근궤적의 개수는?

① 1 ② 2

③ 3 ④ 4

근궤적의 개수는 극점의 수와 영점의 수에서 큰 것과 일치한다. 근의 수(P)와 영점수(Z)에서 $Z=0$, $P=3$이 므로 근궤적 개수는 3이다.

13 z 변환 함수 $\dfrac{z}{z-e^{-at}}$ 에 대응되는 시간함수는?

① te^{-at}

② $\displaystyle\sum_{n=0}^{\infty} \delta(t-nT)$

③ $1-e^{-at}$

④ e^{-at}

해설

$f(t)$	$F(s)$	$F(z)$
e^{-at}	$\dfrac{1}{s+a}$	$\dfrac{z}{z-e^{-at}}$

14 그림과 같은 블록선도에서 전달함수는?

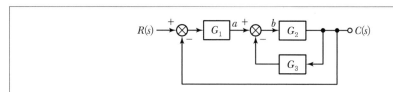

① $G(s) = \dfrac{G_1 G_2}{1-G_1 G_2 - G_2 G_3}$

② $G(s) = \dfrac{G_1 G_3}{1-G_1 G_2 - G_2 G_3}$

③ $G(s) = \dfrac{G_1 G_3}{1+G_1 G_2 + G_2 G_3}$

④ $G(s) = \dfrac{G_1 G_2}{1+G_1 G_2 + G_2 G_3}$

해설 간이식

$$G(s) = \frac{C}{R} = \frac{\sum 경로}{1-\sum 피드백} = \frac{G_1 G_2}{1-(-G_1 G_2 - G_2 G_3)} = \frac{G_1 G_2}{1+G_1 G_2 + G_2 G_3}$$

정답 | 12 ③ 13 ④ 14 ④

15 1차 지연요소의 전달함수는?

① K

② Ks

③ $\dfrac{K}{s}$

④ $\dfrac{K}{1+TS}$

해설
- 비례요소 : K
- 미분요소 : Ks
- 적분요소 : $\dfrac{K}{s}$
- 1차 지연요소 : $\dfrac{K}{Ts+1}$
- 2차 지연요소 : $\dfrac{K}{T^2s^2+2\delta Ts+1}$

16 단위 피드백 제어계에서 개루프 전달함수 $G(s)$가 다음과 같이 주어지는 계의 단위계단 입력에 대한 정상 편차는?

$$G(s) = \frac{6}{(s+1)(s+3)}$$

① $\dfrac{1}{2}$

② $\dfrac{1}{3}$

③ $\dfrac{1}{4}$

④ $\dfrac{1}{6}$

해설 $e_{ss} = \lim\limits_{s \to 0} S\dfrac{R(s)}{1+G(s)}$ 에서 입력이 단위계단 입력이 $R(s) = \dfrac{1}{s}$ 이므로

$$e_{ss} = \lim_{s \to 0} S\frac{R(s)}{1+G(s)} = \lim_{s \to 0} S\frac{\dfrac{1}{S}}{1+G(s)} = \frac{1}{\lim\limits_{s \to 0}(1+G(s))}$$

$$= \frac{1}{\lim\limits_{s \to 0}(1+\dfrac{6}{(s+1)(s+3)})} = \frac{1}{1+2} = \frac{1}{3}$$

정답 15 ④ 16 ②

17 다음의 논리회로를 간단히 하면?

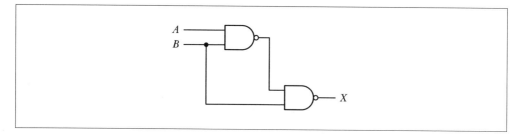

① $\overline{A} + B$

② $A + \overline{B}$

③ $\overline{A} + \overline{B}$

④ $A + B$

해설 드모르간 정리에 의하여

$$X = \overline{\overline{AB}\,\overline{B}} = \overline{\overline{AB}} + \overline{\overline{B}} = AB + \overline{B} = (A + \overline{B})(B + \overline{B}) = A + \overline{B}$$

18 아래 신호흐름선도의 전달함수 $\left(\dfrac{C}{R}\right)$를 구하면?

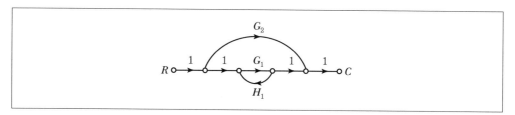

① $\dfrac{C}{R} = \dfrac{G_1 + G_2}{1 - G_1 H_1}$

② $\dfrac{C}{R} = \dfrac{G_1 + G_2}{1 - G_1 H_1 - G_2 H_2}$

③ $\dfrac{C}{R} = \dfrac{G_1 + G_2(1 - G_1 H_1)}{1 - G_1 H_1}$

④ $\dfrac{C}{R} = \dfrac{G_1 G_2}{1 - G_1 H_1}$

해설 전달함수 $= \dfrac{C(s)}{R(s)} = \dfrac{\sum[G(1 - loop)]}{1 - \sum L_1 + \sum L_2 - \sum L_3}$

$$= \dfrac{G_1(1 - 0) + G_2(1 - G_1 H_1)}{1 - G_1 H_1 + 0 - 0} = \dfrac{G_1 + G_2(1 - G_1 H_1)}{1 - G_1 H_1}$$

- G : 각각의 순방향 경로의 이득 → G_1, G_2
- loop : 각각의 순방향 경로에 접촉하지 않는 이득 → $G_1 H_1$
- $\sum L_1$: 각각의 모든 폐루프 이득의 곱의 합 → $G_1 H_1$
- $\sum L_2$: 서로 접촉하고 있지 않은 2개 이상의 L_1의 곱의 합 → 없음
- $\sum L_3$: 서로 접촉하고 있지 않는 3개 이상의 L_1의 곱의 합 → 없음

※ $G(s) = \dfrac{C}{R} = $ 경로1 + 경로2 $= \dfrac{G_2}{1 - 0} + \dfrac{G_1}{1 - G_1 H_1} = \dfrac{G_1 + G_2(1 - G_1 H_1)}{1 - G_1 H_1}$

정답 | **17** ② **18** ③

19 다음과 같은 미분방정식으로 표시되는 계의 계수 행렬 A는 어떻게 표시되는가?

$$\frac{d^2 c(t)}{dt^2} + 3\frac{dc(t)}{dt} + 2c(t) = r(t)$$

① $\begin{bmatrix} -2 & -3 \\ 0 & 1 \end{bmatrix}$ 　　　　　② $\begin{bmatrix} 0 & 1 \\ -3 & -2 \end{bmatrix}$

③ $\begin{bmatrix} 0 & 1 \\ -2 & -3 \end{bmatrix}$ 　　　　　④ $\begin{bmatrix} -3 & -2 \\ 1 & 0 \end{bmatrix}$

해설 1) $x_1(t) = c(t)$라 놓으면 $x_2(t) = \frac{d}{dt}x_1(t) = \frac{d}{dt}c(t) = \dot{x}_1(t)$

2) $x_3(t) = \frac{d}{dt}x_2(t) = \frac{d}{dt}\left(\frac{d}{dt}x_1(t)\right) \equiv \frac{d}{dt}\left(\frac{d}{dt}c(t)\right) = \frac{d}{dt}x_2(t) = \dot{x}_2(t)$

그러므로 주어진 식은 $\frac{d^2 c(t)}{dt^2} = -2c(t) - 3\frac{dc(t)}{dt} + r(t)$

$\dot{x}_2(t) = -2x_1(t) - 3x_2(t) + r(t)$

3) $\dot{x}_1(t) = 0x_1(t) + x_2(t) + 0\,r(t)$

$\dot{x}_2(t) = -2x_1(t) - 3x_2(t) + r(t)$

∴ $\begin{bmatrix} \dot{x}_1(t) \\ \dot{x}_2(t) \end{bmatrix} = \begin{bmatrix} 0 & 1 \\ -2 & -3 \end{bmatrix}\begin{bmatrix} x_1(t) \\ x_2(t) \end{bmatrix} + \begin{bmatrix} 0 \\ 1 \end{bmatrix}r(t)$

20 벡터 궤적의 임계점 $(-1, j0)$에 대응하는 보드선도 상의 점은 이득이 $A[\text{dB}]$, 위상이 B도 되는 점이다. A, B에 알맞은 것은?

① $A = 0[\text{dB}]$, $B = -180[°]$ 　　　　② $A = 0[\text{dB}]$, $B = 0[°]$
③ $A = 1[\text{dB}]$, $B = 0[°]$ 　　　　④ $A = 1[\text{dB}]$, $B = 180[°]$

해설 안정도 판별
- 벡터 궤적 : 임계점 $(-1, j0)$
- 보드선도 : 이득 $0[\text{dB}]$, 위상 $-180[°]$

01 한 상의 임피던스 $Z = 6 + j8[\Omega]$인 △ 부하에 대칭 선간전압 200[V]를 인가할 때 3상 전력은 몇 [W]인가?

① 2,400

② 3,600

③ 7,200

④ 10,800

해설 **계산기 사용**

$$P_a = 3\frac{V^2}{Z} = 3 \times \frac{200^2}{6 + j8} = 7,200 - 9,600j$$

02 각상 전압이 $V_a = 40\sin\omega t$, $V_b = 40\sin(\omega t - 90[°])$, $V_c = 40\sin(\omega t + 90[°])$일 때 영상 대칭분의 전압은?

① $\dfrac{40}{3}\cos\omega t$

② $\dfrac{40}{3}\sin\omega t$

③ $\dfrac{40}{3}\sin(\omega t - 90[°])$

④ $\dfrac{40}{3}\cos(\omega t + 90[°])$

해설 $V_a = 40\angle 0[°]$, $V_b = 40\angle -90[°]$, $V_c = 40\angle 90[°]$

$$V_0 = \frac{1}{3}(V_a + V_b + V_c) = \frac{1}{3}(40\angle 0[°] + 40\angle -90[°] + 40\angle 90[°]) = \frac{40}{3}\angle 0[°] = \frac{40}{3}\sin\omega t$$

03 회로에서 7[Ω]의 저항 양단의 전압은 몇 [V]인가?

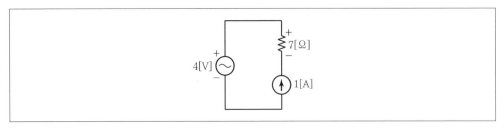

① 7

② −7

③ 4

④ −4

정답 | 01 ③ 02 ② 03 ②

해설 **중첩의 정리**

- 전압원 단락(전류원 개방) : $V_1 = IR = -1 \times 7 = -7[\text{V}]$

  전류원 존재 시에만 전류가 흐르게 되므로 7[Ω]에 걸리는 전압은 7[V]이다. 그런데, 전류원의 방향과 V의 방향이 반대이므로 $V = -7[\text{V}]$가 된다.

- 전류원 개방 : $V_2 = IR = 0 \times 7 = 0[\text{V}]$

  $\therefore\ V_{ab} = V_1 + V_2 = -7 + 0 = -7[\text{V}]$

04 $R - C$ 직렬회로에 직류전압 $V[\text{V}]$가 인가되었을 때, 전류 $i(t)$에 대한 전압방정식[KVL]이 $V = Ri(t) + \dfrac{1}{C} \displaystyle\int i(t)dt\,[\text{V}]$이다. 전류 $i(t)$의 라플라스 변환인 $I(s)$는? (단, C에는 초기 전하가 없다.)

① $I(s) = \dfrac{V}{R} \dfrac{1}{s - \dfrac{1}{RC}}$

② $I(s) = \dfrac{C}{R} \dfrac{1}{s + \dfrac{1}{RC}}$

③ $I(s) = \dfrac{V}{R} \dfrac{1}{s + \dfrac{1}{RC}}$

④ $I(s) = \dfrac{R}{C} \dfrac{1}{s - \dfrac{1}{RC}}$

해설 **실미분 정리, 실적분 정리**

양변을 라플라스하면 $\dfrac{V}{s} = RI(s) + \dfrac{1}{C}\dfrac{1}{s}I(s)$

공통인수를 묶으면 $\dfrac{V}{s} = I(s)\left(R + \dfrac{1}{Cs}\right)$

$I(s) = \dfrac{V}{s} \dfrac{1}{R + \dfrac{1}{Cs}} = \dfrac{V}{s} \dfrac{Cs}{RCs + 1} = \dfrac{V}{sRC}\dfrac{Cs}{s + \dfrac{1}{RC}} = \dfrac{V}{R} \dfrac{1}{s + \dfrac{1}{RC}}$

05 3대의 단상변압기를 △결선 변압기 한 대가 고장으로 제거되고 V결선으로 한 경우의 공급할 수 있는 전력과 고장전 전력과의 비율[%]은 얼마인가?

① 86.6

② 75.0

③ 66.7

④ 57.7

해설 **출력비**

$$\dfrac{P_v}{P_\triangle} = \dfrac{\sqrt{3}\,V_p I_p}{3\,V_p I_p} = \dfrac{1}{\sqrt{3}} = 0.577$$

06 그림과 같은 T형 4단자 회로의 4단자 정수 중 B의 값은?

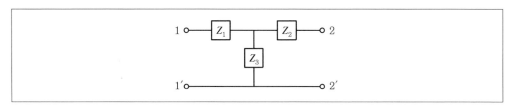

① $\dfrac{Z_3 + Z_1}{Z_3}$

② $\dfrac{Z_1 Z_2 + Z_2 Z_3 + Z_3 Z_1}{Z_3}$

③ $\dfrac{1}{Z_3}$

④ $\dfrac{Z_3 + Z_2}{Z_3}$

해설 ・ $A = 1 + \searrow = 1 + \dfrac{Z_1}{Z_3} = 1 + \dfrac{Y_3}{Y_1}$

・ $B = Z_1 + \dfrac{Z_1 Z_2}{Z_3} + Z_2 = \dfrac{Z_1 Z_2 + Z_2 Z_3 + Z_3 Z_1}{Z_3}$

・ $C = Y_3 = \dfrac{1}{Z_3}$

・ $D = 1 + \swarrow = 1 + \dfrac{Z_2}{Z_3}$

07 단상 전력계 2개로 3상 전력을 측정하고자 한다. 전력계의 지시가 각각 500[W], 300[W]를 가리켰다고 한다. 이때 부하의 역률은 약 몇 [%]인가?

① 70.7

② 87.7

③ 89.2

④ 91.8

해설 $\cos\theta = \dfrac{P_1 + P_2}{2\sqrt{P_1^2 + P_2^2 - P_1 P_2}} = \dfrac{500 + 300}{2\sqrt{500^2 + 300^2 - 500 \times 300}} = 0.918$

※ 계산기 사용

$P_a = P + jP_r = P_1 + P_2 + j\sqrt{3}(P_1 - P_2)$

$= 500 + 300 + j\sqrt{3}(500 - 300) = 871.779 \angle 23.41 [\text{VA}]$

역률 : $\cos\theta = \cos 23.41 = 0.9176 = 91.76[\%]$

정답 | **06** ② **07** ④

08 단위길이당 인덕턴스가 $L[\mathrm{H/m}]$이고, 단위길이당 정전용량이 $C[\mathrm{F/m}]$인 무손실선로에서의 진행파 속도[m/s]는?

① $\sqrt{LC}$

② $\dfrac{1}{\sqrt{LC}}$

③ $\sqrt{\dfrac{C}{L}}$

④ $\sqrt{\dfrac{L}{C}}$

해설 ▸ $v = \dfrac{\omega}{\beta} = \dfrac{\omega}{\omega\sqrt{LC}} = \dfrac{1}{\sqrt{LC}}\,[\mathrm{m/s}]$

09 다음과 같은 비정현파 기전력 및 전류에 의한 유효전력[W]은? (단, 전압 및 전류의 순시 식은 다음과 같다.)

$$v = 100\sqrt{2}\sin(wt+30[°]) + 50\sqrt{2}\sin(5wt+60[°])[\mathrm{V}]$$
$$i = 15\sqrt{2}\sin(3wt+30[°]) + 10\sqrt{2}\sin(5wt+30[°])[\mathrm{A}]$$

① $250\sqrt{3}$

② $1{,}000$

③ $1{,}000\sqrt{3}$

④ $2{,}000$

해설 ▸ 주파수가 같은 고조파만이 전력이 유도된다.

$P = V_5 I_5 \cos\theta_5 = \dfrac{50\sqrt{2}}{\sqrt{2}} \times \dfrac{10\sqrt{2}}{\sqrt{2}} \times \cos(60[°]-30[°])$

$\quad = 50 \times 10 \times \cos 30[°] = 250\sqrt{3}\,[\mathrm{W}]$

※ $P_a = V_5 I_5^* = \dfrac{50\sqrt{2}}{\sqrt{2}}\angle 60[°] \times \left(\dfrac{10\sqrt{2}}{\sqrt{2}}\angle 30[°]\right)^*$

$\quad = 50\angle 60[°] \times 10\angle 30[°] = 433 + j250 = 250\sqrt{3} + j250\,[\mathrm{VA}]$

10 $f(t) = \sin t + 2\cos t$를 라플라스 변환하면?

① $\dfrac{2s}{s^2+1}$

② $\dfrac{2s+1}{(s+1)^2}$

③ $\dfrac{2s+1}{s^2+1}$

④ $\dfrac{2s}{(s+1)^2}$

해설 ▸ $F(s) = \mathcal{L}[f(t)] = \mathcal{L}[\sin t] + \mathcal{L}[2\cos t] = \dfrac{1}{s^2+1} + 2 \cdot \dfrac{s}{s^2+1} = \dfrac{2s+1}{s^2+1}$

$(\because \mathcal{L}[\sin \omega t] = \dfrac{\omega}{s^2+\omega^2}$ 이므로 $\mathcal{L}[\sin t] = \dfrac{1}{s^2+1^2}$ 가 된다. $)$

정답 | 08 ② 09 ① 10 ③

11 제어시스템의 정상상태 오차에서 포물선 함수 입력에 의한 정상상태 오차를 $K_s = \lim\limits_{s \to 0} s^2 G(s) H(s)$로 표현된다. 이때 K_s를 무엇이라고 부르는가?

① 위치오차 상수　　　　　　　　　　② 속도오차 상수
③ 가속도오차 상수　　　　　　　　　④ 평면오차 상수

해설 • 위치편차 상수 $K_p = \lim\limits_{s \to 0} G(s)$

　　• 속도편차 상수 $K_v = \lim\limits_{s \to 0} s G(s)$

　　• 가속도편차 상수 $K_a = \lim\limits_{s \to 0} s^2 G(s)$

12 잔류 편차(off set)가 있는 제어계는?

① 비례 제어계(P 제어계)　　　　　　② 적분 제어계(I 제어계)
③ 비례 적분 제어계(PI 제어계)　　　④ 비례 적분 미분 제어계(PID 제어계)

해설 **제어계의 종류 및 특징**
- 비례제어(P동작 : Proportional)
  - 잔류편차(off-set) 발생
  - 정상오차 수반
- 적분제어(I동작 : Integral)
  - 잔류편차 (off-set) 제거
- 미분제어(D동작 : Derivative)
  - 오차가 커지는 것을 미리 방지
- 비례 · 적분제어(PI동작)
  - 잔류편차(off-set) 제거
  - 정상특성 개선에 쓰임
- 비례 · 미분제어(PD동작)
  - 진상요소이므로 응답 속응성의 개선
  - 진동억제
- 비례 · 적분 · 미분제어(PID동작)
  - 정상특성과 응답속응성을 동시에 개선
  - 뒤진-앞선 회로의 특성과 같으며 정상 편차, 응답, 속응성 모두가 최적임

정답 | 11 ③　12 ①

13 단위 계단함수의 라플라스변환과 z 변환함수는?

① $\dfrac{1}{s}$, $\dfrac{1}{z}$

② s, $\dfrac{z}{z-1}$

③ $\dfrac{1}{s}$, $\dfrac{z}{z-1}$

④ s, $\dfrac{z}{z-1}$

해설 시간함수에 대한 z변환표

$f(t)$	$F(s)$	$F(z)$
$\delta(t)$	1	1
$u(t)$	$\dfrac{1}{s}$	$\dfrac{z}{z-1}$
t	$\dfrac{1}{s^2}$	$\dfrac{Tz}{(z-1)^2}$
e^{-at}	$\dfrac{1}{s+a}$	$\dfrac{z}{z-e^{-at}}$
$\sin\omega t$	$\dfrac{\omega}{s^2+\omega^2}$	$\dfrac{z\sin\omega T}{z^2-2z\cos\omega T+1}$
$\cos\omega t$	$\dfrac{s}{s^2+\omega^2}$	$\dfrac{z(z-\cos\omega T)}{z^2-2z\cos\omega T+1}$

14 그림과 같은 신호흐름선도에서 전달함수 $\dfrac{C(s)}{R(s)}$ 는?

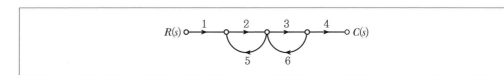

① $-\dfrac{8}{9}$

② $\dfrac{4}{5}$

③ 180

④ 10

해설 간이 전달함수 계산법

$$G(s) = \frac{C}{R} = \frac{\sum 경로}{1-\sum 피드백} = \frac{1\times2\times3\times4}{1-(2\times5+3\times6)} = -\frac{24}{27} = -\frac{8}{9}$$

15 다음 특정방정식 중에서 안정된 시스템인 것은?

① $s^4 + 3s^3 - s^2 + s + 10 = 0$　　　　② $2s^3 + 3s^2 + 4s + 5 = 0$

③ $s^4 - 2s^3 - 3s^2 + 4s + 5 = 0$　　　　④ $s^5 + s^4 + 2s^3 + 4s + 3 = 0$

> **해설** ① 특성방정식의 모든 계수의 부호가 같아야 한다. → $-s^2$ 이 있어 불안정
>
> ③ 특성방정식의 모든 계수의 부호가 같아야 한다. → $-2s^3 - 3s^2$ 이 있어 불안정
>
> ④ 계수 중 어느 하나라도 0이 되어서는 안 된다. → s^2 이 없어 불안정

16 상태방정식 $\dot{x}(t) = Ax(t) + Bu(t)$ 에서 $A = \begin{bmatrix} 0 & 1 \\ -2 & -3 \end{bmatrix}$, $B = \begin{bmatrix} 0 \\ 1 \end{bmatrix}$ 일 때, 고유값은?

① $-1, -2$　　　　　　　　　　② $1, 2$

③ $-2, -3$　　　　　　　　　　④ $2, 3$

> **해설** $\dfrac{d}{dt} x(t) = Ax(t) + Bu(t) = \begin{bmatrix} 0 & 1 \\ -2 & -3 \end{bmatrix} x(t) + \begin{bmatrix} 0 \\ 1 \end{bmatrix} u(t)$
>
> $|sI - A| = \begin{bmatrix} s & 0 \\ 0 & s \end{bmatrix} - \begin{bmatrix} 0 & 1 \\ -2 & -3 \end{bmatrix} = \begin{bmatrix} s & -1 \\ 2 & s+3 \end{bmatrix}$
>
> $= s(s+3) + 2 = s^2 + 3s + 2 = (s+1)(s+2) = 0$
>
> • 특성방정식 : $s^2 + 3s + 2 = 0$
>
> • 고유값 : 특성방정식의 근 ($s = -1$, $s = -2$)

17 어떤 제어시스템의 $G(s)H(s)$ 가 $\dfrac{K(s+1)}{s^2(s+2)(s+3)}$ 인 교차점을 구하면?

① $-\dfrac{4}{3}$　　　　　　　　　　② $\dfrac{4}{3}$

③ $-\dfrac{3}{4}$　　　　　　　　　　④ $\dfrac{3}{4}$

> **해설** 1) 영점의 수 : $(s+1) = 0$ ∴ $s = -1$ (1개)
>
> 극점의 수 : $s^2(s+2)(s+3) = 0$ ∴ $s = 0, \ 0, \ -2, \ -3$ (4개)
>
> 2) 교차점 $= \dfrac{\sum \text{극점} - \sum \text{영점}}{\text{극점의 수} - \text{영점의 수}} = \dfrac{(-2-3) - (-1)}{4-1} = \dfrac{-5+1}{3} = -\dfrac{4}{3}$

18 회로의 전압비 전달함수 $H(j\omega) = \dfrac{V_e(j\omega)}{V(j\omega)}$ 는?

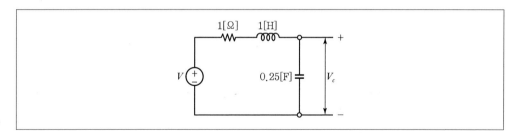

① $\dfrac{2}{(j\omega)^2 + j\omega + 2}$

② $\dfrac{2}{(j\omega)^2 + j\omega + 4}$

③ $\dfrac{4}{(j\omega)^2 + j\omega + 4}$

④ $\dfrac{1}{(j\omega)^2 + j\omega + 1}$

해설 $H(s) = \dfrac{\dfrac{1}{Cs}}{R + Ls + \dfrac{1}{Cs}} = \dfrac{1}{LCs^2 + RCs + 1}$

$\qquad\quad = \dfrac{1}{1 \times 0.25\, s^2 + 1 \times 0.25\, s + 1} = \dfrac{1}{0.25\, s^2 + 0.25\, s + 1} \times \dfrac{4}{4}$

$\qquad\quad = \dfrac{4}{s^2 + s + 4} = \dfrac{4}{(j\omega)^2 + j\omega + 4}$

19 $G(s) = \dfrac{1}{s(s+1)}$ 에서 $w = 10[\text{rad/sec}]$일 때 이득$[\text{dB}]$은?

① 40

② 20

③ -20

④ -40

해설 1) 이득

$\qquad g = 20\log|G(jw)| = 20\log\left|\dfrac{1}{jw(jw+1)}\right| = 20\log\left|\dfrac{1}{(j\omega)^2 + j\omega}\right|$에서 $j10^2 \gg j10$이므로

$\qquad g = 20\log\left|\dfrac{1}{(j\omega)^2 + j\omega}\right| = 20\log\left|\dfrac{1}{(j\omega)^2}\right| = 20\log\left|\dfrac{1}{(j10)^2}\right| = 20\log\dfrac{1}{10^2} = -40$

$\qquad$2) 위상각

$\qquad \theta = \angle\, G(j\omega) = \angle\, \dfrac{1}{(j\omega)^2} = -180[°]$

20 논리식 $L = \overline{x}\,\overline{y} + \overline{x}\,y + x\,y$ 를 간단히 하면?

① $x + y$

② $\overline{x} + y$

③ $x + \overline{y}$

④ $\overline{x} + \overline{y}$

해설 $L = \overline{x}\overline{y} + \overline{x}y + xy = \overline{x}(\overline{y} + y) + xy = \overline{x} + xy = (\overline{x} + x)(\overline{x} + y) = \overline{x} + y$

정답 | **18** ③ **19** ④ **20** ②

01 저항 $R[\Omega]$ 3개를 Y로 접속한 회로에 200[V]의 3상 교류전압을 인가 시 선전류가 10[A]라면 이 3개의 저항을 △로 접속하고 동일 전원을 인가 시 선전류는 몇 [A]인가?

① 10

② $10\sqrt{3}$

③ 30

④ $30\sqrt{3}$

해설 $I_Y = \frac{1}{3}I_\triangle$, $10 = \frac{1}{3}I_\triangle$

$\therefore I_\triangle = 10 \times 3 = 30[A]$

02 대칭 3상 전압이 a상 $V_a[V]$, b상 $V_b = a^2 V_a[V]$, c상 $V_c = a V_a[V]$일 때 a상을 기준으로 한 대칭분 전압 중 정상분 V_1은 어떻게 표시되는가?

① $\frac{1}{3}V_a$

② V_a

③ $a V_a$

④ $a^2 V_a$

해설 $V_1 = \frac{1}{3}\left(V_a + a V_b + a^2 V_c\right) = \frac{1}{3}\left(V_a + a^3 V_a + a^3 V_a\right) = \frac{1}{3} V_a (1 + a^3 + a^3) = V_a$

03 평형 3상 회로에서 임피던스를 △ 결선에서 Y결선으로 하면, 소비 전력은 몇 배가 되는가? (단, 선간전압은 일정하다.)

① 3배

② 6배

③ $\frac{1}{3}$ 배

④ $\frac{1}{6}$ 배

해설 $P_\triangle = 3P_Y$

$\therefore P_Y = \frac{1}{3}P_\triangle$

정답 | 01 ③   02 ②   03 ③

04 다음 회로의 임피던스가 R이 되기 위한 조건은?

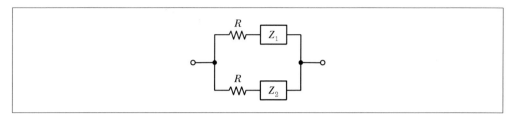

① $Z_1 Z_2 = R$

② $\dfrac{Z_2}{Z_1} = R$

③ $Z_1 Z_2 = R^2$

④ $\dfrac{Z_2}{Z_1} = R^2$

해설 정저항회로 : $R^2 = Z_1 Z_2 = j\omega L \cdot \dfrac{1}{j\omega C} = \dfrac{L}{C}$

$$\therefore R = \sqrt{\dfrac{L}{C}}$$

05 4단자 정수 A, B, C, D 중에서 전류이득의 차원을 가진 정수는?

① A

② B

③ C

④ D

해설 $\begin{bmatrix} V_1 \\ I_1 \end{bmatrix} = \begin{bmatrix} A\ B \\ C\ D \end{bmatrix} \begin{bmatrix} V_2 \\ I_2 \end{bmatrix} \begin{cases} V_1 = A V_2 + B I_2 \\ I_1 = C C_2 + D I_2 \end{cases}$

- $A = \dfrac{V_1}{V_2}\Big|_{I_2 = 0}$: 전압이득

- $B = \dfrac{V_1}{I_2}\Big|_{V_2 = 0}$: 임피던스 차원

- $C = \dfrac{I_1}{V_2}\Big|_{I_2 = 0}$: 어드미턴스 차원

- $D = \dfrac{I_1}{I_2}\Big|_{V_2 = 0}$: 전류이득

정답 | 04 ③ 05 ④

06 4단자 정수를 구하는 식 중 옳지 않은 것은?

① $A = \left(\dfrac{V_1}{V_2}\right)_{I2=0}$

② $B = \left(\dfrac{V_2}{I_2}\right)_{V2=0}$

③ $C = \left(\dfrac{I_1}{V_2}\right)_{I2=0}$

④ $D = \left(\dfrac{I_1}{I_2}\right)_{V2=0}$

해설 $\begin{bmatrix} V_1 \\ I_1 \end{bmatrix} = \begin{bmatrix} A\ B \\ C\ D \end{bmatrix} \begin{bmatrix} V_2 \\ I_2 \end{bmatrix}$ $\begin{cases} V_1 = A\,V_2 + BI_2 \\ I_1 = CC_2 + DI_2 \end{cases}$

- $A = \dfrac{V_1}{V_2}\Big|_{I_2=0}$: 전압이득

- $B = \dfrac{V_1}{I_2}\Big|_{V_2=0}$: 임피던스 차원

- $C = \dfrac{I_1}{V_2}\Big|_{I_2=0}$: 어드미턴스 차원

- $D = \dfrac{I_1}{I_2}\Big|_{V_2=0}$: 전류이득

07 직렬로 유도 결합된 회로이다. 단자 $a-b$에서 본 등가 임피던스 Z_{ab}를 나타낸 식은?

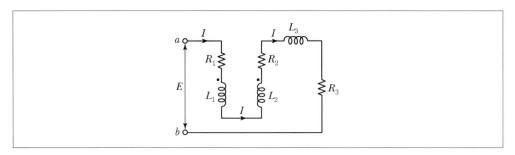

① $R_1 + R_2 + R_3 + jw(L_1 + L_2 - 2M)$

② $R_1 + R_2 + jw(L_1 + L_2 + 2M)$

③ $R_1 + R_2 + R_3 + jw(L_1 + L_2 + L_3 + 2M)$

④ $R_1 + R_2 + R_3 + jw(L_1 + L_2 + L_3 - 2M)$

해설 [그림]을 펼쳐보면, [그림]은 차동접속이다.

08 $R-L$ 직렬회로에 순시치 전압 $v(t)=20+100\sin\omega t+40\sin(3\omega t+60[°])+40\sin5\omega t[\mathrm{V}]$를 가할 때 제5고조파 전류의 실횻값 크기는 약 몇 [A]인가? (단, $R=4[\Omega]$, $\omega L=1[\Omega]$이다.)

① 4.4

② 5.66

③ 6.25

④ 8.0

해설 • $Z_3=R+j5\omega L=4+j5\times1=4+j5=\sqrt{41}\angle51.3$

• $V_5=\dfrac{40}{\sqrt{2}}=20\sqrt{2}[\mathrm{V}]$

• $I_5=\dfrac{V_5}{|Z_5|}=\dfrac{20\sqrt{2}}{\sqrt{41}}=4.417[\mathrm{A}]$

09 어떤 회로에 $e=50\sin(wt+\theta)[\mathrm{V}]$를 인가했을 때 $i=4\sin(wt+\theta-30[°])[\mathrm{A}]$가 흘렀다면 무효 전력 [Var]은?

① 50

② 57.7

③ 86.6

④ 100

해설 $P=VI\cos\theta=\dfrac{50}{\sqrt{2}}\times\dfrac{4}{\sqrt{2}}\times\cos30=50\sqrt{3}=86.6[\mathrm{W}]$

※ $P_a=\dfrac{50}{\sqrt{2}}\times\left(\dfrac{4}{\sqrt{2}}\angle-30\right)^*=\dfrac{50}{\sqrt{2}}\times\dfrac{4}{\sqrt{2}}\angle+30=86.6+50i$

10 $e^{-2t}\cos3t$의 라플라스 변환은?

① $\dfrac{s+2}{(s+2)^2+3^2}$

② $\dfrac{s-2}{(s-2)^2+3^2}$

③ $\dfrac{s}{(s+2)^2+3^2}$

④ $\dfrac{s}{(s-2)^2+3^2}$

해설 **복소 추이 정리**

$$F(s)=\mathcal{L}\left[e^{-2t}\cos3t\right]=\dfrac{s}{s^2+\omega^2}\Big|_{s\to s+2}=\dfrac{s+2}{(s+2)^2+3^2}=\dfrac{s+2}{s^2+4s+13}$$

11 그림과 같은 블록선도의 제어시스템에서 속도편차 상수 K_v는 얼마인가?

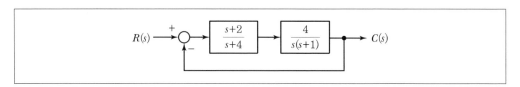

① 0

② 0.5

③ 2

④ ∞

해설   1) 정상속도 편차 : 입력이 단위속도 $t\,u(t)$일 때 $R(s) = \mathcal{L}\,[t\,u(t)] = \dfrac{1}{s^2}$

$$e_{ss} = \lim_{s \to 0} s \frac{R(s)}{1+G(s)} = \lim_{s \to 0} s \frac{\frac{1}{s^2}}{1+G(s)} = \lim_{s \to 0} \frac{1}{s(1+G(s))}$$

$$= \lim_{s \to 0} \frac{1}{s + s\,G(s)} = \frac{1}{\lim_{s \to 0} s\,G(s)} = \frac{1}{K_v} \ (K_v : 속도편차 \ 상수)$$

2) $G(s) = \dfrac{s+2}{s+4} \times \dfrac{4}{s(s+1)} = \dfrac{4(s+2)}{s(s+1)(s+4)}$

$$K_v = \lim_{s \to 0} s\,G(s) = \lim_{s \to 0} s \frac{4(s+2)}{s(s+1)(s+4)} = \lim_{s \to 0} \frac{4(s+2)}{(s+1)(s+4)} = \frac{8}{4} = 2$$

12 w가 0에서 ∞까지 변화하였을 때 $G(jw)$의 크기와 위상각을 극좌표에 그린 것으로 이 궤적을 표시하는 선도는?

① 근궤적도

② 나이퀴스트 선도

③ 니콜스 선도

④ 보드 선도

해설   **나이퀴스트 선도(벡터궤적)**

w가 0에서 ∞까지 변화하였을 때 $G(jw)$의 크기와 위상각을 복소평면 상에 그린 것

13 다음 그림과 같은 제어계가 안정하기 위한 K의 범위는?

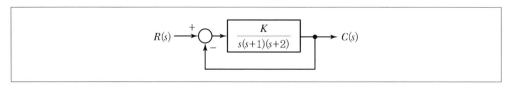

① $0 < K < 6$

② $1 < K < 5$

③ $-1 < K < 6$

④ $-1 < K < 5$

해설 1) 특성 방정식은 $1 + G(s)H(s) = 1 + \dfrac{K}{s(s+1)(s+2)} = 0$

정리하면 $s(s+1)(s+2) + K = s^3 + 3s^2 + 2s + K = 0$

2) 루드–훌비쯔 표

s^3	1	2
s^2	3	K
s^1	$\dfrac{6-K}{3}$	0
s^0	K	

제1열의 부호 변화가 없어야 안정하므로
안정조건은 $6 - K > 0$, $K > 0$

3) 정리하면 $K < 6$, $K > 0$

$\therefore 0 < K < 6$

---

14 샘플러의 주기를 T 라 할 때 s 평면상의 모든 점은 식 $z = e^{sT}$에 의하여 z 평면상에 사상된다. s 평면의 좌반 평면상의 모든 점은 z 평면상 단위원의 어느 부분으로 사상되는가?

① 내점
② 외점
③ 원주상의 점
④ z 평면 전체

해설 • s 평면의 좌반 평면은 안정이다.
• z 평면
  − 안정 : 단위원 내부
  − 불안정 : 단위원 외부
  − 임계 : 단위원 상

---

15 그림과 같은 신호흐름 선도에서 $\dfrac{C}{R}$ 를 구하면?

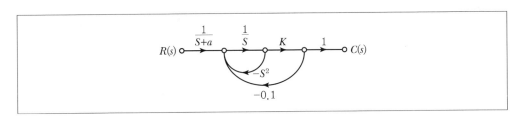

① $\dfrac{C(S)}{R(S)} = \dfrac{K}{(S+a)(S^2 + S + 0.1K)}$

② $\dfrac{C(S)}{R(S)} = \dfrac{K(S+a)}{(S+a)(S^2 + S + 0.1K)}$

③ $\dfrac{C(S)}{R(S)} = \dfrac{K}{(S+a)(-S^2 - S + 0.1K)}$

④ $\dfrac{C(s)}{R(s)} = \dfrac{K(S+a)}{(S+a)(-S^2 - S + 0.1K)}$

$$G(s) = \frac{C}{R} = \frac{\sum 경로}{1 - \sum 피드백}$$

$$= \frac{\dfrac{1}{S+a} \times \dfrac{1}{S} \times K}{1 - \left[\dfrac{1}{S}(-S^2) + \dfrac{1}{S}K \times (-0.1)\right]} = \frac{\dfrac{1}{S+a} \times \dfrac{1}{S} \times K}{1 + \dfrac{S^2}{S} + \dfrac{0.1K}{S}} = \frac{\dfrac{K}{(S+a)S}}{\dfrac{S^2+S+0.1K}{S}}$$

$$= \frac{K}{(S+a)(S^2+S+0.1K)}$$

16 $G(s) = \dfrac{1}{s(s+10)}$ 에서 $w = 0.1$인 정현파 입력을 주었을 때 보드선도의 이득[dB]은?

① -40 ② -20
③ 0 ④ 20

해설 1) 이득

$$g = 20\log|G(jw)| = 20\log\left|\frac{1}{jw(jw+10)}\right| = 20\log\left|\frac{1}{(jw)^2 + jw \times 10}\right|$$

$$= 20\log\left|\frac{1}{(j0.1)^2 + j0.1 \times 10}\right| = 20\log\left|\frac{1}{(j0.1)^2 + j1}\right|$$

$1 \gg 0.1^2$이므로

$$g = 20\log\left|\frac{1}{(j0.1)^2 + j1}\right| = 20\log\left|\frac{1}{j1}\right| \equiv 20\log\frac{1}{1} = 0[\text{dB}]$$

2) 위상각

$$\theta = \angle G(j\omega) = \angle \frac{1}{j1} = -90[°]$$

17 전달함수가 $\dfrac{C(S)}{R(S)} = \dfrac{1}{3S^2+4S+1}$ 인 제어계는 다음 중 어느 경우인가?

① 과제동   ② 부족제동
③ 임계제동   ④ 무제동

해설 1) 전달함수 $= \dfrac{C(S)}{R(S)} = \dfrac{\omega_n^2}{S^2 + 2\delta\omega_n S + \omega_n^2}$ 로 만든다.

2) $\dfrac{C(S)}{R(S)} = \dfrac{1}{3S^2+4S+1} \times \dfrac{\dfrac{1}{3}}{\dfrac{1}{3}} = \dfrac{1 \times \dfrac{1}{3}}{(3S^2+4S+1)\dfrac{1}{3}} = \dfrac{\dfrac{1}{3}}{S^2 + \dfrac{4}{3}S + \dfrac{1}{3}}$

정답 | **16** ③ **17** ①

3) $\dfrac{\omega_n^2}{S^2+2\delta\omega_n S+\omega_n^2}=\dfrac{\dfrac{1}{3}}{S^2+\dfrac{4}{3}S+\dfrac{1}{3}}$ 에서

① $\omega_n^2=\dfrac{1}{3}$ ∴$\omega_n=\dfrac{1}{\sqrt{3}}$

② $2\delta\omega_n=\dfrac{4}{3}$ 에서 $2\delta\dfrac{1}{\sqrt{3}}=\dfrac{4}{3}$

∴$\delta=\dfrac{4\times\sqrt{3}}{2\times3}=1.15$ 이므로 $\delta>1$인 과제동(비제동)이다.

18 다음 논리회로의 출력은?

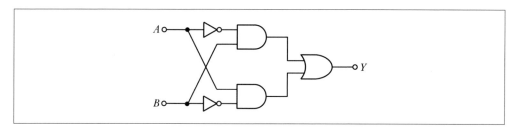

① $Y=A\overline{B}+\overline{A}B$
② $Y=\overline{A}\,\overline{B}+\overline{A}B$
③ $Y=A\overline{B}+\overline{A}\,\overline{B}$
④ $Y=\overline{A}+\overline{B}$

> **해설** exclusive OR(배타적논리회로)
>
> $X=A\overline{B}+\overline{A}B$

19 자동제어의 분류에서 제어량의 종류에 의한 자동제어의 분류가 아닌 것은??

① 프로세스 제어
② 서보 기구
③ 자동 조정
④ 추종 제어

> **해설** • 제어량의 종류에 의한 분류
> – 프로세스 제어(process control) : 온도, 유량, 압력, 레벨(level), 효율
> – 서보기구(servo mechanisrm) : 물체의 위치, 각도(자세, 방향)
> – 자동조정(automatic regulation) : 회전수, 전압, 주파수, 힘, 전류
> • 추종제어(추치제어)는 목푯값에 의한 분류이다.

20 다음 임펄스 응답 중 안정한 계는?

① $c(t)=1$
② $c(t)=\cos wt$
③ $c(t)=e^{-t}\sin wt$
④ $c(t)=2t$

> **해설** 안정은 반드시 e^{-at}가 있다.

전기기사 핵심완성 시리즈
4. 회로이론

초 판 발 행   2024년 2월 5일

편   저   김명규
발 행 인   정용수
발 행 처   예문사
주   소   경기도 파주시 직지길 460(출판도시) 도서출판 예문사
T E L   031) 955 – 0550
F A X   031) 955 – 0660

등 록 번 호   11 – 76호

정   가   18,000원

홈페이지 http://www.yeamoonsa.com

ISBN   978 – 89 – 274 – 5300 – 0   [13560]